财智睿读

中国特色社会主义政治经济学中政府和市场共生性关系研究

刘凤义 张朝鹏 冯志轩 荆克迪◎著

中国财经出版传媒集团
经济科学出版社
Economic Science Press

图书在版编目（CIP）数据

中国特色社会主义政治经济学中政府和市场共生性关系研究/刘凤义等著. —北京：经济科学出版社，2019.12
ISBN 978-7-5218-1132-2

Ⅰ.①中…　Ⅱ.①刘…　Ⅲ.①中国特色社会主义-社会主义政治经济学-研究　Ⅳ.①F120.2

中国版本图书馆CIP数据核字（2019）第288184号

责任编辑：宋　涛
责任校对：刘　昕
责任印制：李　鹏　范　艳

中国特色社会主义政治经济学中政府和市场共生性关系研究
刘凤义　张朝鹏　冯志轩　荆克迪　著
经济科学出版社出版、发行　新华书店经销
社址：北京市海淀区阜成路甲28号　邮编：100142
总编部电话：010-88191217　发行部电话：010-88191522
网址：www.esp.com.cn
电子邮箱：esp@esp.com.cn
天猫网店：经济科学出版社旗舰店
网址：http://jjkxcbs.tmall.com
北京季蜂印刷有限公司印装
710×1000　16开　13.25印张　230000字
2020年7月第1版　2020年7月第1次印刷
ISBN 978-7-5218-1132-2　定价：53.00元
（图书出现印装问题，本社负责调换。电话：010-88191510）

前　　言

我国经济发展进入新常态，供给侧结构性改革是经济发展新常态下的重要战略选择。在推进供给侧结构性改革进程中，如何处理政府和市场的关系事关改革的成败。针对有些人将供给侧改革混同于西方供给学派的问题，习近平总书记明确指出："我们讲的供给侧结构性改革，同西方经济学的供给学派不是一回事，不能把供给侧结构性改革看成是西方供给学派的翻版，更要防止有些人用他们的解释来宣扬'新自由主义'，借机制造负面舆论。"习总书记反复强调，我国推进供给侧改革既发挥市场在资源配置中的决定性作用又更好发挥政府作用。这是正确认识政府和市场关系的辩证法，有了这个辩证法，才能深刻理解习总书记提出的"放弃需求侧谈供给侧或放弃供给侧谈需求侧都是片面的，二者不是非此即彼、一去一存的替代关系，而是要相互配合、协调推进"① 这一重要思想。

关于政府和市场关系的问题，无论在理论上还是实践上，西方发达资本主义国家迄今都没有解决。从实践上看，发达资本主义国家在1929～1933年大危机以前，基本上信奉"看不见的手"原理，政府充当"守夜人"角色；在1929～1933年大危机以后，逐渐承认了政府这只"看得见的手"的重要作用；20世纪70年代的"滞胀"，使美英国家在80年代转向了新自由主义，政府作用被限制和削弱；直至2008年爆发了金融危机，发达资本主义国家政府纷纷"救市"、出台"再工业化"规划，又开始向"大政府"的方向回归。由此看来，受资本主义周期性经济危机的影响，资本主义国家在"大政府"还是"大市场"之间不断地交替选择。当然这个过程不是简单的回归，而是随着经济社会的发展，政府参与经济的广度和深度得以不断加强。

从理论上看，大政府和大市场之间的更替是凯恩斯主义经济学和自由主义经济学交替发挥作用的结果。表面上看，自由主义经济学和凯斯主义

---

① 习近平在省部级主要领导干部学习贯彻党的十八届五中全会精神专题研讨班上的讲话（2016年1月18日）。

经济学在政府和市场关系上的看法是对立的，但实际上它们在思维方法上却是相通的。其一，都是以私有制市场经济最有效率为前提建立起的理论体系，因而两种理论都把维护资本主义制度作为经济学的职责。其二，对市场和政府关系的认识都是形而上学的思维，都认为政府和市场之间是“二元的”、非此即彼的关系。二者的分歧主要在于政府多一点还是市场多一点的问题上，毫不涉及资本主义制度自身是否应该被社会主义制度所代替。因此，这两种理论在本质上都符合资本主义意识形态的生态氛围。也正因为如此，二者才可能交替成为西方国家的主流经济学。

值得指出的是，凯恩斯主义经济学强调政府的干预作用，这与我国作为后发国家推进经济发展的过程有吻合，因此我们可以从中借鉴一些有用的观点和方法，但如果把凯恩斯主义经济学看作是指导我国研究社会主义市场经济中政府和市场关系的理论基础，则是不正确的。这种做法很容易陷入对政府和市场关系认识的“凯恩斯主义陷阱”。这里所说的“凯恩斯主义陷阱”，系指凯恩斯主义经济学把政府干预理论建立在“市场失灵”的基础上，认为政府干预的范围基本上是在提供公共产品、弥补市场失灵方面。这种观点从根本上把政府和市场割裂开来，会严重阻碍我们深入研究社会主义市场经济中政府和市场关系的发展规律。因为按照这种学说，政府在我国社会主义市场经济中发挥计划调节功能、发展壮大国有企业和国有经济，都是没有学理依据的。其结果必然是照抄照搬西方模式，消除我国市场经济中的“社会主义”性质，使我国的改革开放走向改旗易帜的邪路。正是在这一个意义上，习近平总书记指出，我们要“努力在实践中破解这道经济学上的世界性难题”。①

以马克思主义政治经济学观点来看，政府和市场的关系不是一种机械的、非此即彼的对立关系，而是一种有机的“共生关系”。例如，马克思主义政治经济学认为人类社会生产活动无论是在微观领域（个别企业）还是在宏观领域（部门之间），都要遵循按比例分配劳动的规律。在市场经济中，按比例分配劳动是通过价值规律来实现的，但是由于价值规律的自发性和盲目性会导致部门之间资源配置的比例失调、结构扭曲等，出现产能过剩、结构失调等问题，导致经济危机。国家有必要采取宏观调控等各种手段加以干预，其实质是国家利用“看得见的手”来修复被破坏的比例和结构问题。这种干预是社会主义市场经济运行中的“内生”关系，而不

① 中共中央文献研究室：《习近平关于社会主义经济建设论述摘编》，中央文献出版社 2016 年版，第 64 页。

是“外生”关系，它反映了人类社会对市场经济的认识从“自发”走向“自觉”的过程。

再如，马克思主义政治经济学认为政府与国有企业也是一种内生关系，但由于国家的性质不同，国有企业的功能、意义也不同。在资本主义私有制为基础的市场经济中，国有企业被严格限制在提供公共产品、弥补市场失灵方面。而在我国社会主义市场经济中，国有企业作为全民所有制性质的企业，不仅有保障公有制主体地位和人民共同利益的功能，还是我们党和国家事业发展的重要物质基础和政治基础。因此那种主张借“政企分开”之名，行国有企业私有化之实的做法，等于消除了我国市场经济的“社会主义”性质，违背了我们的改革方向。

因此，面对我国经济发展进入新常态，要探索和完善社会主义市场经济中的政府和市场的关系，必须运用马克思主义政治经济学研究方法，结合我国经济社会发展实际展开研究。同时，必须把我国政府和市场的新型关系，同宏观经济管理与调控结合起来展开研究，以期尝试突破在宏观经济管理和调控上照搬西方经济学的做法。

本书作者尝试运用马克思主义政治经济学基本原理和方法，结合中国经济发展实践和世界经济发展进程，以习近平新时代中国特色社会主义思想为指导，对我国社会主义市场经济中的政府和市场新型关系进行学理探讨。本书部分内容作为我们对这一问题研究的阶段性成果已经发表，我们之所以把这些内容纳入本书，是为了较为集中和系统地展现我们对这一问题的研究过程和整体思路，期望我们的研究能为推进中国特色社会主义政治经济学关于政府和市场关系的研究，起到抛砖引玉作用。

本书撰写的作者分工如下：第一章、第四章、第七章由刘凤义撰写；第二章、第五章、第九章由张朝鹏撰写；第三章由刘凤义、张朝鹏撰写；第八章由冯志轩撰写；第六章、第十章由刘凤义、荆克迪撰写。本书研究主题得到了教育部人文社会科学重点研究基地重大项目的支持（项目号：15JJD790020），本书的出版得到中国特色社会主义经济建设协同创新中心、南开大学政治经济学研究中心、经济科学出版社的大力支持，在此一并致谢。

目　录

第一章　导论 …… 1

第一节　研究背景和意义 …… 1

第二节　基本内容和核心观点 …… 4

第二章　政府和市场关系研究概况 …… 8

第一节　西方经济学关于政府和市场关系的思想 …… 8

第二节　国内学者关于政府和市场关系问题的讨论 …… 12

第三章　政府和市场关系的实质 …… 20

第一节　西方主流理论关于政府和市场关系认识的缺陷 …… 20

第二节　马克思主义的国家二重性思想 …… 26

第四章　当代西方主要国家政府和市场关系的不同模式 …… 35

第一节　美国自由资本主义模式 …… 36

第二节　日本法人垄断资本主义模式 …… 42

第三节　德国社会市场经济模式 …… 50

第四节　瑞典福利市场经济模式 …… 57

结论 …… 63

第五章　新中国成立以来政府和市场关系的探索历程 …… 65

第一节　改革开放之前对商品经济和政府职能的初步探索 …… 66

第二节　改革开放初期（1978～1992年）：计划取向与市场取向之争 …… 69

第三节　初步建立社会主义市场经济体制时期（1992～2012年）：市场对资源配置的基础性作用和政府的宏观调控 …… 76

第四节　全面深化改革时期（2012 年至今）：使市场在资源配置中起决定性作用和更好地发挥政府作用 …………………… 83
小结 ……………………………………………………………………… 88

第六章　社会主义市场经济中的政府和市场共生性关系 ……… 91

第一节　社会主义市场经济中政府和市场关系的一般与特殊 ……………………………………………………… 91
第二节　社会主义市场经济中的政府经济职能 ………………… 101
第三节　创新和完善宏观调控方式 ……………………………… 108

第七章　政府在宏观经济中的内生性与宏观经济运行内在规律 ………………………………………………………… 117

第一节　按比例分配社会劳动时间规律的客观性与政府的内生性 ……………………………………………………… 117
第二节　从政治经济学视角看宏观经济总量与结构的关系 ……… 125
第三节　社会主义市场经济宏观发展目标和综合平衡 ………… 135

第八章　我国财政政策中的政府与市场关系 ………………… 144

第一节　财政收入 ………………………………………………… 144
第二节　财政支出 ………………………………………………… 149
第三节　政府运用财政政策中的财政收支平衡与失衡 ………… 153
第四节　我国财政体制改革中政府职能的调整 ………………… 157

第九章　新时代社会主义市场经济中的政府和市场关系发展方向 …………………………………………………… 165

第一节　认识政府和市场关系的方法论原则 …………………… 166
第二节　新时代社会主义市场经济中政府和市场关系的具体原则 ……………………………………………………… 169

第十章　社会主义共享发展中的政府作用 …………………… 179

第一节　共享发展的政治经济学解读 …………………………… 179
第二节　经济学思想体系中关于共享问题的研究 ……………… 184
第三节　政府参与下的社会主义共享发展 ……………………… 191

第一章

导　　论

第一节　研究背景和意义

政府和市场的关系，始终是我国经济体制改革的核心。当前，中国改革的进程已经进入“深水区”，触及更多深层次的矛盾和利益冲突，引发了认识上的分歧。党的十八届三中全会《关于全面深化改革若干重大问题的决定》（以下简称《决定》）重申“经济体制改革是全面深化改革的重点，核心问题是处理好政府和市场的关系”。这表明了正确处理政府和市场关系问题对于全面深化改革的极端重要性。党的十九大再次明确要坚持“使市场在资源配置中起决定性作用，更好发挥政府作用”。习近平总书记指出“我们要坚持辩证法、两点论，继续在社会主义基本制度与市场经济的结合上下功夫，把两方面优势都发挥好，既要‘有效的市场’，也要‘有为的政府’，努力在实践中破解这道经济学上的世界性难题。”①

处理好政府和市场的关系，是解决当前经济发展“新常态”下各种矛盾和冲突的迫切需要。这也是十八届三中全会决定全面深化改革的最重要的现实背景。最近几年，中国经济增长的“高速常态”被内部和外部的各种冲击所打破，经济增长速度持续放缓，生产要素的低成本优势明显减弱，传统产业产能严重过剩。这导致过去被快速经济增长暂时化解的社会矛盾又显露出来，市场经济体制改革的核心问题再次摆在中国人民面前——是等待市场自发地慢慢走出低谷或是用政府“看得见的手”替代市

① 中共中央政策研究室：《习近平关于社会主义经济建设论述摘编》，中央文献出版社 2016 年版，第 64 页。

场“看不见的手”？又或是统筹协调和发挥政府和市场各自的优势？——这个问题如果处理不好，后果甚至可能不是经济发展从“原来的高速常态”进入“新的中高速常态”，而是不断下行，或者像巴西、俄罗斯等国那样进入停滞甚至负增长泥潭而不能自拔，那带来的后果将是能否保持整个社会的“常态”问题。关键是，正确处理政府和市场关系问题的主要依据是什么呢？

政府和市场是一个国家应对国内外各种禀赋局限和机遇挑战，实现经济增长和社会进步的两个基本手段，因而政府和市场的关系问题是现代市场经济的核心问题；然而，市场经济国家最近100年的经济史并没有给中国提供一个可供效仿的模板或者可靠的答案。欧美发达资本主义国家，从“放任自由”到20世纪30年代的“大萧条”，从“罗斯福新政”到70年代的“滞胀”，从撒切尔和里根推行自由主义到2008年的金融危机，似乎永远也走不出“自由主义—经济危机—干预主义—经济滞胀”的怪圈。日本的“资本主义市场经济加发展型政府”模式也不能幸免。在90年代初的房地产泡沫破灭之后至今，日本的经济增长从来没有真正恢复过。拉丁美洲的巴西和阿根廷的经济增长曾经辉煌过，但后来陷入债务危机和“中等收入陷阱”。即使是成功进入高收入国家行列的韩国，经济增长的过程也不是一帆风顺的，而且韩国的成功有其特殊性。总的来说，即使是发达的市场经济国家，每当面对危机、萧条、停滞，也都难免手足无措。从2008年金融危机爆发之后，欧美国家的应对措施和至今复苏乏力的效果中，可以得到最新的证明。当然，说没有成功的模板并不意味着我们不可以从这些资本主义市场经济国家的经济发展过程借鉴经验。关键是，在国情不同的情况下怎么借鉴？这需要一个关于政府和市场关系的基本理论框架。

党的十八届三中全会的《决定》已经提出了关于正确处理政府和市场关系问题的基本要求，但作为一个理论框架来说，仍有待深入研究和完善。《决定》提出的处理政府和市场关系的总体思路，是“使市场在资源配置中起决定性作用和更好发挥政府作用”。这表明，我们对于市场机制的地位和作用的认识已经有了进一步的明确和深化，但是对于如何正确处理政府和市场的关系、特别是如何定位政府的职能和作用问题，仍然比较模糊，需要进一步研究，提出一个符合中国国情的、逻辑上合理的、能够赢得广泛共识的基本的理论解释。

西方主流经济学关于政府和市场关系的理论存在致命缺陷。不管是古典和新古典的自由主义思想，或是凯恩斯主义和新凯恩斯主义政府干预理论，基本上都是在默认的资本主义私有制前提下来讨论政府和市场的关系问题，不考虑国家性质和基本经济制度的变化，也不考虑国家性质和基本经济制度对政府和市场关系的决定性作用。这导致西方主流经济学陷入形而上学的“二分法”：政府和市场分离、宏观与微观分离、长期与短期分离，最终导致理论与现实分离、逻辑与历史分离。具体来说，西方主流经济学将政府看成是独立于市场体系的外生变量；宏观经济学缺乏微观基础，微观经济学缺乏宏观视角；古典和新古典经济学主要从个体的角度研究资源配置、收入分配和长期经济增长，凯恩斯主义和新凯恩斯主义理论主要从总量角度研究短期经济波动，并且将经济整体机械地看成是所有个体的简单加总。根据这种“二分法”来推理，得出的结论就是“小政府、大市场”或者“大政府、小市场”这样的此消彼长关系，而政府的作用则主要被限制在弥补市场失灵方面，无法为社会主义市场经济体制下政府和市场的有机结合提供合理的逻辑解释。从方法论角度看，西方经济学的这种“二分法”，不仅无法避免“卢卡斯批判”，更无法达到马克思主义的唯物史观和唯物辩证法的认识高度。即使是被当代西方主流经济学者推崇备至的 DSGE 模型，虽然试图修补“二分法”缺陷，但是其中的一些关键假设仍然缺乏微观基础，很多方程式往往以线性和简单加总的方式来处理，并且往往缺乏真实的经济含义。这导致 DSGE 模型不仅无法预测到 2008 年的金融危机，而且由于对模型的解释往往具有完全相反的政策含义，导致无法提供任何政策上的指引①。

这里需要特别指出，对于中国特色社会主义市场经济体制下的政府和市场关系来说，要警惕“新自由主义陷阱”，更要警惕“凯恩斯主义陷阱”。相对于新自由主义的理论和政策，新凯恩斯主义的理论和政策更强调政府干预，看起来也更务实、更平衡，因而更容易被中国的学者和决策者所接受。问题是，凯恩斯主义或新凯恩斯主义的理论和政策是以私有制为既定前提的，在凯恩斯主义和新凯恩斯主义的理论框架下，公有制和国有企业没有存在的空间和必要，因而实际上是不符合中国改革的基本前提的。中国的市场经济是社会主义的市场经济，解决公有制、国有企业与市场经济如何结合的问题，应是正确处理政府和市场关系的主要目标之一。

我们认为，政府和市场关系的实质是国家和市场的关系。从马克思主

---

① V. V. Chari, Patrick J. Kehoe, Ellen R. Mcgrattan, “New Keynesian Models: Not Yet Useful for Policy Analysis”, American Economic Journal Macroeconomics, 2009, 1 (1): 242-266.

义政治经济学角度看，国家具有二重属性。国家的阶级属性决定国家的基本政治制度、经济制度和社会发展的终极目标，国家的公共属性决定基本制度的具体实现形式，二重属性共同决定政府和市场的关系。资本主义国家是资本家阶级谋利的工具，私有制则为资本利益提供产权保护，与此相适应，市场机制能够让资本家通过生产过程和流通过程最有效率地获取剩余价值，而政府只需弥补市场失灵。这就是西方主流经济学的古典、新古典自由主义和凯恩斯主义、新凯恩斯主义所主张的政府和市场关系的“二分法”，他们之间的区别只是在于市场作用大一点或政府作用大一点。这种政府和市场关系处理模式不符合中国的国家性质，不能有效保护劳动者的利益，不利于共同富裕目标的实现。只有从中国的国家性质角度来理解中国特色社会主义市场经济体制下的政府和市场关系，才能够避免西方主流经济学“二分法”思维方式的局限，超越当前新自由主义经济学和新凯恩斯主义经济学认识政府和市场关系的窠臼。

从历史唯物主义和辩证唯物主义方法论的角度来看，用马克思主义政治经济学的原理来理解政府和市场关系，既克服西方主流经济学的局限性，又批判借鉴有关方法，正是本书研究的主题。

用马克思主义研究方法研究政府和市场的关系，是为了进一步在理论上研究宏观经济管理与调控问题。目前，政治经济学关于政府宏观经济管理的研究还比较薄弱，往往是照搬西方宏观经济学，没有从学理上运用马克思主义经济学理论和方法把社会主义市场经济中的政府和市场关系以及政府宏观经济管理的特征与中国改革开放的实践结合起来。本书试图在这些方面有所突破。

第二节 基本内容和核心观点

本书围绕政府和市场关系这一主题，结合中国改革开放实际，运用马克思主义政治经济学的基本原理和方法，对政府和市场的关系做了深入探讨。

本书共由十章内容组成，这十章内容整体的逻辑关系是：继导论之后，我们首先梳理了西方经济学和马克思主义政治经济学关于政府和市场关系研究的总体情况。在此基础上，从马克思主义国家理论二重性出发，提出了“政府和市场的关系的本质是国家与市场的关系”这一重要的新命题。进而，在国家理论基础上，阐述了社会主义市场经济中政府和市场新型关系的特点。进而，研究了在政府和市场新型关系下，政府如何在宏观上调控经济和直接参与经济活动，从而实现社会主义共享发展的目标。

第一章 导论。本章提出了研究本书的背景及现实意义，并指出，对社会主义市场经济中政府和市场关系的研究，必须坚持马克思主义政治经济学方法，既要批判新自由主义理论，也要跳出“凯恩斯主义陷阱”。

第二章 政府和市场关系研究概况。本章首先综述了新自由主义和新凯恩斯主义有关政府和市场关系的思想，指出在理论上，西方经济学没有解决政府和市场的关系问题。本章还梳理了国内关于政府和市场关系研究的概况，我们将其概括为市场的逻辑和互补的逻辑，并对这两种逻辑进行评论，认为这两种逻辑都没有在政府和市场的关系问题上考虑政府的内生性，没有运用马克思主义的辩证思维方法。

第三章 政府和市场关系的实质。本章从马克思主义国家二重性思想出发，指出国家的一重属性是阶级性，另一重属性是公共属性。这两种属性，后一重属性在性质上服从于前一重属性。国家的阶级属性、生产关系性质、劳资关系特点等，都决定政府和市场的关系。政府是国家的执行机关，因此政府和市场的关系，本质上是国家与市场的关系，只有从这个层面去认识政府和市场的行为，才能区别资本主义市场经济与社会主义市场经济中政府和市场的区别与联系，才能探索中国特色社会主义政治经济学中政府和市场的新型关系。

第四章 当代西方主要国家政府和市场关系的不同模式。本书从政府和市场关系的角度，把发达国家市场经济模式划分为四种，即美国自由市场经济模式、日本法人资本主义模式、德国社会市场经济模式和瑞典福利市场经济模式。不同模式下国家和市场的关系具有不同特点。通过对四种模式的研究可以发现，发达资本主义国家市场经济模式并非简单的“大市场、小政府”或者“大政府、小市场”的模式，每一种市场经济模式都是国家、阶级、劳资关系等共同作用的结果。

第五章 新中国成立以来政府和市场关系的探索历程。本章结合我国社会主义经济建设和改革开放实践，对我国探索发展商品经济和市场经济历程中每一阶段的特点，进行了梳理和分析，从中可以看出，什么时候国家和市场的关系处理得当，经济发展就会健康、持续、协调，什么时候二者关系处理不好，就可能走弯路。在社会主义市场经济发展过程中，从国家性质的高度正确处理政府和市场的关系，是进一步全面深化改革的关键。

第六章　社会主义市场经济中的政府和市场共生性关系。本章在政府和市场关系的本质是国家和市场的关系的命题基础上，进一步分析指出，在社会主义市场经济中，国家性质同样具有双重属性，但与资本主义国家性质不同的是，社会主义国家的阶级属性和它所代表的公共利益属性在本质上具有同一性。生产资料公有制的建立，改变了资本主义社会的经济基础，相应地也改变了作为上层建筑的国家性质。社会主义市场经济是以公有制为基础的，社会主义国家对经济的调节源自生产关系的内在要求，即政府不仅能够以调节者的身份进行宏观调控，而且可以凭借公有制的主体地位，按照社会共同利益，在全社会范围内合理配置资源，克服生产社会化与生产资料资本主义私人占有制的矛盾，这是社会主义市场经济一个重要的制度优势，也是改革开放以来中国经济持续快速发展的一个重要原因。政府的经济职能和市场机制的作用，都是社会主义市场经济体制的本质要求，二者是内在统一的。本章从市场经济一般规律和社会主义国家性质两个方面研究了社会主义经济中的政府经济职能以及政府职能转变问题。并且阐述了我国政府职能创新和完善宏观调控方式。

第七章　政府在宏观经济中的内生性与宏观经济运行内在规律。本章运用马克思主义政治经济学的方法和原理，提出了宏观经济运行的本质是遵循按比例分配劳动规律，政府在市场经济中具有内生性特征。从个别资本与社会资本的关系、总量与结构的关系、宏观经济运行与生产的关系等几个方面，阐述了宏观经济运行背后的深层规律。

第八章　我国财政政策中的政府与市场关系。财政政策是政府调控经济的重要政策手段，财政支出和财政收入的方向，不仅是调节经济的重要杠杆，也是体现政府和市场关系的重要指针，所以本章专门研究了政府通过财政政策对市场进行管理的机理，以及社会主义市场经济中财政政策的特点。

第九章　新时代社会主义市场经济中的政府和市场关系发展方向。本章提出了新时代中国特色社会主义市场经济体制条件下政府和市场关系的实践应遵循的基本原则，主要包括：方法论层面的唯物辩证法和历史唯物主义世界观；政府在社会主义生产关系、共享发展和共同富裕、国有企业方面的特殊经济职能；政府在发挥市场机制对资源配置的决定性作用、避免或缓解私人竞争和生产的盲目性所导致的结构性矛盾和系统性风险、提供公共服务和公共产品方面的基本经济职能；从国家治理现代化的视角提出政府和市场相结合的原则，包括必须坚持中国共产党的绝对领导、必须强调政府驾驭市场，必须坚持社会主义性质和中国特色、必须继续深入探索公有制与市场经济相结合的途径、探索新时代条件下政府和市场的关系。

第十章 社会主义共享发展中的政府作用。共享发展是中国特色社会主义的本质要求，实施共享发展，必须要有政府的积极参与。推进共享发展，政府应在劳动力市场政策、生产关系协调发展、提供公共服务、做强做优做大国有企业等方面，发挥关键作用。

第二章

政府和市场关系研究概况

第一节　西方经济学关于政府和市场关系的思想

政府和市场的关系一直是西方经济学的核心话题。经济学家围绕政府的作用、政府应不应该干预市场以及如何干预市场等话题，一直争论不休。在争论的过程中，形成了自由主义和干预主义两大思想倾向，这两种倾向往往直接反映在发达国家政党和政治家的治国理念上。随着西方发达国家经济形势的周期性变化，自由主义和干预主义的势力也往往此消彼长、轮流主政。这两大主流倾向的当代发展就是新自由主义和新凯恩斯主义。

一、新自由主义学派的观点

经济学的新自由主义是一个由众多学派构成的复杂的理论和思想体系①。这些众多学派的共同思想倾向，表现在政府和市场的关系方面，就是坚持自由市场机制的有效性。虽然新自由主义经济学不再坚持古典的放任自由思想，但仍坚持认为政府干预应越少越好。因此，新自由主义经济学的思想可以用“小政府、大市场”来描述。

新自由主义经济学的理论基础是经济学的古典和新古典传统。经济学的古典自由主义传统始于亚当·斯密在《国富论》第Ⅰ卷第Ⅱ章和第Ⅳ卷第Ⅱ章中所表达的“看不见的手”思想。亚当·斯密之后，自由主义的另

---

① 刘迎秋：《国际金融危机与新自由主义的理论反思》，载于《经济研究》2009 年第 11 期；何秉孟：《新自由主义研究》，载于《马克思主义研究》2003 年第 6 期。

一面旗帜是约翰·密尔（John Stuart Mill），他在《论自由》《政治经济学原理》等著作中从心理学、认识论、历史观、伦理观等角度为西方经济学的自由主义传统提供了哲学基础。

在《国富论》第Ⅰ卷第Ⅱ章的那段著名论述中，亚当·斯密说："任何人向他人提出任何形式的交易建议，都是这样想：给我所需要的，我就会给你所需要的——这是每一个交易建议的含义；而我们从这种互利的办法中，获得的会比我们所需的更多。"① 这段话其实就是后来的"萨伊定律"的含义：供给是为了需求，从而供给创造需求②。

亚当·斯密的"看不见的手"思想要解释的是市场机制的有效性，而萨伊定律则强调说市场自身有自动调节机制，不需要政府干预。而政府（the sovereign）的职责，按照亚当·斯密根据约翰·洛克的天赋自由（natural liberty）思想所提出的，就是：国防安全、司法正义、公共服务。亚当·斯密在说到政府的公共服务职责时特别强调，政府为提供公共服务所造成的某部分个人利益的损害从天赋自由的观点来看是无法补偿的，所以特别要防止以公谋私行为③。亚当·斯密和让·萨伊的思想被当时许多国家的政治家接受，包括与萨伊的《政治经济学概论》同时代的德国自由党领袖。1863 年，德国工人运动领袖拉萨尔发表公开信，称德国自由党所主张的政府为"只履行'守夜人'或交通警察之类功能的政府"④。奥地利经济学派的米塞斯在《自由与财产》的演讲中说，在自由放任的经济体制中，政府的职责就是拉萨尔所说的"守夜人"⑤。

经济学的新古典传统，实际是古典主义经济学思想的形式化。相比于亚当·斯密的古典经济学，新古典经济学更强调逻辑的严密性。波普、拉卡托斯等人的"科学哲学"思想成为新古典经济学的方法论基础⑥。新古典经济学理论体系的建立，始于门格尔、杰文斯、瓦尔拉斯的边际主义，马歇尔则以静态局部均衡分析方法完成了新古典经济学的理论框架的搭建，费雪的利息理论是这一框架的重要补充。之后，在微观方面，阿罗和德布鲁等人对瓦尔拉斯一般均衡理论做出了充分的数学论证，科斯等人开

① 张五常：《经济解释》，中信出版社 2014 年版，第 89 页。

② 张五常：《经济解释》，中信出版社 2014 年版，第 476 页。

③ Adam Smith. *The Wealth of Nations* [M]. Modern Library Edition. New York: Random House, 1994: 745 - 746.

④ [德] 拉萨尔：《拉萨尔言论》，上海三联书店 1976 年版，第 70 页。

⑤ Ludwig von Mises Institute, 2009: 37 [2018 - 03 - 31]. https://mises.org/library/liberty-and-property.

⑥ 袁志刚、宋铮：《高级宏观经济学》，复旦大学出版社 2010 年版，第 5 ~ 7 页。

创和发展的产权和交易费用理论则填补了新古典理论的企业黑箱和制度空白；在宏观方面，经由弗里德曼发展的货币理论、卢卡斯等人的理性预期理论和普雷斯科特等人的真实经济周期理论，最后发展为现代的宏观、微观一体化的动态随机一般均衡分析模式，也就是被西方经济学学术圈奉若神明的“DSGE”。新古典经济学的这一套看似精致完美的逻辑模型征服了一代又一代的人，而其内含的市场自动出清结论成为经济学自由主义的主要理论支撑。因此，经济学的新自由主义，也可称为新古典自由主义。

讨论政府和市场的关系问题绕不开发生于20世纪30年代的那场关于社会主义经济计划是否可行的大论战：计划可以看成是政府干预的极端形态，因此，计划与市场的关系可以看成是政府和市场关系的特殊情况。由米塞斯引发、以哈耶克和兰格为双方主要代表的这场大论战，以东欧剧变、苏联解体和中国改革而终结。在这场大论战中，哈耶克将经济学的自由主义思想发展为极致的“市场原教旨主义”形态，被认为是对东欧剧变和苏联解体产生重要影响的学者之一。

二、新凯恩斯主义学派的观点

新凯恩斯主义学派源于以有效需求不足假设为基础的凯恩斯理论（《就业、利息与货币通论》）。凯恩斯的理论由汉森和希克斯归纳发展为凯恩斯主义的IS－LM宏观分析框架，这个框架被萨缪尔森等人发展成为一套“混合经济”理论，被称为“新古典综合”。在这样一个混合经济体制里，市场的职能是提高资源配置效率，政府的职能是调节经济波动。

另外，从主张政府干预的角度看，凯恩斯主义或干预主义还有一个微观理论基础就是庇古（Arthur C. Pigou）开创的市场失灵理论，包括外部性、不完全竞争、不对称信息。在以公共选择理论为主要起点的西方新政治经济学出现之前直到20世纪80年代，经济学领域关于公共政策的研究一直由以市场失灵理论为基础的“庇古范式”所主导[①]。

新凯恩斯主义的兴起是20世纪80年代以后的事情[②]，是西方发达国家在经历了70年代的“滞胀”和正统凯恩斯主义政策失效之后，在与重新掌握英美国家经济政策主流的新古典自由主义的争论中发展起来的。与

---

① Timothy Besley. The New Political Economy [J]. The Economic Journal, 2007, Vol. 117, No. 524, pp. 570－587.

② 厉以宁：《西方宏观经济学说史教程》，中国人民大学出版社2015年版，第159～168页。

英国剑桥学派为代表的“后凯恩斯主义者”相比，新凯恩斯主义宏观经济学家的研究范围更为狭窄，集中于萧条这一传统的凯恩斯主义问题的解释上。新凯恩斯主义经济学家用价格刚性（黏性）和工资刚性（黏性）解释总需求下降导致的实际产出下降和失业率上升，进一步来说，新凯恩斯主义经济学家用菜单成本、正式契约和隐性契约、效率工资、内部人—外部人理论来解释价格黏性和工资黏性[①]。

一方面，新凯恩斯主义经济学理论主导着各国政府的宏观经济政策，但是在理论框架上有明显的漏洞；另一方面，新古典主义的学术地位显赫，但由于新古典主义轻视政府干预，导致在宏观政策的实践方面一直是凯恩斯主义居于支配地位[②]。这种状况引发了新凯恩斯主义经济学的最新发展趋势，即“新凯恩斯综合”，也有部分经济学家称“新兴的新古典综合”。若迪·加利的《货币政策、通货膨胀与经济周期：新凯恩斯主义分析框架引论》就是这方面的一个新成果。在这本著作中，若迪·加利只用一个基准模型就贯穿所有章节，试图解决新凯恩斯主义经济学缺少统一理论框架的窘境，被哈佛大学的曼昆、纽约大学的戈特勒等人赞誉为新凯恩斯综合领域的最新权威总结[③]。

说“新凯恩斯综合”或“新兴的新古典综合”，是因为之前曾经有过保罗·萨缪尔森的“新古典综合”。萨缪尔森是一位理论天才，对新古典微观经济学和凯恩斯主义宏观经济学都有重要贡献，其所有工作和贡献加在一起，被称为“新古典综合”。由于萨缪尔森等人的努力，与新古典微观经济学结合在一起的凯恩斯主义宏观经济学最终成为经济学的主流[④]。虽然萨缪尔森对新古典经济学和凯恩斯主义经济学都有贡献，并且试图将这两个理论体系综合在一起，但萨缪尔森在政府和市场的关系问题上更倾向于凯恩斯主义的政府干预主张，他甚至在起于20世纪30年代的关于社会主义计划经济有没有可行性的大争论中都站在兰格一边[⑤]。

---

① ［美］斯坦利·布鲁、兰迪·格兰特，邸晓燕等译：《经济思想史》，北京大学出版社2008年版，第466～469页。

② 杨春学、谢志刚：《国际金融危机与凯恩斯主义》，载于《经济研究》2009年第11期。

③ ［美］若迪·加利，杨斌、于泽译：《货币政策、通货膨胀与经济周期：新凯恩斯主义分析框架引论》，中国人民大学出版社2013年版，第1～12页。

④ ［美］斯坦利·布鲁、兰迪·格兰特，邸晓燕等译：《经济思想史》，北京大学出版社2008年版，第364～370页。

⑤ 张维迎：《市场与政府：中国改革的核心博弈》，西北大学出版社2014年版，第10～30页。

三、西方经济学两种主流倾向的缺陷

总的来说，新古典自由主义和新凯恩斯主义的主要分歧体现在对经济波动的解释以及应对思路上。新古典宏观经济学认为是市场机制发挥作用的正常现象，因而无须政府干预，而且政府干预还会造成更坏的长期影响；而新凯恩斯宏观经济学则认为市场机制自身存在缺陷，需要政府进行干预①。

从工业革命之后的古典主义自由放任，到大萧条之后的凯恩斯主义政府干预，从20世纪70年代经济“滞胀”之后的凯恩斯主义失势、新自由主义主政，再到2008年金融危机之后新凯恩斯主义重新得势，西方经济学和西方发达国家的治理方法经历了反复的此消彼长过程。从西方经济学两大主流思想体系的发展状况和西方发达国家资本主义经济体制的根本矛盾看，这种此消彼长在未来似乎还要循环下去。

但实际上，新凯恩斯主义与新古典自由主义并非水火不相容。凯恩斯的理论也使用了新古典经济学的许多假设和方法，尽管对新古典经济学的放任自由思想提出了尖锐批评，但并没有对新古典经济学的价值理论和分配理论提出批判②。最关键的是，新凯恩斯主义和新古典自由主义的理论都是以私有制为前提的，都支持以私人企业为主导的市场经济体制。

如今，我们面对中国全面深化中国特色社会主义市场经济体制改革的形势，要避免西方主流经济学的缺陷，正确理解政府和市场的关系，应该从国家性质的角度看，或者说应该从国家和市场的关系角度来理解。如果仅从“公仆”（benevolent government）或政府的公共服务职能角度看问题，就走不出政府和市场“二分法”的狭窄视角，走不出干预多一点或是自由多一点的此消彼长式的困境。

第二节　国内学者关于政府和市场关系问题的讨论

在当前国内关于政府和市场关系的讨论中，西方经济学的观点也占据

---

① 杨春学、谢志刚：《国际金融危机与凯恩斯主义》，载于《经济研究》2009年第11期。

② ［美］斯坦利·布鲁、兰迪·格兰特，邸晓燕等译：《经济思想史》，北京大学出版社2008年版，第427页。

着主流地位，这跟欧美发达国家的情况类似。不同的是，国内马克思主义经济学的影响力比在西方发达国家强得多，这应该是到欧美留学、访问过的学者的共同感受。至少在意识形态上，马克思主义经济学在国内仍然处于官方地位。但是，在经济政策方面、特别是涉及政府和市场关系的问题方面，马克思主义经济学的影响力则远不如西方经济学。在确立了“实践是检验真理的唯一标准”之后，中国的改革走上了“试一试、看一看”的务实道路。特别是在指导思想上搁置了“姓社姓资”问题的讨论并确立了社会主义市场经济体制的改革方向之后，新古典自由主义理论和凯恩斯主义及新凯恩斯主义理论成为微观和宏观两个层面实施体制改革的主要理论工具。与西方发达国家不同的是，虽然混合经济以及政府和市场互补的思想在国内占据主流，但哈耶克式的“市场原教旨主义”思想在国内也有重要影响。以下将这两种主流思想分别归纳为市场的逻辑和互补的逻辑进行简要描述。

一、市场的逻辑

所谓市场的逻辑，是纯粹以维护市场有效性为标准来看待政府和市场关系的思维模式，在政府的作用方面主张“有限政府”。市场的逻辑源于西方经济学的新自由主义思想，国内有一大批接受过西方主流经济学教育的学者用市场的逻辑来理解政府和市场关系，对中国全面深化市场经济改革的方向有重要影响。这些学者中，有些甚至比真正的西方主流新古典自由主义经济学家更有“市场主义”倾向。例如，北京大学的张维迎教授是国内“市场主义”思想的代表，他的散文集《市场的逻辑》已经成为国内这方面思想的一个符号，具有广泛的影响力。

需要指出的是，市场的逻辑并不完全排除政府的作用：“市场经济建立在私有产权、自由竞争和企业家精神的基础上。如果没有政府对私有产权和自由竞争的有效保护，人们追求自身利益的动机就不能变成为他人创造价值的行动，企业家精神就不能得到有效发挥，市场经济就不可能存在。”① 但是，市场的逻辑强调要将政府的作用最小化，并限制在特定范围内，最重要的是要防止政府对市场的破坏：“市场经济的内在矛盾在于市场体系自身包含着反市场的力量——政府。这是一种‘异化’。市场要

---

① 张维迎：《市场与政府：中国改革的核心博弈》，西北大学出版社2014年版，序第1页。

有效地运行，不能没有政府；但政府力量的扩展，可能导致市场本身的毁灭。因此，如何在发挥政府的积极作用的同时有效地节制政府对市场的破坏，是每一个市场经济国家面临的难题。”①

对于西方主流经济学的“市场失灵”理论，市场的逻辑认为很大程度上是经济学的市场理论的失败，或者是政府干预导致的市场紊乱，而不是真正的市场失灵。张维迎教授进而强调市场的信誉机制的重要性和政府干预对市场信誉机制的破坏：“或许，传统经济学最大的缺陷是忽略了市场的信誉机制。……如果没有政府保护的话，那些坑蒙拐骗、不讲信誉的企业终究将被市场淘汰出局。市场的信誉机制不仅能解决信息不对称问题，也有助于解决生产者与消费者的价值分配和所谓的外部性问题。……正是由于忽略了市场的信誉机制，各种各样的政府管制就登堂入室，成为解决‘市场失灵’的灵丹妙药。但事实是，政府管制常常又成为信誉机制的最大的破坏力量。政府管制越多的地方，企业越不注重自己的信誉，市场秩序越混乱。……尽管有些管制也取得了一些短期效果，但总体而言，管制不仅导致了效率的低下，而且带来严重的社会不公和腐败，甚至导致了严重的饥荒和社会的崩溃。但直到今天，每当管制失败，政府就会把罪责归于被管制对象的贪婪和管制不够，而不是管制本身。正因为如此，如何防止政府对市场的破坏是人类面临的永恒的挑战。……有一种观点认为，过度迷信政府不行，过度迷信市场也不行。这句话抽象地讲，也没有什么不对。但在我看来，人类面临的真正危险不是过度迷信市场，而是过度迷信政府管制。因为，在市场与政府的博弈中，市场总是弱者，政府总是强者。”②

国务院发展研究中心研究员吴敬琏教授是市场化改革的坚定支持者，人称“吴市场”③，最近几年通过著作、文章、演讲等各种途径呼吁“重启改革议程”④。在 2011 年 12 月发表于财新传媒《中国改革》杂志的一篇题为《当前中国改革最紧要的问题》访谈文章中，吴敬琏说：“从现实来看，用强势政府能够‘集中力量办大事’解释中国经济最近 30 年的迅速崛起，并由此上升到这种强势对于中国最终成为一流发达国家至关重要

① 张维迎：《市场与政府：中国改革的核心博弈》，西北大学出版社 2014 年版，序第 1 页。
② 张维迎：《市场与政府：中国改革的核心博弈》，西北大学出版社 2014 年版，序第 4 ~ 5 页。
③ 吴敬琏、马国川：《从“吴市场”到“吴法治”（上）》，载于《读书》2008 年第 9 期。
④ 吴敬琏、马国川：《重启改革议程——中国经济改革二十讲》，生活 · 读书 · 新知三联书店 2013 年版，序第 1 ~ 11 页。

的层面，不仅无法令人信服，而且对尽快形成市场、社会、政府的多元治理结构是有严重危害的。从现在的情况看，靠政府的强大资源动员能力和对市场乃至生产成本的行政管制，固然提高了中国经济的增长速度，但这种不是依靠效率提高，而是依靠大量投入资源支持的人为高速增长不可持续。”①。在原载于2009年第11期《中国与世界观察》的一篇题为《重新反思中国改革之得失》的文章中，吴敬琏说“中国改革从一开始，就采取了一种不是政体改革，而是在维持原有主体经济不做根本性变动的条件下，在国有经济以外推进的增量改革战略。这种做法能够较好地保持经济在改革过程中的稳定增长，但也带来了双重体制并存、行政权力干预交易活动的寻租条件广泛存在的问题。而在确立社会主义市场经济体制改革目标明确时，大家对于什么是‘社会主义市场经济’，又有不同的理解。相当多的人把东亚国家所谓‘政府主导型的市场经济’当做社会主义市场经济的常态。因此，中国在世纪之交初步建立起来的市场经济体系，就带有浓厚的政府强力干预经济活动的重商主义色彩。正像布坎南等学者主编的《关于寻租社会的理论》中所指出：‘重商主义社会乃是一个腐败的寻租社会。在这样的社会中，腐败行为出现在有寻租条件的每一个焦炉’。于是，在市场经济体制初步建立以后，我国社会始终存在一个‘向哪里去’的选择问题。或者是限制行政权力，走向法治的市场经济制度；或者是沿着重商主义的道路走向权贵资本主义的穷途。”②

坚持市场的逻辑的学者有一个共同的推论：要推进经济体制改革，必须推进政治体制改革。在《重启改革议程——中国经济改革二十讲》第三版中，吴敬琏引用邓小平1986年的谈话和1987年党的十三大报告中的话说：经济体制改革和政治体制改革，不搞政治体制改革，经济改革也搞不通；政治改革的关键，首先是党政分开；遗憾的是，虽然2003年的《中共中央关于完善社会主义市场经济体制若干问题的决定》也提到要努力实现经济体制改革和政治体制改革相协调，但是由于没有有力的措施，政治体制的实质性改进仍然远远落后于大众的要求。吴敬琏认为，建立一个符合公认正义的法律体系和独立公正的司法体系，对于市场经济来说是不可或缺的；而中国在20世纪末形成的“政府主导的发展方式”或“威权主

① 厉以宁、林毅夫、周其仁等：《读懂中国改革：新一轮改革的战略和路线图》，中信出版社2014年版，第137～149页。

② 厉以宁、林毅夫、周其仁等：《读懂中国改革：新一轮改革的战略和路线图》，中信出版社2014年版，第3～8页。

义的经济发展模式”如果没有健全的民主法治约束，会越来越明显地走向国家资本主义，并且极有可能向权贵资本主义转化，导致社会矛盾激化，甚至引起社会动荡。①

近几年在国内比较活跃的耶鲁大学教授陈志武也认为“政治体制改革是经济持续增长的前提”：中国过去40多年的快速增长，首先是对外开放，外部的国际秩序和成熟技术让中国能通过开放实现人口红利；其次是从计划经济到市场经济的转型，从几乎完全的国有制经济到民有经济的转型；最后是从农业社会到工业化社会的转型，以及与此相伴的城镇化转型。但是这三个方面现在都遇到了瓶颈。“从今以后，经济的持续增长必须以转变增长方式为前提，改变对投资和外贸的过度依赖，而要转变增长方式又必须进行限制政府权力的改革，包括制约征税权与财政权的改革，同时将国有资产民有化，把土地私有化，因为国有资产的民有化改革和土地私有化改革是降低政府权力的重要前提。……政府权力控制、国有企业主导的经济必然是投资驱动型经济体。……不仅挤压民营经济的空间和资金支持，还把许多结构性问题推向顶峰，给中国社会埋下众多后患。……从另一方面看，国有企业和土地公有制使财产性收益进入政府，特别是经济快速增长带来的土地增值、国有资产升值和国企利润增值的大部分都归政府，老百姓不能分享，造成了公有制经济跟私有经济的最大差别之一：私有经济社会里，财产升值和资产性收益是民间的收入，变成民间消费增长的基础；而公有制经济体制下，财产升值和资产性收益主要给了政府，变成进一步扩大投资的基础。……导致民间消费难以更快增长，民间消费对经济增长的贡献率难以提升，经济结构转型难以实现。……社会矛盾的恶化也源于政治体制改革的落后，政府权力太大。以收入分配为例，收入差距恶化、财富分配恶化的第一原因是权力在资源配置中的角色太大。”②

与张维迎、吴敬琏、陈志武等学者持有相同或相似观点的学者还有清华大学教授蔡继明、清华大学教授胡祖六、上海财经大学教授田国强、中欧国际工商学院教授许小年等一大批国内知名学者，详情参见中信出版社《读懂中国改革》等系列读物。

---

① 吴敬琏、马国川：《重启改革议程——中国经济改革二十讲》，上海三联书店2016年版，第246～259页。

② 厉以宁、林毅夫、周其仁等：《读懂中国改革：新一轮改革的战略和路线图》，中信出版社2014年版，第106～111页。

二、互补的逻辑

所谓互补的逻辑，是指政府的作用与市场的作用互补结合，一方面发挥政府作用弥补市场失灵；另一方面依靠市场机制配置资源保证效率。通常，互补逻辑基础上的政府和市场关系主张，都要求划清政府和市场的边界。

互补的逻辑源于对西方经济学新古典自由主义和新凯恩斯主义这两大主流思想体系的吸收和借鉴，与西方经济学最新的“新凯恩斯综合”或“新兴的新古典综合”趋势合拍。由于互补的逻辑比市场的逻辑务实，对发挥政府的作用持更加开放的态度，而且基本符合十八届三中全会做出的《中共中央关于全面深化改革若干重大问题的决定》中关于让市场在资源配置中起决定作用和更好发挥政府作用的精神，因而获得更多人的支持，也成为政策制定者和改革决策者深化经济体制改革的最主要思想来源和具体实施的理论依据。

以互补的逻辑为基础提出的概念主张有“大市场、小政府”“强市场、强政府”“有效市场、有为政府”等。北京大学教授林毅夫等学者主张的“有效市场和有为政府”概念就很有说服力和吸引力。林毅夫在解读党的十八届三中全会的改革政策时说：从第二次世界大战后到现在，全世界 180 多个发展中经济体中只有中国台湾地区和韩国两个经济体从低收入变成中等收入然后达到高收入水平；只有 13 个经济体从中等收入变成高收入，其中只有日本和亚洲“四小龙”不是在西欧周边且和发达国家原本差距不大的欧洲国家，而绝大多数的发展中国家长期陷在低收入或中等收入陷阱。造成上述现象的最主要原因就是没有处理好政府和市场的关系。在同一时期，有少数经济体取得了成功，他们都有一个共同的特点：在经济发展和转型中既有“有效的市场”，也有“有为的政府”。为什么有效的市场很重要？按照要素禀赋结构所决定的比较优势来选择技术、发展产业，是一个国家在国内、国际市场形成竞争优势的前提。企业追求的是利润，只有在充分竞争、完善有效的市场体系之下形成的价格信号，才能使企业家按照当时要素禀赋所决定的比较优势进行技术、产业的选择，从而使整个国家具有竞争优势。为什么有为的政府也同样重要？经济发展是一个技术、产业、基础设施和制度结构不断变迁的过程。随着技术不断创新、产业不断升级，基础设施和上层制度安排也必须随之不断完善。基础设施和上层制度的完善不是一个企业家单独所能推动的，必须由政府发挥因势利导的作用，来组织协调相关企业的投资或由政府自己提供这方面的完善措施。另外，政府还需补偿技术创新、产业升级过程中先行企业所面对的风险和不确定性，这样技术和产业才能根据比较优势的变化不断顺利进行创新和升级。所以，一个发展成功的国家必然是以市场经济为基础，再加上一个有为的政府。①

林毅夫教授的“新结构经济学”为“有效市场和有为政府”的概念主张提供了一个理论基础。“新结构经济学”强调市场在资源配置中的核心作用，认为政府应该解决外部性问题和协调问题，以帮助企业进行产业升级，发挥资源的比较优势。林毅夫等学者认为，要避免政府干预经济的“泛保护主义”：政府在产业多样化和产业升级过程中的作用，应被限制在提供关于新产业的信息、协调同一产业中不同企业的关联投资、为先驱企业补偿信息外部性以及通过孵化和鼓励外商直接投资来培育新产业。另外，政府还必须在改善硬件和软件基础设施方面起到有效的引导作用。②

三、市场逻辑与互补逻辑的缺陷

市场的逻辑和互补的逻辑源于西方经济学的新古典自由主义和新凯恩斯主义，因而在缺陷上也一脉相承。市场的逻辑显然没有充分考虑中国的基本政治经济制度条件和经济发展阶段背景，没有将这些基本条件作为前提来认识全面深化改革背景下的政府和市场关系。互补逻辑下的“有效市场、有为政府”等主张，较之曾经的“小市场、大政府”或者“大市场、小政府”主张进步了很多，但其理论基础仍然是西方主流经济学的政府和市场“二分法”，没有摆脱二者此消彼长的思维定式。两种逻辑共同的缺陷，是对中国国家的性质在政府和市场关系以及国家治理体系的决定作用没有给予应有的重视。相比之下，市场的逻辑隐含的“新自由主义陷阱”容易识别，也相对容易避免；而互补的逻辑，由于更务实、且基本上符合深化经济体制改革的指导思想而很容易被全盘接受，因而互补逻辑所隐含的“凯恩斯主义陷阱”更有迷惑性，比较不容易被识别和避免。

当然，我们这样说并不是要全盘否定市场的逻辑和互补的逻辑。从马

---

① 厉以宁、林毅夫、周其仁等：《读懂中国改革：新一轮改革的战略和路线图》，中信出版社 2014 年版，序第 1～5 页。

② 林毅夫：《新结构经济学》，北京大学出版社 2012 年版，第 9～66 页。

克思主义经济学的角度看，源于西方主流经济学的市场的逻辑思想虽然过于偏激，但其关于政府的可能的负面作用的观点值得关注。要构建一个真正科学的、符合中国国情的政府和市场关系框架，必须对政府的负面作用给予足够的重视。以新古典理论和新凯恩斯主义理论为基础的互补的逻辑，符合市场经济运行的基本规律和对政府职能的要求；只是由于不能将国家性质作为一个前提条件纳入分析框架，所以难以解决中国特色社会主义市场经济体制的核心问题。

总的来看，当前国内外主流的思想、理论和观点都将政府的行为视为外生变量，因而摆脱不了政府和市场的“二分法”，解决不了政府和市场的有机结合问题。我们的目标，就是将政府的行为作为内生变量放进经济理论的分析框架中，来认识政府和市场的关系；而要如此，就需要将国家的性质作为一个基本前提考虑进来，或者说，要将政府和市场的关系上升到国家和市场的关系层次上来认识。

第三章

政府和市场关系的实质

政府和市场关系的实质是国家和市场的关系，国家的性质决定政府和市场的关系。因此，政府和市场之间不是此消彼长的关系，而是“有机共生”的关系。这种“有机共生”关系可以分四个层次来界定，在不同的国情下会表现出不同的特征。中国全面深化改革背景下，正确处理政府和市场的关系、更好发挥政府作用，需要考虑中国的基本政治经济制度和社会发展目标；不能仅仅从经济体制改革的角度而是要从全面深化改革的角度来看待这个问题。

第一节　西方主流理论关于政府和市场关系认识的缺陷

一、西方发达国家政府和市场关系的实践

政府和市场，是配置资源的两种基本手段，目的是在内部和外部的各种局限条件下实现国家的经济增长和社会进步。但从亚当·斯密发表《国富论》至今，对于在不同的条件下如何处理好政府和市场的关系问题，私人资本主导的市场经济国家在最近240年的经济史中并没有给出一致的和可靠的答案。从实践上看，发达资本主义国家在1929～1933年大危机以前，基本上信奉“看不见的手”原理，政府充当“守夜人”角色；在1929～1933年大危机以后，逐渐承认了国家这只“看得见的手”的重要作用；20世纪70年代以来，“滞胀”使美英国家在80年代转向了新自由主义，政府作用被限制和削弱；直至2008年爆发了金融危机，发达资本主义国家政府纷纷“救市”、出台“再工业化”规划，又开始向“大政

府”的方向回归。由此看来，受资本主义周期性经济危机的影响，资本主义国家在“大政府”还是“大市场”之间不断地交替选择。当然这个过程不是简单的回归，而是随着经济社会的发展，政府参与经济的广度和深度得以不断加强。欧美之外，日本的“资本主义市场经济加发展型政府”模式，在90年代初的房地产泡沫破灭之后陷入长期停滞，至今没有真正恢复过；曾经辉煌一时的巴西和阿根廷，现在也遭遇了“中等收入陷阱”；而众多欠发达的资本主义市场经济体则陷入“低收入陷阱”难以自拔。所有这些历史的经验都显示，资本主义市场经济体制难以摆脱其固有的缺陷。韩国和新加坡看起来是两个例外，但除了都是小国且地理位置优越并都赶上了世界经济繁荣期的因素外，政府的计划和对市场的深入干预和参与是产生这两个例外的关键原因，而这恰恰为中国的社会主义市场经济体制改革提供了正面的参考。

从横向上看，发达国家中政府和市场关系没有统一的模式。学界根据政府和市场的关系不同，把资本主义模式划分为盎格鲁—撒克逊模式、莱茵模式、北欧模式等。美国的经济体制模式被称为自由市场经济模式，该模式的突出特征是强调市场机制的自发调节和经济行为的个人主义，主张最小范围的政府干预。美国模式中的私人资本通过市场中的自由竞争，不断走向集中和垄断。美国私人垄断资本相当强大，几乎垄断了电力、石油、煤气、煤炭、航空、钢铁、造船等所有重要工业部门。美国资本市场发达，企业融资主要靠股票和其他有价证券市场来实现，所以，美国企业的股东地位不稳定，无论是个人股东还是机构投资者，选择买哪个公司的股票，完全出于一种利润动机，对企业管理普遍不感兴趣，有人形象地把美国模式称为“股票资本主义模式”。美国企业内部的劳资关系比较松散，具有较强的流动性，突出个人主义价值观。美国工人参加工会的比例在发达国家是偏低的，他们自我利益的保护主要靠劳动力市场的自由进入和退出机制。

日本的经济体制模式是政府主导型市场经济模式，这一模式的突出特点是政府通过产业政策、指导性计划和行政指导等方式，对经济生活进行广泛干预。日本企业之间往往不像美国企业之间的关系那样是纯粹的自由竞争关系，而是通过企业集团或企业系列化（即经济协作），形成较为稳定的合作关系。日本大企业与银行之间存在独特的关系，通常称之为“主银行制”，即日本大企业的融资主要是依靠大银行，而不是资本市场来进行。日本企业内部的劳资关系也不同于美国的高度市场化特征，而是实行终身雇用制和年工序列工资制度。终身雇用是指雇员从学校毕业进入公司直到退休，一直受雇于同一个企业；年功序列工资制度则是指依据员工在企业中的工作年限和工作业绩支付报酬。

德国的经济体制模式是社会市场经济模式，这一模式强调政府在维护私有制、自由竞争和经济效率的同时，注重建立完备的社会保障体系，以保证市场经济的良好秩序和社会公平。德国的劳资关系既不像美国企业那样依靠市场契约维持来去自由的雇佣关系，也不像日本企业那样实行终身雇佣制度，而是在企业和行业这两个层面上建立劳资双方的协调机制。在企业内实行所有者、管理者、工会代表和工人代表共同参与的决策形式，即共同决策制度；在行业范围内，工人和雇主的利益分别被组织在庞大的产业联合会中，即工会联合会和雇主联合会，各方利益的维护都是通过双方谈判来实现的。

瑞典是福利市场经济模式的代表，也是北欧模式的缩影。瑞典模式的突出特征是强调充分就业和平等，并以健全的社会福利制度作保障。瑞典是私有制为主体的国家，但与以上模式不同的是，瑞典拥有庞大的公共部门，这些公共部门主要是用于解决就业问题、社会福利问题和收入差距问题。充分就业和平等是瑞典模式的两大支柱理念，为了实现这些理念，政府和工会对劳动力市场实行严格的管制，企业用工制度和工资标准都不是单纯由市场来决定，而是有严格的制度规定。瑞典模式中完善的福利制度也是其他模式无法比拟的，瑞典的社会福利深入到每个人日常生活的各个方面。在纵的方面，实现了从婴儿津贴到养老金的系统化福利；在横的方面，福利项目具体周到，并随时发展。

二、西方经济学关于政府和市场关系理论的缺陷

从西方资本主义国家处理政府和市场关系的理论依据看，西方主流经济学——不管是古典和新古典自由主义理论，或是凯恩斯主义和新凯恩斯主义理论——都存在致命缺陷：都是在默认的资本主义私有制前提下来讨论政府和市场的关系问题，不考虑国家性质和基本经济制度的变化，也不考虑国家性质和基本经济制度对政府和市场关系的决定性作用。这导致西方主流经济学总是会陷入形而上学的“二分法”思维模式：

（1）宏观与微观分离。宏观经济学由于将经济整体机械地看成是所有个体的简单加总（代表人假设和总量生产函数）而缺乏基于真实世界的微

观基础[①]；另外，微观经济学由于不考虑基本经济制度的变化并且只从个体角度研究资源配置和收入分配，从而缺乏对经济运行的整体把握。

（2）长期与短期分离。长期和短期只是假设条件的区别而与时间无关，导致作为新古典宏观经济学理论基础的一般均衡分析框架并不能实质上改进经济学传统的局部静态均衡分析方法[②]。

（3）政府和市场分离。这是亚当·斯密的古典自由主义传统的核心，集中体现为主张"供给是为了需求，从而供给创造需求"的萨伊定律[③]和拉萨尔（1862）[④]、米塞斯（1958）[⑤] 所称的"守夜人"政府。

这种放任自由的思想被"大萧条"终结，代之而起的是凯恩斯主义的有效需求不足理论和庇古开创的市场失灵分析范式。但无论如何，政府仍然被视为独立于经济体系的外生因素。

西方主流经济学后来的发展本质上从来没有跳出这种思维模式。新古典经济学实际上不过是发展了一套形式上看似完美的模型体系，而其核心思想仍然是古典自由主义的，所以被称为新自由主义；新凯恩斯主义经济学家也并没有悟出"滞胀"的根本原因，而只是用名义价格和名义工资的调整黏性（刚性）继续论证凯恩斯的有效需求理论[⑥]。最新的发展是基于新古典的真实经济周期（RBC）理论的动态随机一般均衡（DSGE）模型，但也不过是给古典自由主义的核心思想和新古典的静态分析框架加上了理性预期和外部随机冲击因素并考虑经济体系的动态反应。新凯恩斯主义经济学家则把名义刚性假设及其包含的垄断竞争假设（市场非连续出清）、货币政策的短期非中性假设放进这个带有 DSGE 特征的 RBC 模型中[⑦]。这种被称为"新新古典综合"（New Neoclassical Synthesis）或"新凯恩斯综合"（New Keynesian Synthesis）的宏观经济分析框架，已经成为当今国际货币基金组织、美国联邦储备委员会、欧洲中央银行以及绝大多数工业化国家的中央银行分析货币政策及其对通货膨胀、经济波动及社会福利的影

① 刘晓峰：《经济与经济分析的逻辑》，厦门大学出版社 2011 年版，第 13~22 页。

② 刘晓峰：《经济与经济分析的逻辑》，厦门大学出版社 2011 年版，第 23 页。

③ 张五常：《经济解释》，中信出版社 2014 年版，第 476 页。

④ ［德］拉萨尔：《拉萨尔言论》，上海三联书店 1976 年版，第 70 页。

⑤ Ludwig von Mises Institute，2009：37. https：//mises. org/library/liberty – and – property.

⑥ 吴易风、王健、方松英：《市场经济和政府干预》，商务印书馆 1998 年版，第 251 页，第 518 页。

⑦ ［美］若迪·加利，杨斌、于泽译：《货币政策、通货膨胀与经济周期：新凯恩斯主义分析框架引论》，中国人民大学出版社 2013 年版，第 1~12 页。

响的主要工具①。可是，从2008年金融危机之后欧美国家的应对措施看，效果仍然比较模糊，世界经济正在越来越确定地陷入长时期的萧条之中，人们似乎只能等待古典经济学家所说的市场的自动恢复，只不过这种恢复的特征不是快速而轻松的，而是痛苦且缓慢的。

从方法论上看，西方主流经济学由于不考虑基本经济制度的变化、不考虑国家的性质对政府和市场关系的决定作用，因而无法达到马克思主义的唯物史观和唯物辩证法的认识高度。这种宏观与微观分离、长期与短期分离、政府和市场分离的“二分法”思维模式，最终只会导致理论与现实分离、逻辑与历史分离。实际上，即使在西方主流经济学内部，最新的DSGE模型和“新新古典综合”分析范式，仍然无法避免“卢卡斯批判”的威胁，其中的一些关键假设仍然缺乏微观基础，很多方程式仍然以线性和简单加总的方式来处理，并且往往缺乏真实的经济含义。这导致对DSGE模型的解释往往可以得出完全相反的两种政策含义，导致无法提供任何政策上的指引。②

这里需要特别指出，相对于自由主义的理论和政策，凯恩斯主义和新凯恩斯主义的理论与政策更强调政府干预，看起来也更务实、更平衡，因而更容易被中国的学者和决策者所接受。问题是，凯恩斯主义或新凯恩斯主义的理论政策是以私有制为既定前提的，在凯恩斯主义和新凯恩斯主义的理论框架下，公有制和国有企业没有存在的空间和必要，因而实际上是不符合中国改革的基本前提的。因此，理解中国特色社会主义市场经济体制下的政府和市场关系，不仅要警惕“新自由主义陷阱”，更要警惕“凯恩斯主义陷阱”。不幸的是，国内学界落入这两个“陷阱”的“主流”学者并不少，表现为两种逻辑倾向：“市场的逻辑”和“互补的逻辑”。目前看来，这两种逻辑倾向左右着中国市场经济改革的走向。

所谓“市场的逻辑”，是纯粹以维护市场有效性为标准来看待政府和市场关系的思维模式，在政府的作用方面主张“有限政府”或“大市场、小政府”，强调“在发挥政府的积极作用的同时有效地节制政府对市场的破坏”；而对于西方主流经济学的“市场失灵”理论，市场的逻辑认为很大程度上是经济学的市场理论的失败，或者是政府干预导致的市场紊乱，

① ［美］若迪·加利，杨斌、于泽译：《货币政策、通货膨胀与经济周期：新凯恩斯主义分析框架引论》，中国人民大学出版社2013年版，第1~12页。

② V. V. Chari, Patrick J. Kehoe, Ellen R. McGrattan, “New Keynesian Models: Not Yet Useful for Policy Analysis”, *American Economic Journal Macroeconomics*, Vol. 1, (January 2009), pp. 242-266.

而不是真正的市场失灵[1]。市场的逻辑还坚持认为应推进以“党政分开”和“依法治国”为核心的政治体制改革，否则就会走向国家资本主义和权贵资本主义[2]。还有学者认为土地公有制、国有企业和政府对经济的控制和主导，是导致民营企业投资乏力、经济结构扭曲、财富分配恶化的根本原因，因此，不仅应限制政府权力，而且应实施土地私有化和国有资产民有化改革[3]。

所谓“互补的逻辑”，是指从市场机制和政府手段两个方面来看待政府和市场关系的思维模式，一方面主张发挥政府作用以弥补市场失灵、保障分配公平；另一方面主张依靠市场机制配置资源以保证生产效率。以这种“互补的逻辑”为基础提出的概念，最有代表性的是“有效市场和有为政府”，即认为“一个发展成功的国家必然是以市场经济为基础，再加上一个有为的政府”[4]。林毅夫教授的“新结构经济学”为“有效市场和有为政府”的概念主张提供了一个理论基础，认为政府应该解决外部性问题和协调问题，以帮助企业进行产业升级，发挥资源的比较优势[5]。

市场的逻辑和互补的逻辑都源于西方经济学的新古典自由主义和新凯恩斯主义，因而在缺陷上也一脉相承。市场的逻辑显然没有充分考虑中国的基本政治经济制度条件和经济发展阶段背景，没有将这些基本条件作为前提来认识全面深化改革背景下的政府和市场关系，结果必然是趋向“无政府主义”。互补逻辑下的“有效市场和有为政府”主张，较之“有限政府”或“大市场、小政府”主张进步了很多，但其理论基础仍然是西方主流经济学的政府和市场“二分法”，没有摆脱二者此消彼长的思维定式，因此这种“互补的逻辑”只是表面上的互补，而“有为政府”在实践上也往往会演变为新自由主义的“有限政府”。

当然，我们这样说并不是要全盘否定市场的逻辑和互补的逻辑。从马克思主义经济学的角度看，源于西方主流经济学的市场的逻辑思想虽然过于偏激，但其关于政府的可能的负面作用的观点值得关注。要构建一个真正科学的、符合中国国情的政府和市场关系分析框架，必须对政府的负面

① 张维迎：《市场与政府：中国改革的核心博弈》，西北大学出版2014年版，序。

② 吴敬琏、马国川：《重启改革议程——中国经济改革二十讲》，生活·读书·新知三联书店2013年版，前言。

③ 陈志武：《政治体制改革是经济持续增长的前提》，载于《炎黄春秋》2012年第12期。

④ 厉以宁、林毅夫、周其仁等：《读懂中国改革：新一轮改革的战略和路线图》，中信出版社2014年版，序言。

⑤ 林毅夫：《新结构经济学》，北京大学出版社2012年版，第9~66页。

作用给予足够的重视。以新古典理论和新凯恩斯主义理论为基础的互补的逻辑，虽然符合市场经济运行的基本规律，但是由于没有将国家的性质作为一个前提条件纳入分析框架，所以难以解决中国特色社会主义市场经济体制的核心问题。

第二节　马克思主义的国家二重性思想

以马克思主义国家二重性思想为基础来理解政府和市场的关系问题，具有重大理论意义。首先，将国家性质纳入政府和市场关系问题的分析，是历史唯物主义的视角，不同于西方经济学的“二分法”，从而可以为解决市场经济的核心难题提供一个新的方向；其次，以国家性质的二重性来解释政府和市场的关系，符合唯物辩证法，能够摆脱西方主流经济学认识政府和市场关系的此消彼长思维定式和将政府和市场截然分开的划界方案；最后，将公有制和国有企业纳入社会主义市场经济体制的统一认识框架，而不是将社会主义的基本制度和实现形式排除在外，从而能够避免西方主流经济学理论体系的“新自由主义陷阱”和“凯恩斯主义陷阱”。

一、从马克思主义政治经济学视角认识国家二重属性

对于国家的性质问题，马克思主义经典作家留下了大量的论述。除了马克思本人关于国家性质的思想散见于大量论著中之外，恩格斯对马克思的国家理论做过专门的论述，列宁则在马克思和恩格斯基础上，特别是在恩格斯的《家庭、私有制和国家的起源》基础上对马克思的国家理论做了进一步的阐发。在当代马克思主义政治经济学中，我们通常将国家的性质定义为“阶级统治的工具”，这个定义反映了马克思主义经典作家在国家性质问题上的正确思想。正如马克思所指出的：“阶级统治一旦消失，目前政治意义上的国家也就不存在了”①。然而，从政治经济学角度看，不能把国家仅仅理解为阶级统治的工具。这种认识只强调了国家的阶级属性，却有意无意地忽略了国家的公共属性，从而不利于解释社会主义市场经济条件下政府和市场的关系。

① 马克思：《巴枯宁〈国家制度和无政府状态〉一书摘要》，引自《马克思恩格斯文集》第3卷，人民出版社2009年版，第406页。

恩格斯对国家二重属性有过明确的阐述，他在《反杜林论》中曾经论述过国家的两种性质：政治统治到处都是以执行某种社会职能为基础，而且政治统治只有在它执行了它的社会职能时才能持续下去。之所以如此，原因在于生产力的发展状况：一方面，生产力的逐渐提高，使公社之间产生共同利益和利益冲突；另一方面，只要实际从事劳动的居民必须占用很多时间来从事自己的必要劳动，因而没有多余的时间来从事社会的公共事务，总是必然有一个脱离实际劳动的特殊阶级来从事这些事务。①

在《家庭、私有制和国家的起源》中，恩格斯进一步将国家的本质特征归结为“和人民大众分离的公共权力”②。恩格斯所说的公共权力不仅具有阶级属性，即被用来进行阶级斗争，反对奴隶和无产者③；而且具有公共属性，即被用来保护整个社会的公共利益，其中最重要的，是缓和社会冲突和保护私有财产（即维护社会上现有的居于主导地位的生产关系）。

在缓和社会冲突方面，恩格斯指出：“国家是社会在一定发展阶段上的产物：社会陷入了不可解决的自我矛盾，分裂为不可调和的对立面而无力摆脱。为了使这些对立面，这些经济利益相互冲突的阶级，不至于在斗争中把自己和社会消灭，就需要有一种表面上凌驾于社会之上的力量，来缓和冲突，将冲突保持在‘秩序’范围内。这种从社会中产生又自居与社会之上并且日益同社会相异化的力量，就是国家。”④ 当然，由于缓和社会冲突的最终目的是维护阶级利益，所以恩格斯的这段话即反映了国家的公共属性，也反映了国家的阶级属性。

在保护私有财产、维护现有的主要生产关系方面，恩格斯在描述氏族组织开始瓦解时指出：“所缺少的只是一件东西，即这样一个机关，它不仅保障单个人新获得的财富不受氏族制度的共产制传统的侵犯，不仅使以前被轻视的私有财产神圣化，并宣布这种神圣化是整个人类社会的最高目的，而且还给相继发展起来的获得财产从而不断加速积累的新的形式，盖上社会普遍承认的印章；所缺少的只是这样一个机关，它不仅使正在开始的社会分裂为阶级的现象永久化，而且使有产者阶级剥削无产者阶级的权

① 恩格斯：《反杜林论》，引自《马克思恩格斯文集》第9卷，人民出版社2009年版，第186页、190页。

② 恩格斯：《家庭、私有制和国家的起源》，引自《马克思恩格斯文集》第4卷，人民出版社2009年版，第110页、131～132页、135页、189～191页。

③ 恩格斯：《家庭、私有制和国家的起源》，引自《马克思恩格斯文集》第4卷，人民出版社2009年版，第147页。

④ 恩格斯：《家庭、私有制和国家的起源》，引自《马克思恩格斯文集》第4卷，人民出版社2009年版，第189页。

利以及前者对后者的统治永久化。而这样的机关也就出现了。国家被发明出来了。”① 关于这一点，也需要说明，由于私有财产涉及产权的界定问题，而产权的界定又是市场经济的必要前提，所以对产权的界定和对私有财产的保护不仅反映国家的阶级属性，而且反映国家的公共属性。

恩格斯认为，国家的公共属性体现在经济和社会管理职能的设置和执行中，这些职能不仅使一定的社会制度保持在“秩序范围内”，而且决定着国家政治权力的兴衰。恩格斯指出：“政治权力在对社会独立起来并且从公仆变为主人以后，可以朝两个方向起作用：或者按照合乎规律的经济发展的精神和方向去起作用，在这种情况下，它和经济发展之间就没有任何冲突，经济发展就加速了。或者违反经济发展而起作用，在这种情况下，除去少数例外，它照例总是在经济发展的压力下陷于崩溃。”②

列宁在 1917 年写作《国家与革命》来澄清革命对国家问题的态度和无产阶级在革命中的主要任务时，首先强调的是国家的阶级属性。这是因为列宁当时面对的形势，是资产阶级思想家的阶级调和论以及各国社会党和“第二国际”内部流行的形形色色的机会主义、改良主义倾向将国家问题弄得“混乱不堪”，严重威胁革命的前途。因此，列宁特别强调国家是阶级矛盾不可调和的产物；因此，被压迫阶级要求得解放，必须进行暴力革命，必须消灭统治阶级所建立的国家政权机构。但同时，列宁也认识到了国家的公共属性，他指出：“在马克思看来，国家是阶级统治的机关，是一个阶级压迫另一个阶级的机关，是建立一种‘秩序’来抑制阶级冲突，使这种压迫合法化、固定化。”③ 列宁这一思想与恩格斯关于国家双重属性的思想是一致的，他不仅强调了国家作为“阶级统治的机关”的阶级属性，而且没有忽略国家作为一种“秩序”的公共属性。

归结起来，国家作为一个阶级社会的组织，既具有阶级属性，又具有公共属性。国家的公共属性在于国家是全体公民的共同体，具有维护社会公共利益的职能，而公共利益中既含有在利益分配中处于支配地位的阶级的利益，也包含着在利益分配中处于被支配地位的阶级的利益。国家的性

---

① 恩格斯：《家庭、私有制和国家的起源》，引自《马克思恩格斯文集》第 4 卷，人民出版社 2009 年版，第 189 页。

② 恩格斯：《反杜林论》，引自《马克思恩格斯文集》第 9 卷，人民出版社 2009 年版，第 190 页。

③ 列宁：《国家与革命：马克思主义关于国家的学说与无产阶级在革命中的任务》，引自《列宁选集》第三卷，人民出版社 2012 年版，第 112 ~ 115 页；列宁：《论国家》，引自《列宁选集》第四卷，人民出版社 2012 年版，第 24 ~ 40 页。

质是阶级属性和公共属性的辩证统一：统治阶级利益与公共利益（特别是被统治阶级的利益）的对立导致两种属性的对立；同时，由于国家总是由统治阶级支配，所以国家的公共属性最终从属于国家的阶级属性，二者统一于统治阶级的利益。正如恩格斯所说："由于国家是从控制阶级对立的需要中产生的，由于它同时又是在这些阶级的冲突中产生的，所以，它是在经济上占统治地位的阶级的国家。"[①]；随着社会生产力的发展，阶级消灭了，国家也就消亡了，"到目前为止还在阶级对立中运动着的社会，都需要有国家，即需要一个剥削阶级的组织，以便维持它的外部的生产条件，特别是用暴力把被剥削阶级控制在当时的生产方式所决定的那些压迫条件下（奴隶制、农奴制或依附农制、雇佣劳动制）。国家是整个社会的正式代表，是社会在一个有形的组织中的集中表现，但是，说国家是这样的，这仅仅是说，它是当时独自代表整个社会的那个阶级的国家：在古代是占有奴隶的公民的国家，在中世纪是封建贵族的国家，在我们的时代是资产阶级的国家。当国家终于真正成为整个社会的代表时，它就使自己成为多余的了。"[②]

在马克思主义经典作家之后，西方的马克思主义学者也认识到了国家的二重属性及其职能。例如，保罗·斯威齐在阐述资本主义国家的性质和作用时，就不仅将国家的性质归结为阶级统治工具，而且还认识到国家的公共属性所产生的相应的经济管理职能。斯威齐指出："就资本主义社会而论，'阶级统治'和'保护私有财产'实际上是同义语，……当我们同意恩格斯的说法，认为国家的最高目的是保护私有财产时，我们所说的也就是，国家是阶级统治的工具。"紧接着，斯威齐将资本主义国家作为经济工具的职能归纳为两个方面：（1）解决资本主义的经济发展问题，同时防止国家权力的滥用；（2）通过对工人阶级做出一些必要的让步来保持国内资本主义制度的平稳运行。[③] 这与恩格斯所说的国家有维护社会"秩序"的公共属性以及职能的思想是一致的。

以上对马克思主义国家二重属性思想的梳理，已经明确体现出国家的性质对国家的经济和社会管理职能的根本要求，换句话说，国家的性质才

---

① 恩格斯：《家庭、私有制和国家的起源》，引自《马克思恩格斯文集》第4卷，人民出版社2009年版，第191页。

② 恩格斯：《社会主义从空想到科学的发展》，引自《马克思恩格斯文集》第3卷，人民出版社2009年版，第561页。

③ ［美］保罗·斯维奇，陈观烈、秦亚男译：《资本主义发展论——马克思主义政治经济学原理》，商务印书馆1997年版，第267～273页。

是政府职能的根本决定因素。因此，现在要研究我国社会主义市场经济中的政府和市场关系，就必须回归到国家的性质这个立足点上来。在这个意义上，我们认为政府与市场的关系本质上是国家和市场的关系。如果抽象掉国家的阶级性去认识政府与市场的关系，就会停留在市场经济问题的一般层面上，把政府仅仅看作是“守夜人”，至多是扮演着公共产品的提供者、经济周期的调控者角色。如果持有这种认识，改革的思路就会陷入西方经济学的套路中，根本无法理解我国政府在社会主义市场经济中的特殊经济职能。我国宪法规定了国家的阶级属性，即“中华人民共和国是工人阶级领导的、以工农联盟为基础的人民民主专政的社会主义国家”；同时，我国各级政府由各级人民代表大会选举产生，而全国人民代表大会制度作为我国的根本政治制度，既体现了我国作为社会主义国家的阶级性质，也反映了广大人民群众的根本利益，最大程度上实现了社会主义国家阶级属性和公共属性的统一。因此，我国政府管理市场的行为不仅应当而且必然体现国家的双重属性，即一方面是社会主义属性；另一方面是一般公共属性。

二、政府和市场关系的本质是国家和市场的关系

西方主流经济学理解政府和市场关系的“二分法”，源于对政府的“外生性”假设，即假设政府是完全没有自身利益的、以整个社会福利最大化为目标的、中立的组织或机构，英语表述为“benevolent government”。之所以如此，是因为西方主流经济学里没有阶级或社会阶层的概念，从而也不涉及阶级关系以及作为经济基础的生产关系，而这正是马克思主义政治经济学的优势所在。西方的“公共选择”理论和所谓“新政治经济学”将政府看成是由一个一个自利的个人构成的集合，从而在某种程度上摆脱了政府的“中立性”假设，但是由于没有历史唯物主义的概念和方法论作支撑，所以仍然摆脱不了政府的“外生性”假设。从马克思主义政治经济学的角度看，政府并不完全是中立的、公利的组织，政府的性质由国家的性质决定；政府是“内生的”，由于统治阶级的利益在整个国家的利益结构中处于支配和主导地位，因而政府本质上是统治阶级的政府，政府的职能以及如何处理与市场的关系根本上取决于统治阶级维护自身利益的需要。正是在这个意义上，我们说政府和市场的关系，本质上是国家和市场的关系。

首先，经济基础决定上层建筑，上层建筑反作用于经济基础；理解政

党的作用是理解政府的“内生性”以及政府和市场关系的关键。政党是阶级或阶层、集团利益的代表；政府（包括立法和司法机关）是国家的管理机构，是国家意志的执行机构。政党通过在政府中执政，将其所代表的阶级利益转变为国家意志并形成国家制度和政府决策。由于统治阶级在经济上的支配地位，使执政党总是统治阶级的政党，执政党的施政纲领、政府的决策总是以维护统治阶级的利益作为根本目标。同时，由于处于从属地位的公共利益凭借阶级力量的对比而对统治阶级根本利益产生影响，执政党和政府又不得不考虑统治阶级利益与社会公共利益的兼顾和平衡。关于这一点，香港大学许成钢教授对中国体制特征的研究提供了有力的解释。许成钢教授将中国的社会主义市场经济体制归纳为：一方面中央对政治、人事高度集权；另一方面在行政和经济控制方面向地方高度放权①。且不论许成钢教授给这种体制取的名字——“向地方分权的威权主义体制”（RDA）——是否恰当，也不管这一归纳没有明确提及政党的作用，但确实恰好反映了中国共产党作为执政党在中国体制中的关键作用。

其次，生产力决定生产关系，生产关系反作用于生产力；不断提高的市场化程度和生产的社会化程度对保障公共利益提出了更高的要求。市场经济是社会化大生产的代名词。市场经济越发达，市场机制发挥作用的范围越广，生产的社会化程度也就越高。然而，市场的本质是私人依据价格信号进行分散决策，作为起决定性作用的资源配置方式，这导致市场自身无法避免的单个企业生产的组织性和整个社会生产的无政府状态之间的矛盾。市场可以促进财富的创造，但市场自身无法避免严重的贫富分化以及由贫富分化所导致的经济危机和社会震荡。因此，市场经济条件下，国家的公共属性变得更加重要。公共利益的实现，特别是对劳动者利益的保障，越来越影响到了统治阶级根本利益和全局利益的实现。这要求执政党将更多的公共利益（劳动者利益）体现在政府的决策和管理体制中，包括充分发挥政府的“有形之手”参与甚至主导资源配置，必要的时候对生产、分配、交换、消费过程实施计划管理。

最后，劳动力商品理论是理解政府和市场关系问题的微观理论基础。从生产过程来看，劳动力成为商品是剩余价值生产的前提，因而劳动力商品理论是从劳动价值理论到剩余价值理论的纽带。劳动力成为商品意味着劳动力的所有权与使用权的分离。这种分离意味着剩余价值的生产，既受

---

① Chenggang Xu, The Fundamental Institutions of China's Reforms and Development, The Journal of Economic Literature, 2011, 49: 4, 1076 -1151.

市场效率和企业家创新精神的约束，也受劳动力的质量、劳动力再生产的质量以及劳动者主观能动性的约束。从国家的性质角度看，市场效率、企业家利益、劳动者利益共同构成了统治阶级利益与社会公共利益的混合体，政党和政府必须在这些关系中进行综合平衡而不是只顾一边。这是决定一个国家的所有制结构、国有企业与私人企业之间的关系以及国有企业参与市场的方式的基本因素。

以上从国家的性质角度看政府和市场的关系的分析框架，可以有两个重要的推论：

（1）政府和市场是相辅相成的对立统一关系。政府和市场“共生”于生产力和生产关系的状况，“共生”于社会的物质生活关系的总和即经济基础，按黑格尔的话说就是“共生”于“公民社会”。政府和市场既有机协作，又明确分工，市场主导财富产出的动力，政府主导体现国家性质的方向，二者相辅相成，最终为统治阶级的利益服务。因此，我们可以将政府和市场的这种对立统一关系称为“有机共生”关系。

（2）社会主义国家与资本主义国家，在处理政府和市场关系时，既有共同点，又有明显的区别：资本主义国家的阶级利益和公共利益由于更加对立，政党和政府为保障公共利益而对市场进行的干预和经济计划受到阶级利益的更多限制，导致政府和市场更加分离和对立；而社会主义国家的阶级利益和公共利益更加统一，党政结合的体制也为协调阶级利益和公共利益提供了更有利的保障，使政府和市场的关系可以更加统一和协调。这意味着，资本主义国家的政府和社会主义国家的政府都可以发挥重要的作用，只是政府作用受到的约束条件不同，作用的范围、形式、手段不同。

三、从国家和市场的关系看政府职能的多层次性

政府和市场的关系问题，既要从“更好发挥政府作用”角度来思考如何构建国家经济体制、如何管理经济运行；又要从“使市场在资源配置中起决定性作用”角度来思考如何让各种性质经济主体的分散决策来主导国家的资源配置，如何发展各种交换关系或者说社会再生产过程中各个环节的各种市场。处理这个关系、解决这些问题的关键，是具体界定政府经济职能的内容和范围。这并不是西方经济学的“二分法”思维方式，而是政府和市场辩证关系的需要。

政府对市场的经济职能，一方面由国家性质决定；另一方面又要考虑

市场的客观需要。从国家二重属性要求来看，国家要求政府既承担基本经济职能，又承担特殊经济职能。从市场的本质和构成来看，国家要求政府既要巩固决定国家性质的生产关系的主导地位，又要引导反映其他生产关系的经济形式的发展。从市场机制的特征来看，国家要求政府既要发挥各种经济主体分散决策的作用，又要对通过计划、命令等集中决策手段对市场机制进行驾驭。

从国家之间横向比较的角度看，政府的经济职能——与经济基础相适应——既表现出由国家公共属性所决定的共性或一般性，又表现出由国家阶级属性决定的特殊性和多样性。当然，还表现出受不同国家历史、道德、文化、习俗等因素影响的特殊性和多样性。

概括来说，国家二重属性的要求与市场经济和市场机制的客观需要，形成了多层次的政府经济职能，包括：直接体现国家阶级属性的层次；发挥市场对资源配置的决定性作用的层次；矫正市场固有缺陷的层次；弥补市场失灵的层次等。

（一）直接体现国家阶级属性的层次

政府在这个层次上的经济职能主要是维护与国家性质相一致的所有制结构和分配结构。特别地，在资本主义市场经济国家是通过法律保障生产资料的私人所有制，保护私人资本和私人企业自由配置资源的权利，排除政府对企业生产和分配的直接干预；在中国特色社会主义市场经济条件下，则是通过法律既保护公有制经济的财产权，通过政策巩固和发展公有制经济，维护公有制经济的主体地位，壮大国有资本和国有企业，维护国有资本或国有企业的主导地位，通过法律和政策以社会主义标准保障私人企业中的劳动者报酬符合劳动力价值补偿和劳动力再生产的需要，特别是要考虑劳动者用于住房、教育、医疗等方面支出的补偿需要。

（二）发挥市场对资源配置的决定性作用的层次

政府在这个层次上的职能主要有：保护产权，制定和完善以产权制度为核心的市场规则，健全相关的法律法规；促进竞争，扩大企业的选择空间，防止和排除行业、地区之间和国际间在投资和贸易上的进入壁垒和退出限制；制定国家中长期发展战略，制定产业政策，促进产业机构与需求结构相一致；提供基础设施；等等。对正在深化社会主义市场经济体制改革的中国来说，尤其重要的是完善产权制度，放开竞争性行业的市场准入，减少对涉及国有资本和国有企业的私人资本投资的限制，以及减少价格干预和价格管制。

（三）矫正市场固有缺陷的层次

即使是有效的市场，也存在固有的缺陷，既不一定能够满足国家公共属性的要求，也不一定能够满足国家阶级属性的要求，因而需要政府矫正。私人资本主导的资本主义市场经济最主要的固有缺陷是私人生产在社会整体上的盲目性，导致周期性的总供求结构失调，产生经济波动和经济危机。为此，资本主义国家的政府虽然不能依靠集中计划来调节，但是可以通过货币政策和财政政策在宏观上调控企业投资方向、投资数量以及失业率，还可以通过社会保障等收入再分配制度和政策为无产者和低收入者提供基本保障。另外，政府可以通过市场监管和国有企业参与市场竞争来约束和引导私人生产和投资的盲目性。与资本主义国家以及改革开放之前相比，中国特色社会主义市场经济条件下，政府仍然可以保留和谨慎使用直接计划手段或行政手段。

（四）弥补市场失灵的层次

市场机制可能会失灵，需要政府弥补，这是西方经济学擅长的研究层次。按照经济学界的共识，市场失灵的领域和原因主要在公共产品、共有资源、外部效应、信息不对称等方面。相应地，政府在弥补市场失灵层次上的主要职能包括：完善市场监管机制，防止私人资本逐利所导致的社会成本和系统性风险；界定和完善共有资源领域和私人生产领域的具体产权规则，预防公有资源的滥用，降低私人生产的社会成本；充当市场交易中间人、仲裁者和调节者的角色，提供公共服务，降低市场交易各环节的不合理费用，建立共有资源产权交易市场，促进市场交易；建立和完善市场信息服务平台，提高市场透明度；等等。

（五）政府机制、体制改革的层次

政府运用各种资源配置手段的机制，以及政府自身的体制，也需要不断调整和改进。对于中国来说，改革本身就是政府的主要职能。应该根据国家性质的需要和发挥市场机制配置资源作用的需要，改革原有的财税、金融、投资、国有企业管理体制，改革机构设置和决策机制，提高政府决策和工作效率；等等。

第四章

当代西方主要国家政府和市场关系的不同模式

资本主义制度从其诞生至今，已有300多年的历史，资本主义的发展历程也经历了从自由竞争到垄断再到国家垄断的不同发展阶段。在这一过程中，政府和市场关系也经历了从自由放任资本主义到政府干预资本主义的演变。当代发达资本主义国家，存在不同发展模式，不同发展模式往往与政府和市场的关系的差别有关。在学界，一些研究者根据政府和市场关系，把发达资本主义国家划分为不同模式，最早研究资本主义不同模式的美国学者索斯卡斯，根据政府和市场关系的差别，把发达国家市场经济划分为两大基本模式：他们首次提出“自由市场经济”（liberal market economies，LMEs）和“协调的市场经济”（coordinated market economies，CMEs）分类方法。自由市场经济以美国为代表，还包括：英国、爱尔兰、加拿大、澳大利亚和新西兰。协调的市场经济以德国为代表，还包括：奥地利、日本、韩国、瑞典、挪威、芬兰、丹麦、比利时、荷兰和瑞士。这一分类在学界影响很大，不过随着人们对不同市场经济模式研究的深入，对发达国家模式划分也越来越细化，比如英国著名的模式研究专家戴维·柯茨（David Coates）在《资本主义的模式》（2001）一书中，依据“新制度学派”的观点，把资本主义分成三种模式，即以美国为代表的市场导向资本主义、以日本为代表的政府导向资本主义和以德国为代表的谈判或协商资本主义。再如1999年4月，英国《经济学家》周刊又发表文章评述7种模式资本主义：即美国模式的资本主义、日本模式的资本主义、东亚模式的资本主义、德国社会市场模式的资本主义、瑞典模式的资本主义、新西兰模式的资本主义、荷兰模式的资本主义。[①] 我们的研究是从国家和市场的关系上来把握政府和市场的关系，在划分标准上也有自己的认识。

理论界对经济模式的划分通常是以政府和市场的关系作为依据的，所以，对经济模式的差异性分析，也主要停留在市场经济配置资源过程中政府干预的多还是少的区别上。我们认为这种仅仅停留在政府和市场关系的描述上，还不能揭示出不同资本主义模式的真正差别。因为政府对经济干预的多与少，取决于经济运行的具体状况，不同国家或同一个国家的不同时期，政府对经济干预程度可能是不同的。我们认为经济模式实质上是生产关系的具体实现形式，不同经济模式反映了不同国家的生产关系的具体实现形式不同。这样，对不同模式差异性的分析从根本上应该回归到国家和市场的关系上，也就是要从生产关系的具体实现形式的角度展开。下面我们围绕着“资本雇佣劳动”这一资本主义经济关系的核心内容，从资本、劳动力以及作为“总资本家”代表的国家这几个要素相互作用所形成的经济关系进行比较分析。本章依据国家和市场的关系，把发达国家市场经济模式划分为四种类型，分别是以美国为代表的自由资本主义模式、日本为代表的法人垄断资本主义模式、德国为代表的社会市场经济资本主义模式和瑞典为代表的福利资本主义模式。

第一节 美国自由资本主义模式

提起自由市场经济模式，人们通常会想到美国。美国之所以被视为自由市场经济的代表，有其特殊的生存土壤。正如马克思曾指出的：“有些国家，例如，北美的发展是在已经发达的历史时代起步的，在那里这种发展异常迅速。……可见，这些国家在开始发展的时候就拥有老的国家的最进步的个人，因而也就拥有与这些个人相适应的、在老的国家里还没有能够实行的最发达的交往形式。”[②] 所以，维尔纳·桑巴特指出：“美利坚合众国是资本主义的乐土。资本主义要完整且纯粹地得到发展，所需要的一切条件都最先在这里得到满足。除此之外，其他任何国家和民族都没有赋予资本主义这样的条件，允许它发展至其最高阶段。”“资本主义之外的任

① ［英］戴维·柯茨，耿修林、宗兆昌译：《资本主义的模式》，江苏人民出版社 2001 年版，第 12 页；徐崇温：《当代资本主义新变化》，重庆出版社 2004 年版，第 126～130 页。

② 《马克思恩格斯选集》第 1 卷，人民出版社 1995 年版，第 125 页。

何一种谋生方式在美国都好像是不为人所知的，而欧洲国家所不曾有的一种纯粹的经济理性主义满足了这种攫取利润的欲望。”① 美国自由资本主义模式的突出特征可以概括为以下三点。

一、强大的私有制经济

与其他发达国家相比，美国资本主义所有制的私有化程度最高，这也是美国市场经济模式被称为自由资本主义的经济基础之所在。美国独立战争的口号就是要求承认“生活、自由和个人财产是不可剥夺的权利”。在殖民时期形成的财产权利，虽在美国革命中有变化，但没有改变其基本的核心。美国的财产制度对新兴资产阶级来说无疑有重要的激励作用，使他们的资本获得了高度安全感。在美国“联邦政府一级以上几乎没有任何公有资产，除了邮政服务，它是世界上最大的雇主。在州政府一级，有一些公有资产，比如发电厂和配电厂，以及一些教育和医疗保健机构。更多的公有资产在地方和市一级，包括交通、能源、医疗保健、教育和水务。”② 20 世纪 50 ~ 80 年代，美国政府及公营企业在国民生产总值中所占的比例仅为 1.5% 左右，雇员占全部就业人员的比例仅为 9.7% ~ 16%。相比其他发达国家，当今的美国在电力、石油、煤气、煤炭、航空、钢铁、造船等重要工业部门，国有化程度也都是最低的。③ 相比之下，美国私人垄断资本的力量相当强大，资本的社会化程度也非常高，其中跨国公司的实力最具代表性，1999 年，美国 7 个巨型公司各自拥有 3000 亿美元的资产，富可敌国。2005 年美国《财富》杂志上全球 500 强企业排行榜中，前 100 强的企业里美国占据了 35 家；排在前 5 名的大企业中，除了英国壳牌石油公司名列第 2 之外，其余都是美国跨国公司。美国强大的私人垄断资本必须依靠相应的自由企业制度来维护。

二、自由的企业制度

自由企业制度是私人财产制度的重要体现。众所周知，19 世纪末 20

---

① ［德］维尔纳·桑巴特，王明璐译：《为什么美国没有社会主义》，上海人民出版社 2005 年版，第 5、7 页。

② ［德］魏伯乐等主编，王小卫等译，刘昶校：《私有化的局限》，上海三联书店、上海人民出版社 2006 年版，第 308 ~ 309 页。

③ ［美］斯蒂格利茨：《政府为什么干预经济》，中国物资出版社 1998 年版，第 35 页。

世纪初，美国就曾以“托拉斯资本主义”而著称，表明美国经济已进入了垄断阶段。在经济全球化的今天，美国更是跨国公司最强的资本主义国家，在国际经济组织和区域经济集团里，美国也是居于领导者的地位。在这个意义上，美国的企业是世界上实力最强的垄断组织。这里所说的美国自由企业制度，是从美国企业的建立、企业内部关系和企业之间关系在市场中受规则约束的情况而言的。美国自由的企业制度突出体现在以下方面：

（1）企业的建立遵循自由主义原则。在美国，企业遵循的基本法律是各州的法律，而各州之间的法律又有明显的差异，一家企业无论在哪里经营，它可以选择一个州来组建公司，这样各州之间存在竞争，这种竞争实际上是比谁的管制更宽松。而各州在宪法允许的范围内，尽量对抗联邦政府的干预。如果哪一个州的管制严格，企业就会选择在其他的州落户。“也就是说，州与州之间的竞争使它们倾向于保护管理者的利益。因为是管理者来决定公司在哪个州组建，于是各州在法律上迎合他们，以吸引公司开设在本州。”①

（2）股东至上且来去自由。美国自由企业制度理念，表现在股东至上而且来去自由，美国的资本市场发达，企业所有者的地位变化迅速，来去自由。“根据纽约证券交易所提供的数据，1990 年持有股票（包括共同基金股）的个人有 5144 万人。个人股东持有美国股票的 29%——其中 19% 在公众手中，10% 在公司创始人手中。”“机构投资者——主要是养老基金、共同基金、保险公司等——持有另外大部分股票，1990 年持有普通股是的 53.3%。”② 可见，美国近 1/4 的公民持有股票，并且大量股票在投资机构手中。无论是个人股东还是机构投资者，对公司治理普遍不感兴趣。他们选择买哪个公司的股票，完全出于一种利润动机，只要公司股票价格不令人满意，他们就会“用脚投票”。罗纳多·多尔把美国这种资本主义称为“股票资本主义”。美国公司为了迎合股东，必须坚持股东利益至上的原则，在利益分配上坚持股东第一。所以，“自从 80 年代以来，美国人工资在总的增值中的份额一直处于下降趋势，甚至可以说这种趋势早在 70 年代初就开始了……新兴经济国家关于股本收益率竞争带来的压力

① ［英］乔纳森·查卡姆，郑江淮、李颜鹏等译校：《公司常青：英美法日的公司治理的比较》，中国人民大学出版社 2006 年版，第 175 页。

② ［英］乔纳森·查卡姆，郑江淮、李颜鹏等译校：《公司常青：英美法日的公司治理的比较》，中国人民大学出版社 2006 年版，第 184 页。

迫使美国工业提高收益率，它们将产值中的越来越大的一部分留给资本的拥有者。"① 一些批评家指出，美国企业家普遍存在"短视综合征"，他们只关心短期内的利益，股票价格，不关注企业的长远发展和创新。

（3）公司管理者强调个人主义。美国的公司是由他们的总裁来运营的，相比于团队化而言，美国公司的领导更突出个人主义。美国公司内部是典型的资本雇佣劳动关系，劳动力通过市场与企业签订契约，受劳动力市场的约束。在绝大多数情况下，公司管理者的地位远远高于其他人，它与其他管理者之间的关系，主要取决于个人人格魅力。许多总裁为了防止自己受指责，尽量使董事会成员团队化。然而，从个人化到团队化这一范围内，总裁的位置绝对处于个人化的那一端。在美国"多于 3/4 的公司里，董事长就是总裁。这一现象在大公司中更为普遍。例如，在制造业中，营业收入在 30 亿美元以上的公司中，有 92% 的公司的董事长就是总裁。但营业收入在 1 亿美元以下的公司中，只有 2/3 的公司是这一情况。这种职位的结合——公司首脑和董事会的首脑——加强了总裁在董事会中的权力。"美国公司总裁的这种权力至上与其高收入是相辅相成的。"日本总裁的收入是本国基本工资的 17 倍，英国总裁的收入是本国基本工资的 35 倍，而美国总裁的收入是本国基本工资的 109 倍。"② 美国企业的管理者市场化选择程度非常高，这种自由竞争的总裁市场，抬高了管理者的身价。毕竟，优秀的管理人才是稀缺的，公司设法在市场竞争中留住人才。所以，美国总裁市场并不稳定，一个总裁可能突然地、公开地离开公司，这对公司无疑是重大损失。管理者的流动性强，也加剧了美国企业以利润为目标的短期行为。

（4）企业之间竞争性市场关系。因为美国信奉自由市场经济，所以企业之间通过市场竞争，优胜劣汰被视为是自由原则的体现。由于其发达的资本市场，企业之间往往通过股票方式实现兼并、收购，实现资本集中，而不像日本、德国企业那样，企业之间形成伙伴关系。对美国企业发展史上的兼并浪潮，理论界概括地不完全一致。英国经济学家斯科特·拉什和约翰·厄里在他们著的《组织化资本主义的终结》一书中分析指出："在考虑特定行业的发展时，将现代美国工业的历史分成四个阶段，同时也是

① ［英］罗纳多·多尔，李岩、李晓桦译，郑秉文校：《股票资本主义：福利资本主义——美英模式 vs. 日德模式》，社会科学文献出版社 2002 年版，第 8 ~ 9 页。

② ［英］乔纳森·查卡姆，郑江淮、李颜鹏等译校：《公司常青：英美法日的公司治理的比较》，中国人民大学出版 2006 年版，第 163 ~ 164 页。

资本集中的四个连续阶段是有用的。第一阶段始于19世纪80年代，大都是水平一体化；第二阶段，又分为非生产性的合并，以及随之而来的19世纪90年代到20世纪20年代初的垂直一体化；第三阶段，从20世纪20年代开始的多样化和多部门企业的产生；第四阶段，20世纪60年代联合大企业的形成，工业资本实际具有金融资本的作用。”[①] 作者实际上指出，进入20世纪60年代以来，资本市场在企业兼并中起主导作用。80年代以来，美国企业并购更是如火如荼，统计资料显示，自1992年以来，80年代末落入低潮的美国企业并购活动重新活跃起来，并且进行得如火如荼。1992年公开宣布的美国企业并购交易为2574件，交易金额967亿美元。1995年，企业并购交易增加为3512件，交易金额激增为5190亿美元。到了1996年，企业并购交易猛升为10000余件，交易资金则突破了6600亿美元。当然兼并有敌意兼并，也有友好兼并，80年代兴起的这次兼并浪潮中，敌意兼并的实例占据了相当突出的位置；而90年代的兼并中友好兼并占主流。[②] 但不管兼并动机如何，美国企业的兼并浪潮一定程度上体现出美国企业制度的自由性。

当然，需要指出的是，并购显然是一种资本集中行为，资本集中也必然使企业走向垄断，那么，美国是如何来处理自由企业制度与垄断之间的关系的呢？这就要通过美国政府行为来解释。

三、最小范围的政府干预

与其他发达资本主义国家相比，美国政府对市场干预的特点突出体现在两个方面：范围最小化和方式间接性。纵观美国市场经济的发展历史，可以看出美国市场经济经历了自由市场经济、垄断市场经济和政府干预的市场经济发展阶段，它不像德国在市场经济发展的第一阶段就有明显的干预色彩。美国政府政策理念在根本上信奉“放任自流”的政策取向，所以，迄今为止，美国依然基本上是依靠市场机制来分配资源的。为了维护市场机制的自主运行，美国政府的行为重点在维护自由企业制度和自由竞争规则。由于科学技术进步推动的生产力的发展，美国资本主义进入到资本高度集中的阶段。资本的这种高度集中对自由竞争的市场机制和自由企

① ［英］斯科特·拉什、约翰·厄里，征庚圣、袁志田等译：《组织化资本主义的终结》，江苏人民出版社2001年版，第94～95页。

② 胡国成：《论当前美国企业兼并潮》，载于《美国研究》1998年第1期。

业制度必然形成威胁，因此，美国政府在这方面有所表现。1890 年通过的《谢尔曼反托拉斯法》旨在恢复企业自由竞争，以打破垄断。1906 年美国通过法案，确保食品和药品都被如实地贴上标签，且肉类在出售前得到检验；截至 20 世纪 90 年代，国会已经成立 100 多个联邦法规监管机构，领域从贸易到通信、从核能到产品安全、从药品监督到就业等。这些机构都设立独立委员会，相对独立于政府，旨在监督企业运行，保护消费者和小企业群体。美国对市场自由竞争规则的保证主要是通过立法形式完成的。基本分三类：第一类是调整企业之间关系的法律，如反对垄断的谢尔曼法案、克莱顿法案、联邦贸易委员会法案等；第二类是调整企业内部雇主与雇员之间关系的法律，如劳资关系法、最低工资法、限制雇用童工法等；第三类是保证公共利益的法律，如环境保护法、消费者安全法等。

美国政府干预市场的间接性主要体现在政策手段的间接性。和其他发达资本主义市场经济国家相比，美国政府在市场经济中的角色更倾向于充当“裁判”，而不是市场主体。美国政府宏观调控的主要特点表现在：在生产领域，倾向于不用任何计划来约束垄断资本的手脚，他们尽量避免经济的国有化和计划化；在分配领域，虽然也通过税收对收入进行调节，但充分注意到不伤害企业家的积极性；虽然也发展社会福利事业，并且不断扩大其范围，但不像西欧一些福利国家那样无所不包，很多内容还是利用市场机制来调节的。政府通过立法对国民经济的某些部门和某些经济活动进行管理，以消除垄断资本发展过程中所造成的封锁市场、排斥竞争、垄断价格、坑害消费者、污染环境、扰乱正常经济秩序、损害公众利益等不良行为的后果。同时，政府还制定许多政策，创造正常的经济环境，克服在自发经济机制下所造成的部门间、行业间、地区间的发展不平衡，以利于经济健康发展。

一些人认为，第二次世界大战以后，美国经济发展逐渐进入了“混合经济”阶段，政府的调控作用明显增强。最主要的证据就是美国政府支出不断增加，20 世纪 60 年代以后，赤字财政成为美国政府经济行为的重要特征。本章认为，政府财政支出的增长与否虽然与政府干预经济程度有一定的联系，但它并不能反映政府干预经济的特点。美国曾经巨大的财政支出并不是直接用于经济领域，相反，很多用于军事、教育、科学技术等领域。美国采取赤字财政还是非赤字财政，完全取决于经济运行状况和执政党的发展理念。所以，财政政策或货币政策本身，只能说明政府参与经济的程度，但并不能说明美国政府干预经济的“特征”。

第二节 日本法人垄断资本主义模式

理论界对日本资本主义经济模式的概括并不一致，有人称其为“政府主导型模式”，有人概括为“法人资本主义模式”。我们认为后者更能反映日本资本主义模式的特征。何为“法人资本主义”？对此，较早提出这一概念的日本经济学家奥村宏解释说：“在战后的日本，财富向法人企业也就是公司集中，这些企业的代表即经营者掌握着巨大的权力。我把日本的这种状况概括为‘法人资本主义’，如果要用一些更容易让人理解的名词的话，那么也可以称之为‘看不见资本家的资本主义’或者‘没有资本家的资本主义’。”① 下面我们具体阐述一下日本法人资本主义的主要特征。

一、法人垄断资本占统治地位

日本的私人垄断资本也很强大，但在实现形式上却与美国不同。日本垄断资本不像美国垄断资本那样相互之间突出竞争关系，而是强调联合关系，这种联合体现在日本特有的企业集团化和系列化上。

日本的企业集团通常被看做是“二战”战前财阀传统的延续，它通常是大企业之间基于产权的一种联合。主要形式有两种：一种是以大银行为中心，若干大企业通过横向持股方式结成的联合体，比如三井、三菱、住友、芙蓉、三和、一劝六大集团，被认为是日本企业集团的代表，在日本经济中举足轻重；另一种是以某一企业为核心，若干相关联的大企业通过纵向持股结成的联合体，比如丰田、松下、日立、新日铁等集团。企业集团内的成员在法律上保持独立的法人地位，但它们却处在一种复杂的合作和竞争网络中。企业系列是指大企业与中小企业之间基于承包关系形成的纵向经济联合体。在企业系列中，通常是大企业将零部件或辅助性生产环节承包给中小企业，后者与前者形成一种协作关系。企业系列使大企业可以稳定地获得来自下包企业物美价廉的产品；同时，中小企业也可以获得大企业的稳定订单和技术指导，保证了生存空间。企业系列虽然不是法人

① ［日］奥村宏，张承耀译：《股份制向何处去——法人资本主义的命运》，中国计划出版社1996年版，第5页。

企业之间的直接持股，但本质上它是法人垄断资本的一种存在形式。

法人垄断资本使企业之间有稳定的合作关系，对非成员企业，往往形成一个相对封闭的系统，参与交易的企业一般说来“是属于同一企业集团的，或者是属于同一企业系列的，再有就是有持股关系以及董事派遣关系的企业。此外，还可能有这样的情况，那就是仅仅根据很早以来一直有交易关系这一点决定下来”。[①] 有资料显示，在东京的股票交易中，78%的股份都归于“经济团体联合会”成员名下，大多数大公司都保持很大的卫星和附属公司网络，仅东芝公司在日本就有200家相关公司，在它们的下面还有600家“孙公司”。大的日本公司的股权大约是美国公司股权集中程度的2倍，在股权稳定程度方面比美国高4倍。[②] 因此，日本公司的股权结构通常呈现出这样两个显著特点：一是法人持股的高比例，二是法人股东持股的稳定性。

以汽车生产为例，日本汽车生产的典型模式是“丰田模式”，美国的典型生产模式被称为“福特模式”。1984年为丰田汽车公司提供零部件的厂商只有270家，而美国的通用汽车公司在同一年份却从近12500家企业接受零部件供给。对工人数量和销售金额进行比较，1988年通用汽车公司拥有工人58.3万人，销售金额约1236亿美元；而丰田汽车公司拥有工人却只有6.5万工人，销售金额达到411亿美元。这两组数据表面上看似乎是一个生产效率问题，但最主要的原因却在于组装厂是在本公司从零部件开始生产，还是将零部件生产委托给其他厂商生产。据估计，在20世纪80年代后半期，美国组装的零部件自给率达到50%～60%，而日本只是20%～30%。[③] 日本汽车企业零部件厂商和组装厂商之间，是一种长期、稳定的合同关系。

二、主银行制度

日本企业集团化特征与主银行制之间存在密切关系。通常认为，是银行促成了这种集团的形成和发展，因为银行使企业集团能够互助互利。但对什么是主银行制度，理论界的认识并不完全一致。一种最常见的理解

① ［日］奥村宏，张承耀译：《股份制向何处去——法人资本主义的命运》，中国计划出版社1996年版，第97页。

② 徐崇温：《当代资本主义新变化》，重庆出版社2004年版，第146页。

③ ［日］青木昌彦、奥野正宽，魏加宁等译，林家彬校：《经济体制的比较制度分析》（修订版），中国发展出版社2005年版，第118页。

是，因为日本企业融资主要靠银行，而不是资本市场，所以银行与企业之间存在着密切关系，银行是企业的主要资本来源。因此，银行对企业进行监督和控制。但青木昌彦等人的研究认为，日本企业的主银行制度，有着比这些更为广泛和深刻的内容，在他们看来，如果把主银行仅仅看做是企业借款总额中所占份额最大的银行，势必忽略了主银行制度的本质。事实上，一些大的公司对银行借款的依赖程度很低，但它们仍然是同主银行保持着一定的关系的企业。在青木昌彦等人看来，日本的主银行制度除了指融资借款方面的内容之外，还包括四个方面的特征：(1) 结算账户。一般说来，企业都要将其结算账户集中于主银行；另外，期票的贴现也较多地通过主银行来进行。主银行通过对企业结算账户的观察，一定程度上可以掌握企业资金状况的变化。(2) 股份持有。日本法律规定，银行持有企业的股份最多不能高于5%，通常情况下，主银行都名列企业股东的前五位，而与其他银行相比，主银行是企业最大股东。而且，一般情况下，主银行不会在股票市场上卖出企业的股份。所以，主银行处于起到稳定企业金融资产的位置上，使企业尽量免遭收购的命运。(3) 公司债权的发行。企业要在国内市场上发行债券时，主银行会通过接受企业委托为其发行公司债券。同时主银行会获得高额的手续费收入。如果企业在海外发行债券，主银行利用海外的证券分公司，为企业的债券发行起到予以发行和担保作用。(4) 经营参与。主银行通常要派遣一些董事、审计人员、监督人员等，参与企业的经营管理。由此可见，主银行制度与企业之间存在多样性关系，这些多样性的关系对企业的治理结构产生重要影响，即主银行的参与和监督是日本企业治理结构的重要特征之一。当然，这些关系在企业不同经营状况下表现也不一样。比如，在经营状况良好的企业里，企业往往对主银行贷款的依赖性不强；相反，在经营状况恶化的企业中，主银行的作用凸现出来：当企业陷入了假如没有主银行新的追加贷款就无法生存的时候，主银行就会对企业行使股东权利，采取解除经营者职务等主动行为，并最终做出对该企业进行清算还是予以资助使其生存的判断。这显示了主银行对企业的主导地位。①

---

① [日] 青木昌彦、奥野正宽，魏加宁等译，林家彬校：《经济体制的比较制度分析》（修订版），中国发展出版社 2005 年版，第 168～171 页。

三、独特的公司治理结构

由于日本现代企业集团化经营，且实行主银行制度，所以，日本法人资本主义的公司治理结构与美国不同，它不像美国公司那样严格按着股东大会、董事会、总经理和监事会这样的三权分立机制进行。尤其是在美国公司治理中实行外部董事制度对公司进行监督，在日本则不然。奥村宏称日本公司治理结构特点是“无责任经营”。这是因为，首先，日本公司对经营者的监督机制不起大作用。“关于日本经营者经营责任观念淡薄的问题，是由于对经营监督机制没有起作用的缘故。由于企业之间相互持股，所以股东大会不能像欧美那样作为监督机构而工作。”① 接着，奥村宏对相互持股导致的无责任经营进行了论证。他举例说，假如有相互持股的A公司和B，C，D，…，X公司这种多边的、圆环状相互持股即企业集团的情况，A，B，C，D，…，X公司的总经理集合在一起的总经理大会成为事实上的大股东会。在那里因为基于相互持股而相互信任，假如A公司的经营出现了重大失误，同时假如B，C，D，…，X公司的总经理一致同意的话，就可以使A公司的总经理辞职，这就起到了对A公司经理的监督作用。但事实上，B，C，D，…，X公司总经理之间并不了解是否任何时候都能站在同一立场上，为了保险起见，只要不是特别重大的问题，就不会追究A公司经理的责任。如果是A公司与B，C，D，…，X公司有着相互持股关系，而B，C，D，…，X公司之间没有相互持股关系，即放射状相互持股关系，在这里没有总经理大会这样的组织，也就不会有B，C，D，…，X公司一致的事情，当然也就没有一个对各自经营者施加压力的问题。“因此，相互持股导致经营者的相互信任，但是同时也带来了无责任经营的问题。这是由于形成了一种彼此之间都相互不追究责任的制度。”②

在日本企业的治理结构中，公司经营管理者通常是实行内部任命制度，由内部成员逐渐晋升而来，而晋升在很大程度上依靠总裁的提拔。一般说来，日本企业的领导选拔通常重视技术背景，他们的大部分来自工程

① ［日］奥村宏，张承耀译：《股份制向何处去——法人资本主义的命运》，中国计划出版社1996年版，第53页。

② ［日］奥村宏，张承耀译：《股份制向何处去——法人资本主义的命运》，中国计划出版社1996年版，第55页。

师；而美国公司对领导的选择更重视金融背景，这一点与美国公司体现的“股票资本主义”和日本公司体现的“法人资本主义”的特征是一致的。当然，日本企业也有的董事是集团内部的其他公司委派过来的，由于存在交叉持股现象，所以，企业之间为了平衡利益关系，通常对相互委派的董事或总裁采取信任而不是敌对的心态，所以，集团内部不同公司之间的管理者通常也采取合作的态度。所以，日本企业领导人的地位比较稳定，很少频繁更迭。这一点与美国经营管理者通过市场化选择有明显的不同。此外，从权力集中程度来看，日本企业的总裁不像美国企业总裁那样至高无上。日本企业总裁在理念上更强调协调和合作，而不是个人主义。他们的报酬与美国总裁没法相比，前面我们在分析美国公司治理特征时已经谈到这一点。对于日本企业的总裁来说，成功了没有荣誉加身，失败了也没有什么大罪过。

四、终身雇用体制

如果说上面的公司治理结构反映了企业内部管理者的特征，那么，终身制雇用体制和年工序列制度往往被认为是日本企业内部关系的重要特征。众所周知，美国企业内部的雇用劳动者与企业之间是一种自由契约关系，劳动者可以随时进入或退出某个企业；同样，企业管理者也可以随时雇用或解雇劳动力。对于终身雇用制度问题理论界有很多描述，本章采用青木昌彦和奥野正宽的观点。在他们看来，终身雇用是指在大型企业中的男性雇员，从学校毕业进入公司开始到退休，一直在同一企业工作的雇用状况。终身雇用制度不是法律规定，而仅仅是一种习惯。这种雇用状况通常被认为是日本企业所特有的雇用制度，但实际上其他发达国家也存在这种雇用制度，日本的长期雇员所占比率虽然高于美国，但与欧洲各发达国家相差并不太多。他们认为，日本与美国在雇用的调整方面有很大不同：日本主要是调整劳动时间，而不是对雇员数量调整。不过，本章这里想强调的是，日本终身雇用与欧洲发达国家终身雇用有一个很大的差别在于：日本终身雇用是一种习惯、一种价值观的体现；而欧洲发达国家则是法律制度使解雇工人成本很高，所以不轻易解雇。

终身雇用制度与年功序列工资制度是紧密相连的。在日本企业，付给员工报酬取决于该员工在企业中的地位，而确定其地位的依据是工作年限和工作业绩。这与美国单纯的依据边际贡献支付给报酬的思路也是不同的。所以，年工序列工资是指在一个企业工作的年数越长，该劳动者领取的工资就越多，即表现为增函数的工资曲线。很多情况下，由于技能的积累造成边际劳动生产率提高，工资曲线也会成为年龄或者工作年数的增函数，但这种情况有必要与在“同一”企业内工作年数增加带来工资的年工序列区别来考虑。据说欧美各国工资体系多数是总体年功，即与过去所有的职业经历有关。可以认为总体年功具有较好的反映边际生产率的信号功能，相比之下，日本则大多数是企业内年功序列工资。为了实现年功序列制度，内部“晋升”制度就显得十分重要。晋升要有晋升标准，为了避免晋升标准的主观性，日本企业始终致力于制定一套能够对熟练程度给予客观、公正评价的标准，这一点，也是日本企业的特征之一。日本企业内培养通才与专才相结合的员工，所以，在雇员升迁过程中尽量经历多种工作岗位，既可以掌握一般技术，也可以促进掌握企业特殊技术。这样，晋升中工作年限就成为重要因素，因为它代表人力资本的拥有状况。与美国明星式的晋升体制不同的是，日本企业内部雇员的晋升显然缓慢得多。[①] 由于终身雇用制度保持了雇员与企业长期稳定的关系，所以企业在雇员心目中不单纯是利益最大化的经济实体，而是一个合作性的团队。因为对团队有稳定的预期，所以，雇员有足够的激励在企业内部进行技术学习和创新。日本企业的雇员技能是在工作中形成的，并且强调技能的宽泛性。正是因为日本企业雇员的团队精神、技术的多样性和创新性，构成了企业发展的强大动力。

五、日本政府的特殊作用

对日本政府的作用，理论界比较普遍的观点认为：日本政府在经济中的参与程度比美国政府高得多，所以，一些人指出，日本战后的高速成长是由于富有远见的政府官员采取了积极而强制地介入市场经济才得以实现的，政府高瞻远瞩的计划与规划、合理产业政策等为日本经济腾飞起了重要作用，在这个意义上，他们解释日本的经济模式时提出“国家发展论”，

---

① ［日］青木昌彦、奥野正宽，魏加宁等译，林家彬校：《经济体制的比较制度分析》（修订版），中国发展出版社 2005 年版，第 91 ~93 页。

［日］青木昌彦、奥野正宽，魏加宁等译，林家彬校：《经济体制的比较制度分析》（修订版），中国发展出版社 2005 年版，第 197 页。

［日］都留重人，复旦大学日本研究中心译：《日本的资本主义——以战败为契机的战后经济发展》，复旦大学出版社 1995 年版，第 114 页。

有人也称这种模式为“政府主导型经济模式”。本书认为，这些说法有一定的道理，但从更深层意义上看，日本政府在经济发展中的独特作用并不是人们常说的实施了诸如产业政策、政府规划、财政政策、货币政策等内容，因为这些内容似乎在发达国家都不同程度地存在。政府行为本质上建立在生产关系基础之上，并维护生产关系的正常运行。独特的政府行为必然与特定的生产关系相联系。理解日本政府行为特征，必然要深入分析政府所代表的利益集团以及政府所要协调的利益关系。

青木昌彦等人认为把日本政府独特作用归结为产业政策，认识并不一定正确，“实际上，政府在民间强硬地反对时，并没有能够实施自认为正确的政策。”[①] 都留重人也对日本政府的计划功能提出了质疑，他在对日本经济发展历史的分析中指出，实际上第二次世界大战后日本在经济恢复和发展中，日本政府一直试图制定一系列全面计划，但这些计划在实施中几乎都被搁浅，正如他引用一位世界银行专家的评论指出的：“依我之见，日本政府似乎既没有什么全面计划，也没有一个把私人资本引入最重要经济部门的具体计划。所以，我曾建议，由于有资金流入非重要部分的危险，日本政府可建立一个机构，以便决定投资需要的先后次序。但他们反对这一意见，说他们一直宁愿要‘自由企业经济’而不要‘计划经济’。”[②] 显然，日本政府不实施全面计划，是为了保证自由企业制度和自由市场经济的经济运行框架的自由运行。而政府之所以对自由企业制度有信心，是因为战后不久财阀型集团的复活使日本资产阶级重新获得了生机和社会地位。政府的作用就是要协调财阀之间的利益关系，使它们能够在自由市场经济体制下成长。

而要协调这些关系，政府、企业之间就要构筑一种社会结构，奥村宏称这种社会结构为“政·官·财三位一体的社会结构”。战后日本财富向法人企业集中，这些企业的代表掌握着巨大的权力，他们所形成的势力称为“财界”。“所谓财界是由大企业及其经营者（财界人）们联合形成的经济世界，通过财界各个团体使其利害关系向政府反映，以影响政府的政策制定，他们是政·官·财复合体的中心，是对于日本社会有较大影响力

① 青木昌彦、奥野正宽，魏加宁等译，林家彬校：《经济体制的比较制度分析》（修订版），中国发展出版社 2005 年版，第 247 页。

② ［日］都留重人，复旦大学日本研究中心译：《日本的资本主义——以战败为契机的战后经济发展》，复旦大学出版社 1995 年版。

的领导集团。"① 财界的重要人物逐渐进入国家要害部门，成为官员，比如20世纪60年代，三菱银行总裁升迁为日本银行总裁，这是财阀进入政坛的重要标志。表面看来，日本的财界类似美欧等国家的经济联合组织，但实际上却不同，财界是战后日本独有的社会现象。这从财界的功能可以看出，奥村宏认为财界的功能主要有：首先是协调经济界内部关系。这种协调主要是针对产业之间、企业之间的矛盾进行。其次是与政府和官方沟通与联系。对政府影响主要是政治捐助、派官员到企业、参加政府部门会议，等等。财界和政界相互关联，财界支持政府，政府在制定产业政策、贸易政策等各种各样的政策时，财界都要参与，相反，对于环境公害问题、禁止垄断问题等，财界则努力做到不要对企业不利。青木昌彦把日本这种政府类型称之为"关系依存型政府"，即"三权分立的程度低，特别是立法与行政高度统一而司法过程的有效性低。各部委之间的管辖范围区分严格，各部委与所管辖范围内的民间企事业团体之间形成了长期关系"。② 他也认为这种社会结构导致政府官员与企业经营者之间形成相互依赖、相互妥协的较为稳定的长期关系。这种关系，是政府和企业联合形成企业竞争力的基石。

都留重人把建立在这种独特社会结构上的政府作用称之为"行政指导"。他引用一位美国学者的评价来解释日本政府"行政指导"的性质："'行政指导'这个词是指一种方法而不是一种政策。这是日本政府普遍用来支持或加强各种宏观和微观政策的一种方法。实质上，行政指导涉及利用其影响，劝告和诱导的办法来使企业或个人按照政府认为可取的那些方式进行活动。诱导和劝告当然是由有权（现在和未来）提供——或者撤销——贷款、赠款、补助、执照、租税优惠、政府合同、进口许可、外汇、批准卡特尔协定以及其他有利（或不利）待遇的官员提出的。但是，认为行政指导仅仅是挥舞胡萝卜与大棒两手，都是不正确的。倒不如说，个人受政府领导的日本传统和普遍承认政府官员拥有优于一般企业所能得到的知识、经验和信息，再加上政府官员和企业领导人有着共同的价值观念、信念和政治偏好，这些条件都有利于使这一方法获得成功。"③ 在都

① ［日］奥村宏，张承耀译：《股份制向何处去——法人资本主义的命运》，中国计划出版社1996年版，第11、24页。

② ［日］青木昌彦、奥野正宽，魏加宁等译，林家彬校：《经济体制的比较制度分析》（修订版），中国发展出版社2005年版，第197页。

③ ［日］都留重人，复旦大学日本研究中心译：《日本的资本主义——以战败为契机的战后经济发展》，复旦大学出版社1995年版，第117页。

留重人看来，日本政府之所以能够不是在法律框架或政府命令条件下诱导私人企业采取或不采取某些行动，这是源于日本比其他国家更能普遍接受的一种独特的行政管理体制，这一管理体制因盛行的官僚—产业联系而增强。

正是通过这种方式，政府协调了资本家阶级之间的利益关系，同时客观上不仅为日本强化产业基础，合理分布产业布局奠定了基础，同时，也通过控制资本和技术的进入而防止国内市场被国外大公司所占领，从而有效地保护了本国市场。这样也通过市场引导，使战后日本公司转向他们认为合适的产业和技术，为他们在以后的国际竞争中占有优势打下了坚实的产业基础。

第三节　德国社会市场经济模式

德国的市场经济与美国的市场经济有着明显的差异性，但与日本市场经济又有一些相似之处，比如都有较强的政府干预，企业内部和企业之间强调合作关系等，所以，有些研究者把德国和日本的资本主义模式统称为“莱茵模式”。然而，如果我们不是仅仅停留在市场经济运行的表面，而是深入到市场经济模式背后的经济关系层面，就会发现，德国市场经济模式从理念到内容，都与日本模式大相径庭。本章把德国模式称为“社会市场经济模式”，它的突出特征是市场经济体制的“社会性”。

一、强调市场经济的社会性

德国的自由主义者虽然也信奉个人主义和经济自由，但与美国自由主义者（如弗里德曼）、奥地利学派的自由主义者（如哈耶克、米塞斯）不同的是，他们对市场经济的理解深深地打着德国的烙印，德国的“社会市场经济的起源是与明显的‘社会主义时代精神’相伴随的，了解这一点对于理解德意志联邦共和国社会市场经济的起源是重要的。”[①] 德国社会市场经济模式的构想者的着眼点在于“把市场自由原则和社会公平原则结合起来”。他们在强调个人自由的同时，认为这种自由是“有社会责任的”

① ［德］克劳斯·格林，冯文光、裘邑红译：《联邦德国的社会市场经济构想·发展·问题》，中央编译出版社1994年版，第8页。

和“有社会义务的”，批判那种极端利己主义的个人主义价值观，强调经济社会秩序对个人自由和经济自由的约束。在“社会市场经济”模式的提出者米勒—阿尔马克和路德维希·艾哈德看来，“社会市场经济构想的基本原则应该是：社会市场经济中的‘社会’首先应该在于通过经济增长和增加全体德国人民的福利来消除社会紧张关系。要靠发展经济来获得福利，而发展经济要靠竞争来实现，竞争则要靠正常的市场秩序”。[①]

正因为德国自由主义者强调秩序，所以他们不反对国家干预职能，以至于西方主流经济学的新自由主义者认为德国自由主义者坚持的不是真正的自由主义，而是“虚假的自由主义”，在哈耶克看来，在经济上主张市场经济，同时又主张政府干预，最终会导致对个人自由和经济自由的否定。[②] 正是在这个意义上，同样的凯恩斯主义，在美国和德国的表现截然不同：在美国，主张或是反对国家干预，历来是凯恩斯主义和新自由主义的分水岭。“但是这个一般原则不适用于德国，因为在这个问题上弗赖堡学派与凯恩斯主义者和德国民主社会主义者有类似的观点。对此，布鲁姆曾经说过：‘奥尔多自由主义和自由社会主义在要求强大的国家问题上也是一致的。’”[③] 所以，在德国，没有界线清晰的、绝对的新自由主义者和凯恩斯主义者，比如奥尔多自由主义者既是自由主义观点的坚持者，同时又是国家干预主义的支持者；民主的社会主义者既信奉马克思主义的一些纲领，也坚持凯恩斯主义的一些观点。

二、银行代理投票权：德国垄断资本的特殊运行方式

在德国，以“卡特尔”著称的私人垄断资本在现代社会又有了新的实现形式，那就是垄断资本与银行资本之间形成的特殊关系。这种关系有些表现与日本相似，比如，在融资上，银行与企业之间往往是长期的稳定关系，因此属于一种“关系型融资”，而不是“交易型融资”；再比如，银行往往是企业重要股东，在公司治理中发挥重要作用；还有私人股东在德国也不是主要股东，德国公众对股票也不热衷，股票市场的融资方式只是配角作用，同时，由于资本市场的这种地位，企业并购，尤其是恶意并购

① ［德］克劳斯·格林，冯文光、裘邑红译：《联邦德国的社会市场经济构想·发展·问题》，中央编译出版社 1994 年版，第 4 页。

② ［奥］哈耶克，贾湛等译：《个人主义与经济秩序》，北京经济学院出版社 1989 年版，第 5 页。

③ 沈越：《德国社会市场经济评析》，中国劳动社会保障出版社 2002 年版，第 93 页。

是很少见的；等等。但在职能上，德国银行比日本银行职能更为广泛，所以，德国银行被称之为“全能银行”。

德国银行控制企业的独特之处不是体现在融资和持股上，而是代理普通股东的投票权上。在德国，普通股东可以通过授权，让银行代理投票。有研究者指出：德国银行控制企业与自己直接持有该企业的股票数量之间没有必然联系，因为银行可以通过存托股票投票权制度，有效地控制大量其他所有者的股份，而这一投票权远远超过其自身所拥有的股份的投票权。根据垄断委员会在 1978 年发布的报告，银行掌握了 100 家最大公司 36% 的投票权。而且，如果将银行自己所拥有的股份也加进去的话，那么它们就拥有 10 家最大的公司 50% 的投票权。也就是说，银行在股东大会的投票表决中处于支配地位。① 正因为银行有这种代理投票权的优势，所以，他们在公司中的势力是非常强大的，在监督委员会和管理委员会中，他们都有自己委派的董事会成员。

三、企业内部的共同决策制度

德国模式的特殊性不仅体现在垄断资本本身，而且还体现在垄断资本与雇佣劳动之间的经济关系上。德国企业内部的经济关系既不像美国企业内的自由雇佣关系，也不像日本企业内的终身雇用制度，而是共同决策制度。共同决策制度就是企业内的所有者、管理者、工会代表、工人代表共同参与企业的重大决策的一种制度，这些参与权实际上涉及包括社会福利、人事和其他经济活动等一切企业事务。德国《企业法》规定，凡雇用 5 名以上成年职工的私人企业都要通过直接选举产生企业职工委员会（简称职委会），职委会代表雇员的利益与雇主打交道。为了体现雇员利益，德国公司的治理结构采用“双层董事会”制度，这是共同决策的一种机制。

监督委员会是最高的权力机构，其成员由股东代表和雇员代表共同组成。在监督委员会的基础上，还要选出管理委员会。德国法律将管理委员会视为一个集体权力机构，相对于日本的董事会而言，它是一个真正的决策主体；相对于英美董事会而言，它不是总裁的附属物，而是有实际职能和权力。监督委员会和管理委员会共同构成了公司中相当于董

① ［英］乔纳森·查卡姆，郑江淮、李鹏飞等译校：《公司常青：英美法日德公司治理比较》，中国人民大学出版社 2006 年版，第 39 页。

事会的机构，所以称为“双层董事会体制”。监督委员会中职工代表的力量是不容忽视的，法律赋予他们的权力往往能被运用得淋漓尽致，所以，如果股东代表忽视这股力量，职工代表可以使监督委员会变得没有效率（见图4－1）。

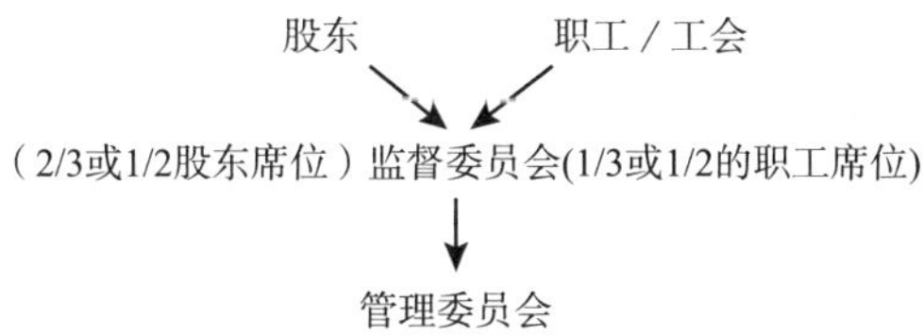

图4－1　德国公司的治理结构

与企业内的共同决策相适应，德国企业之间和阶级之间，往往通过社会范围内的集体谈判和合作来解决利益冲突问题，这与日本企业之间、产业之间的关系在社会领域内通过“财界”单方力量来协调明显不同。在德国，工人和雇主的利益被组织在庞大的、产业范围的联合会中，即工会联合会和雇主联合会，各方利益的得失显然是双方力量较量的结果。正是在这个意义上，多尔指出：“在德国，阶级仍然很重要。”① 德国模式是以合作竞争为基础的，利益集团之间的谈判是一种集体谈判且合作化的双赢模型，因为“在经济领域，德国人从来都不迷信这么一种观点，即自由竞争会使经济效率得到提高。”②

德国企业的共同决策制度与日本企业内部晋升和职工参与制也有着明显的不同。尽管日本企业经营者2/3来自内部职员晋升，形式上与德国企业内部职工参与制类似，对此，奥村宏曾指出二者显然是不同的，日本企业内部晋升的经营者是由经理决定的，而不是由职工选举产生的，“职工出身的人成为经营者与职工的代表成为经营者是两个完全不同的概念。如果是职工的代表成为经营者的话，那么就应该通过职工的选举来选出董事，在日本可以说是根本没有那样的公司的。……因此，可以说在德国至少有半数的监事是职工的代表。而在日本当然没有这种制度的了，不管是董事还是监事都是要有股东大会选出来作为资本所有者的代表。在西德实

① ［美］罗纳德·多尔，李岩等译校：《股票资本主义：福利资本主义——英美模式 vs. 日德模式》，社会科学文献出版社2002年版，第193页。

② ［英］乔纳森·查卡姆，郑江淮、李鹏飞等译校：《公司常青：英美法日德公司治理比较》，中国人民大学出版社2006年版，第7页。

施共同决定的时候，在日本也出现了职工参与经营管理的问题，也曾经有一些工会提出过类似的主张，但是由于经营者方面强烈的反对，所以没有能够得以实现。”① 此外，德国公司内管理者与工人之间的关系还有一个重要区别是：德国公司内部是依据法律框架来实施共同治理；而日本公司内部经营者与雇员之间的关系更多是一种习惯和传统使然。

四、社会范围内的集体谈判与合作

前面曾分析过，在日本，企业之间、产业之间的关系在中观领域是通过“财界”单方力量来协调的。德国则不同，工人和雇主的利益被组织在庞大的、产业范围的联合会中，各方利益的得失显然是较量的结果。按照制度主义研究方法，利益集团被假设为“经济人”，两个利益集团之间的谈判结果就是在追求利益最大化过程中，讨价还价中形成的均衡价格。比如奥尔森的“集体行动的逻辑”中的压力集团的斗争，以及“搭便车”现象出现，都是个人主义方法论的产物。然而，德国模式与个人主义方法论所描述的模型之间存在一个重要区别：德国模式是以合作竞争为基础的，利益集团之间的谈判是一种集体谈判且合作化的双赢模型。“如果存在这么一个范围，以‘对抗’作为一端，而‘合作’作为另一端，那么我们就可以很自信地将德国人的态度和行为放在比英国人或美国人更能接近‘合作’的那一端。”

下面简单描述这一模型：

德国集体谈判是建立在法律框架基础上的。1948 年颁布的《劳资契约法》（简称 TVG），在法律上承认工会和雇主联合会是工资合同谈判伙伴。在德国实行劳资自治原则：工会和雇主联合会有权在国家不干预的情况下，就劳动、工资、福利等问题对等谈判，自行决定，互相签订劳资协定。劳资协定大致可以分成三类：第一类是工资或薪金协议，它规定工人与职员的报酬水平，它们通常在短时间内修订并签订一次；第二类是劳资框架协议，它规定如工作时间、休假天数、解雇通知期限、加班费以及其他一般问题，通常几年修订一次；第三类是以特殊规定作为内容的专门的劳资协定，如有关企业职工培训计划、附加的养老金、员工生产安全保护等。国家虽然以其立法权规定了一般劳资谈判的框架条件，但是它不确定

---

① ［日］奥村宏，张承耀译：《股份制向何处去——法人资本主义的命运》，中国计划出版社 1996 年版，第 48 页。

一个工人或职员在某一个工业部门中的工资数额。具体工资数额以及其他事项，如该工人的休假天数等许多其他问题，都由劳资伙伴，即工会和雇主联合会自行决定。但是他们在谈判时必须注意符合《基本法》和其他法律规定，例如法律规定的每周平均最长的工作时间为48小时，实际上几乎所有的雇员按劳资协定规定的工作时间每周都少于40小时，部分地区只有35小时。合同对于工资和工作条件的规定是最低限度的，雇主可以提供更好的工作条件和更高工资，但不能比规定还低。但是，法律允许合同的常规条款中“向下”的偏差。它要求所谓的“开放性条款”，明确地提到偏差在一定条件下是允许的。

在德国，罢工必须由一个有权签订集体合同的组织来领导。法律对涉及现有的合同的解释权引起的冲突和由于新合同的条款引起的冲突做了区别，前者必须通过和平方式解决，罢工只有在调解失败后，而且要有合适的理由，并且与引起利益冲突的问题相比，罢工更为值得，罢工才被认为是合法的。因为一个显而易见的事实是，罢工会造成经济损失。对雇主来说，罢工意味着经济效益的损失；对雇员来说，罢工者与被暂时解雇者不能从失业保险金中领取失业金。工会会员的工资损失由工会罢工基金补偿，非工会会员则一无所得，他们在劳资斗争期间只能依靠积蓄或申请社会救济金。正因为如此，在德国，罢工作为劳资斗争的最后手段，同其他国家相比发生得较少，原因是德国有具体的劳资契约，有与法律相联系的和平义务，劳资双方都有自己的组织以及他们的责任感，合作中解决冲突，往往成为他们的主要谈判结果。① 总之，德国模式谈判遵循两个原则：一是兼顾双方利益的原则，即尽量实现人们在社会和经济方面的“平等权利”；二是严格按法律程序办事。德国在劳资关系方面已经形成了一套比较完备的法律体系，对于劳资关系的各方面均做了比较详细明确的规定，同时由于这些法律都是事先劳资双方谈判的产物，所以能够被共同遵循。德国模式的谈判基本特征是集体谈判且以合作和双赢为主线。这与追求个人主义自由的美国模式的谈判方式是明显不同的。

五、德国政府的“社会国家”职能

在德国的社会市场经济模式中，有着特殊的社会内容，这一内容是为

① 陈凌：《德国劳动力市场与就业政策研究》，中国劳动社会保障出版社2000年版，第168页。

了确认个人自由与社会公正的基本价值观的综合。德国人在19世纪就已开始使用“社会国家”这个词，并且在二战后的德意志联邦共和国基本法中得到确认——“民主的、社会的联邦制国家”。“社会国家”这个词的含义是突出国家的社会责任，其目标是实现个人自由与社会秩序的有机结合。“社会国家原则要求以人类的尊严和社会公平为标准来评价经济关系和由经济决定的关系。如果放任不管，即使是最有效率的市场体制，也会导致极大的不公平。”① 但正如德国的经济学家们指出的：“‘社会市场经济’的理论家们没有‘在理论上精确地在市场和等级制的国家官僚机构之间划分不同的任务范围。’也许他们看到了一种如此精确的划分将会带来的教条和僵化的危险性。”②“社会国家原则应该对国家在社会市场经济的范围内的特殊社会任务做一个一般的实质性的指示和说明。然而，在基本法中，几乎没有一个基本的宪法原则得到如此少的具体说明和解释。”③当然，这不意味着德国政府在社会市场经济中的独特作用无法体现。在实践中，社会国家原则是通过两类不同性质的政策制定和实施来表现的：经济政策和社会政策。

国家经济政策分为两大体系：市场制度政策和过程干预政策。通过市场制度政策可以制定预期的经济规则，其任务是创造、运用和在经济生活中贯彻有法律约束效力的长期规则体系，主要是确立一个运作良好的法律框架。（1）市场制度政策的构架领域有经济过程的规划和协调、财产制度、国家财政和企业制度、市场制度、金融宪法和货币制度以及日益重要的对外经济制度等，社会福利制度是其中非常重要的内容。市场制度政策的行为主体是立法会议。（2）过程干预政策是干预经济的具体方法或手段。过程干预的出发点既可以是个别商品或者要素市场，也可以是行业，例如采矿业、农业等，还可以是整个国民经济，例如价格水平、收入分配等。过程干预的行为主体是行政机构，如政府、职能部门、中央银行、卡特尔局等。

社会政策主要包括雇员保护法、社会保障、劳动市场政策、雇员共决权、住房政策、家庭政策、财产政策和针对中间阶层和边缘群体的政策。就业政策和收入政策的措施是社会政策的重要基础，尽管这两项政策本身

①③ ［德］克劳斯·格林，冯文光、裘邑红译：《联邦德国的社会市场经济构想·发展·问题》，中央编译出版社1994年版，第90页。

② ［德］迪特尔·格罗塞尔，宴小宝译：《德意志联邦共和国经济政策及实践》，上海翻译出版公司1992年版，第19页。

属于经济政策。在德国，国家不仅采取促进经济增长的政策手段，而且在一定形势下采取特殊的就业政策措施来创造就业机会，并且取得了成效。尤其是在就业政策中的劳动市场政策，包括职业介绍措施、工作与职业咨询措施、促进职业变动与培训的措施和获得与维护就业机会的措施。多年来，德国一直把职业培训看做国家的优先目标，职业培训要普及到最大多数人，蓝领和白领工人拥有共同的技能和经验背景。在德国，提高白领和蓝领工人的技能被认为是公共政策的中心目标，所以，德国只有20%的就业人口没有任何职业培训毕业证书；德国的职业培训突出技工培训，德国的培训制度明显的要比美国更为平等。如果说美国的精英受的教育有时比德国精英好一些，受过中等水平教育的人就比德国差多了。这种职业培训不仅作为一种政府政策，而且得到了联邦政府的财政补贴。① 所以，戴维·柯茨对德国政府的独特作用做了如下精辟概括："德国政府的经济职能和贡献有两个特点。一个特点，是强调德国这样的晚期工业化国家从一开始就要依赖比英国甚至美国更积极的产业政策（在贸易保护主义、国家对投资的重点管理、发展教育、研究与开发以及可能的福利保护方面），并在这一过程中不断巩固这种积极的产业政策传统，同时在管理与雇员阶层培养一套相应的观念，这样的政策和观念在美国和英国都是没有的。另一个特点，是强调德国的成功源于特别的战后遗产：政府积极参与协商以及各阶级合作主义的意愿——把福利待遇、工人权利和工会写入法律的意愿。"②

第四节　瑞典福利市场经济模式

提起"福利国家"，人们通常会想到英国和北欧诸国，他们的共同特征是有着比较健全的社会福利制度。但在我们的研究中，英国和瑞典被看做不同模式。这是因为从生产关系的具体实现形式看，英国更接近美国模式，所以，有些学者把英美模式统称为"盎格鲁—撒克逊模式"。也有人认为瑞典模式与德国模式相近，对此有学者指出："瑞典的发展模式并不

① ［美］罗纳德·多尔，李岩等译校：《股票资本主义：福利资本主义——英美模式 vs. 日德模式》，社会科学文献出版社 2002 年版，第 97 页。

② ［英］戴维·柯茨，耿休林、宗兆昌译：《资本主义的模式》，江苏人民出版社 2001 年版，第 81 ~ 82 页。

像有人可能认为的那样与普鲁士模式相近，在许多方面倒是介于普鲁士模式和英国模式之间的混合形式。”①

瑞典模式经历了三个关键性的发展阶段。第一阶段是20世纪30～60年代末的“福利社会主义”阶段。以“社会改良”为口号的社会民主党在1932年获得执政地位后，开始推行社会福利制度，他们的基本纲领是消除阶级差别和一切社会经济不平等现象。1938年瑞典总工会和雇主协会在萨尔舍巴登签订了劳资双方通过和平手段协商工资的协议，这奠定了瑞典模式的基础。第二阶段是“职能社会主义”阶段。1969年瑞典社会民主党理论家卡尔松提出了“功能社会主义”概念，把福利社会主义改造为职能社会主义，其思路是：不剥夺资本家的所有权，只使资本家所有权的若干职能社会化，把所有权的许多职能如占有、使用、出租、赠与、决策、协调、收益等分离，国家通过政策、立法对某些所有权职能实行有利于社会利益的限制，或把他们分给不同的主体，这样既保证了对私人资本的激励，又通过限制私人资本滥用权力来减少对社会的危害。第三阶段是“基金社会主义阶段”。该构想的主要内容是从大股份公司、银行和其他金融机构的超额利润中拿出20%作为基金资金，用于在股票市场中购买瑞典企业股份，投资收益用于补贴国家养老金系统，作为雇员集体福利的储备。②

对于瑞典模式的特征，理论界看法不一，对资本主义模式颇有研究的英国经济学家戴维·柯茨指出：“瑞典模式一直是（现在仍然是）较有影响的模式，并受到了欧洲中左派的推崇，但也受到了主流经济学家传统认识的极大挑战。”③ 他认为瑞典模式有两个支柱性理念：一个是充分就业；另一个是平等（equality）。二者被认为是瑞典模式的“两翼”。充分就业理念是以积极的劳动力市场政策和团结工资政策（the wage policy of solidarity）为具体政策来实施的；而平等理念则是通过普遍的福利制度，如运用转移支付手段、提供免费公共服务等来实现。④ 瑞典一位经济学家也指出：“特殊的瑞典‘模式’是在30年代提出的，50年代和60年代达到顶峰。对这个模式人们从各个方面进行了无休无止的讨论和探讨，人们对

① ［英］斯科特·拉什、约翰·厄里，征庚圣、袁志田译：《组织化资本主义的终结》，江苏人民出版社2001年版，第48页。

② 张仁德等：《新比较经济学研究》，人民出版社2002年版，第263～264页。

③ ［英］戴维·柯茨，耿休林、宗兆昌译：《资本主义的模式》，江苏人民出版社2001年版，第111页。

④ David Coates. *Model of Capitalism: Debating Strengths and Weaknesses*. Volume Ⅱ. 2002. Pulished by Edward Elgar Published limited, pp. 398－399.

模式的特征、长处和短处持有许多不同的观点，批评家们也多如牛毛。”在他看来，“瑞典模式的核心实际是社会民主党与私人资本之间的一种‘历史性妥协’。同社会主义国家不同的是，社会民主党允许私人企业发展并保留私有制；但同其他资本主义国家所不同的是，瑞典建立了庞大的公共部门，大大拉平了贫富差距。此外还建立了强大的工会组织，推行了积极的劳动市场政策。”① 我们从这位经济学家的概括中可以体会到瑞典模式与美国自由市场经济模式明显不同，与德国社会市场经济模式也有很大差异，如果说德国模式突出市场经济的“社会性”内容，那么瑞典模式则更突出市场经济中的社会主义因素。正如戴维·柯茨指出的：“显而易见，瑞典模式保持着社会主义理念，某些方面超越了资本主义市场经济的局限性。经验告诉我们，自由市场经济力量既无法保证充分就业，也无法保证公平，而这些理念却意味着对私人资本追求利润最大化原则的挑战。”②

一、庞大的公共部门

瑞典模式的一个重要特征是庞大的公共部门。当然，公共部门的庞大并不意味着在所有制上是以公有制为主体。相反，瑞典私有制经济十分强大，在瑞典，国家掌握有5%的工业企业，国有经济支配着基础设施的要害部门，但绝大部分的企业是归私人和合作社所有，私人企业在生产领域当中占90%，比奥地利（70%）、英国（80%～85%）、法国（80%～85%）、意大利（80%～85%）都高。20世纪60～70年代，瑞典公共部门的发展比几乎所有其他西方国家都迅速，公共事业没有受到竞争和挑战。在以最低廉的价格生产、分配公民最需要的那些商品方面，经理和雇员的压力都很小。服务行业的一系列部门也受到政府调节的保护，比如金融部门，货币调节保护了它不受国外竞争的冲击；在商业领域，建立了营业控制制度，与此同时几个大的连锁集团控制了该行业；农业、建筑业也受到国家保护，政府给予大量的补贴。

在瑞典，庞大的公共部门的意义不在于要利用公有制形式赚取利润，因为在瑞典，公共部门的生产率也往往低于私营经济部门。瑞典建立强大

① ［瑞典］克拉斯·埃克隆德，刘国来译：《现代市场经济理论与实践》，北京经济学院出版社1995年版，第97页。

② David Coates. *Model of Capitalism: Debating Strengths and Weaknesses*. Volume Ⅱ. 2002. Pulished by Edward Elgar Published limited, P. 402.

的公共部门主要解决三个方面的问题：就业问题、社会福利问题和收入差距问题。在瑞典，私人经济部门必须是高效率的，否则就被强制淘汰。而高效率的私有制经济要求劳动力的配置是最优配置，这与充分就业的目标可能发生冲突。为了保证充分就业，瑞典实施的战略是依靠高效率的私营经济部门支撑强大的公共经济部门，私营经济部门解决效率问题，公共经济部门解决就业问题。1960～1980年，瑞典公共部门的就业人数增加了3倍多，占劳动力总数的1/3，这在发达国家是绝无仅有的。庞大的公共部门与瑞典完善的社会福利制度又是相辅相成的，因为完善的社会福利系统需要众多的人在这一领域内工作，这客观上又为社会提供了就业机会。比如，据1989年统计，在总共800多万人口的瑞典，仅在医疗保健系统中的就业者就达到46万人，占全国就业人数的10%。[①] 要维持这样一种高福利制度，必须依靠高额税收提供保障，瑞典的税率之高举世闻名，20世纪60年代初，瑞典税收占国民生产总值的比例与经合组织基本持平，但到了70年代末，则远远高出其他国家。高税率反过来又使瑞典收入差距很小，据1972年官方的统计，收入最高的10%的人和收入最低的60%的人的税收后收入的绝对平均差距是3倍（即1∶3）。所以，有人说，瑞典是西欧国家通过收入再分配后的一个最平等的国家。政府把税收收入转移到整个社会事业，用于公共部门投资、教育、失业保险、医疗保险等。这就造成瑞典政府支出比例非常高，1982年，瑞典政府支出占GNP的近70%；而同期的德国政府支出占GNP的52%，美国政府支出占GNP的37%；日本政府支出仅占GNP的33%左右。[②] 从1983～1999年，每年政府总支出虽有所下降，但平均水平占GDP的比重也在55%以上，在发达国家属于最高的。

二、完善的福利政策

瑞典社会福利制度是由汉森1925年接替布兰特出任瑞典社会民主党主席后，用建立“人民之家”的“福利社会主义”政策取代传统的社会政策而逐渐发展起来的。瑞典的福利政策不同于美国模式，因为美国福利制度以市场化运作方式为主要形式；瑞典福利模式也不同于德国，德国模式中保险、养老金是雇主和职工共同分担的。瑞典模式中福利主要是以国

① 徐崇温：《当代资本主义新变化》，重庆出版社2004年版，第441页。
② ［美］斯蒂格利茨：《政府为什么干预经济》，中国物资出版社1998年版，第39页。

家为责任主体，在这点上与英国很相似。这种典型的以生产而不是以保险为基础的福利政策是通过劳动力市场政策、住房政策、教育支出体现的。瑞典建立了一整套的全民社会福利制度，社会福利深入到每个人的日常生活的各个方面。在纵的方面，实现了从婴儿津贴到养老金的系统化的福利；在横的方面，每一项福利都具体周到，并随时发展，从产婴的补贴到养老金乃至孤寡家庭补助、教育津贴、培训津贴等，应有尽有。政府在社会福利上的开支占国民收入的比重很高，1975 年为 24.8%，高于法国、意大利和英国。在所有社会福利和其他设施方面，瑞典最突出的项目有养老金制度、医疗保险和失业保险，种类繁多，规定细致，条件优厚。在养老金制度上，瑞典包括两个部分：一部分是基本退休金，凡年过 65 周岁的瑞典公民不论退休前的工作职务和收入水平都可领取；另一部分是补充退休金，根据退休者过去在技能教育劳动收入差别领取。医疗保险由国家和雇主共同提供，不论居住地和经济状况，都有获得医疗保险的平等权利。在国民健康开支方面，瑞典超过了德国、法国、荷兰、英国、美国，在几乎所有福利要素上都优于其他福利国家。

瑞典的福利规定是很详细的，有父母津贴、儿童福利，儿童从出生到八岁可以得到儿童津贴，每年 3000 克朗（等于 500 美元）。8 岁以后继续求学者可以领取助学金到 20 岁。中小学教育是完全免费，所有中小学生可以获得午餐、课本、文具、纸张等。大学预科、补习学校、假期学校的学生每月可以得到学习赠款、交通补助以及住宿补助等。高等学校的学生可以取得赠款和无息贷款（偿还期为 20 年），如果贷款人参加了社会保险，在失业、生病、残疾或遇到其他意外情况，可以推迟或免予偿还。高等学校还实行奖学金制度。这对瑞典的经济、社会、政治产生了深刻的影响。就连人们对福利的概念也逐渐发生了变化，从前人们衡量福利的最高标准是消费水平，现在则是从以下很多方面来衡量福利：一是医疗保健、福利、长寿；二是就业条件和劳动条件；三是生活水平；四是受教育的机会和文教水平；五是生命财产的安全和犯罪状况；六是家庭关系和社会关系；七是文化娱乐活动；八是对政治生活的参与和关心；九是住房和地方所提供的各种服务等。

这一套福利制度是逐步发展起来的，这是瑞典社会民主党长期执行的政策，瑞典社会民主党的党纲主张“民主社会主义”“在自由、平等的基础上建立人民间的伙伴关系”。在瑞典，福利制度已成为它的社会基础，即使在资产阶级政党执政期间，福利措施也没有减少。福利制度的建立和发展是人民群众为争取社会平等而长期斗争的结果。

三、积极的劳动市场政策与团结工资政策

前面曾指出，在瑞典市场经济模式中，充分就业和平等是两大支柱理念。为达到这些目标，政府制定积极的劳动市场政策，这是瑞典模式的重要特征之一。在这一政策中，政府对雇员的就业承担重要责任，而不是将其推给雇员或工会组织独立承担。

劳动市场政策最重要的任务是促进求职人员在最短时间内找到合适的工作机会，提高失业人员的技能促进他们再就业，帮助弱势群体寻找工作。在瑞典，实施劳动市场政策的机构是国家劳动市场管理署（National Labor Market Ministration AMV），其目的在于促进劳动力需求和供给的匹配，基本任务包括保证空余职位很快由合适的求职者填补，寻找工作的人员能很快地找到合适的工作提高个人技能和能力以保证寻职者能得到合适的工作；刺激劳动力需求；防止冗余和排斥现象，保证失业人员能重新得到工作等。AMV 分为中央政府、地区、地方三级，在中央由国家劳动市场委员会（National Labor Market Board AMS）执行，在地区由 20 个劳动委员会（Country Labor Board）执行，在地方由公共就业服务机构（Public Employment Service office）和工作生涯服务机构（Working Life Services）执行。为了保证就业质量，劳动市场政策中设立了相关的质量监控体系。劳动市场政策的质量监管主要由失业保险委员会、商业发展署、国家教育署、学校发展署、高等教育署、劳动市场政策评价机构等组成。此外还有两个非政府机构——劳动者联合会和雇主联合会——监督劳动市场政策。

瑞典推行的积极劳动市场政策（Active Labor Market Programs）是指那些以工作而不是以利益为导向的项目，它主要面向 20 岁以上面临失业危险或正通过公共就业服务系统找寻工作的人群。这些项目可分成面向劳动力需求方和面向劳动力供给方两类，此外还有一些综合项目同时兼顾需求和供给两个方面。面向供给方的项目旨在针对市场需求，政府从劳动者供给的角度对劳动者进行各种培训，以促进失业者尽快就业；这其中，还有专门面向年轻人的项目，目的是防止 20 岁以上年轻人的长期失业情况。面向需求方的项目是政府从劳动力市场需求的角度帮助失业者提供信息，甚至包括向雇主提供资助让他们雇佣失业者，在企业起步阶段为他们提供

帮助以增加就业等。[①] 瑞典政府通过培训、给企业补贴等办法实施的就业政策，促进了就业水平，这方面的费用占到瑞典 GDP 的 2% ~3% 的水平。

积极劳动力市场政策与团级工资政策是相辅相成的。所谓的团结工资政策，其主旨就是消灭工资差别，实现同工同酬。这种工资理念被称之为 RM 模式（Rehn – Meidner model），这一模式最早由戈斯塔·雷恩和鲁道大·梅德纳（Costa Rehn and Rudolf Meidner）在 20 世纪 40 年代提出，它成了瑞典社会民主党在 50 年代中期到 70 年代中期坚持的工资模式，“该模式的基本思想是，在各产业和部门中实现‘同工同酬’，这可能……不仅仅促进工人运动的平等主义信念，而且还通过强迫效率不好的厂商进行合理改革或关闭，以及帮助提高极富绩效的公司规模，从而确保经济的动态现代化。”[②] 显然，RM 模式的中心目标在于强迫低生产率的厂商和产业进行升级或退出市场，与此同时，通过积极的劳动力市场规划，将那些失业者安排到高生产率的公司里就业。团结工资制度中，非常强调利润分享制，利润分配不是向着有利于资本所有者，而是向着雇用劳动者的方向发展。这样，RM 模型中工资的性质被看作是与工作性质而不是雇主赢利能力和水平相挂钩。换句话说，工资水平不取决于企业赢利能力，而是取决于工作的性质，在这种工资制度中，低工资者受到保护，高赢利企业的所有者收入通过利润分享和高税收制度而被降低。所以，整个社会的收入差距比较小。这样，瑞典团结工资制度就与高福利供给制度有机结合在一起。在微观层面上，公司通过技术培训，迫使低生产率和高劳动强度的部门生产率提高效率和降低劳动强度，促进企业、产业现代化；在宏观层面上，通过团结工资制度和高税收制度，增加福利供给。有人把这一模式概括为“成功的私人资本积累和慷慨的社会福利供给的有机结合”，它充分反映了瑞典模式的独特性质。

结　论

从国家和市场的关系层面看，不同经济模式的产生、发展是资本主义

① 刘钧燕：《支持劳动力市场转型：瑞典的经验》，载于《北京大学中国教育财政研究所简报》2005 年第 2 期。

② ［英］戴维·柯茨，耿休林、宗兆昌译：《资本主义的模式》，江苏人民出版社 2001 年版，第 112 页。

基本矛盾运动的结果，同时也是这一基本矛盾在不同国家或同一国家不同时期的反映，经济模式的调整是资本主义生产关系自我扬弃的过程，是为了适应新科技革命引起的生产力发展的内在要求而出现的。由于生产力在基本矛盾中起决定性作用，所以，生产力发展水平是衡量经济模式先进与否的根本标准，能够促进生产力迅速发展的经济模式无疑是先进的模式。我们说美国模式具有先进性，也正是在这个意义上说的。

但生产力的发展不能脱离开生产关系，从生产关系层面看，它对生产力的反作用是巨大的，在某些阶段或时期，甚至起到决定性作用。和谐的社会生产关系是促进生产力持续发展的动力源泉。正如联合国开发计划署《2002 年人类发展报告》中指出的：人民是国家的真正财富。不论是作为个体，或者与他人形成集体力量，人民既是经济社会进步的受益者，也是经济社会进步的动力。因此，促进人类社会进步就是要强调投资与教育和卫生保健，以及促进平等的经济增长。它们通过增强人们的生产能力而调动了个体的积极性。[①] 我们说德国模式和瑞典模式有其合理的一面，就是因为它们较为成功地把经济增长和社会发展以及人自身的发展有机结合起来，尽管这其中有些要素之间的相互作用会使经济效率发生损失。为了推动生产力的发展和社会进步，不同模式之间通过相互学习和借鉴来调整经济关系，是一种必然选择。但显然这种调整是在资本主义制度本身的范围内进行的，所以，其局限性也是显而易见的。

① 联合国开发署计划：《2002 年人权发展报告》，中国财政出版社 2002 年版，第 43 页。

第五章

新中国成立以来政府和市场关系的探索历程

新中国成立以来，党中央和全国上下对政府和市场关系的探索，经历了一个认识上的曲折深化和渐趋完善的过程。这个过程伴随着对计划经济、商品经济和市场经济与社会主义之间关系的认识，也反映了国家二重属性在社会主义建设和改革开放实践中是如何发挥作用的。

改革开放之前，我们将商品经济和市场经济视同为资本主义经济从而导致在实践上进行排斥；同时，将计划经济等同于社会主义经济，建立起了高度集中的计划经济体制，国家的社会主义性质和国家公共属性的要求在很大程度上取决于全民所有制性质的国有企业，实践证明，其虽然有利于社会主义国民经济体系的初步建立，但是并不完全符合生产力发展的要求。

改革开放初期，我们延续了之前对市场经济和计划经济本质的认识，但是为了发展生产力的需要在一定程度上开始接受“市场调节”和“有计划的商品经济”；由于政府管理经济的手段仍然以计划为主，所以这一时期政府和市场的关系实际上主要是计划与市场的关系；同时，要改变统一的计划经济体制就必须进行国有企业改革，因此国有企业改革成为经济体制改革的中心环节并且一直持续至今；在建立“有计划的商品经济”的过程中，走过了从激进的价格改革到治理整顿的曲折路程；整体上看这一时期的政府和市场的关系跟准确反映国家二重属性的要求之间还有不小的距离，虽然在一定程度上搞活了企业、解放了生产力，但是经济发展的表现上也出现了比较严重的矛盾积累和波动。

初步建立社会主义市场经济体制时期，我们将经济体制与基本经济制度区分开来，将市场看成是资源配置的手段，不再与国家性质直接联系；政府管理经济的手段从以直接的计划和行政手段为主转变为以间接的宏观调控手段为主，计划和市场的关系转变为政府和市场的关系；实践上，在解放思想和试验摸索的过程中，政府对市场机制配置资源作用的范围和程度掌握的还不够好，有些领域市场化程度还不足，有些领域市场化过度，特别是出现了国有企业私有化、国有资产流失以及住房、医疗、教育等民生领域过度市场化的问题；整体上看这一时期的政府和市场关系在市场化的方向上某种程度偏离了国家二重属性的要求，虽然经济体制改革和经济增长取得了举世瞩目的成绩，但是也逐渐积累起了严重的结构性矛盾和系统性风险。

全面深化改革阶段，我们对市场经济本质和市场机制作用的认识进一步深化，对政府和市场关系的认识渐趋完善，政府和市场关系对国家二重属性的协调反应程度进一步提高，发展国有企业和巩固公有制经济的要求得以加强，开始有意识地弥补民生领域的“短板”并取得了一定的进展，市场的结构性矛盾和系统性风险在一定程度上得以化解。

总结新中国成立以来探索政府和市场关系的曲折前进的历程可见，凡是我们对国家二重属性的要求在政府职能实践上统筹协调得好的时期，社会经济发展的形势也比较稳定、协调和可持续；反之，则社会经济发展的矛盾积累就比较突出。因此，我们需要进一步提升对市场经济本质的认识，更明确地从国家性质的要求出发来界定政府经济职能，更明确地从国家和市场的关系角度来看待政府和市场的关系。

第一节　改革开放之前对商品经济和政府职能的初步探索

改革开放以前的政府和市场关系，经历了新中国成立初期的新民主主义经济和社会主义改造之后的传统计划经济两个阶段。总体上看这个时期两个阶段的探索实践，党中央在理论认识上是将商品经济和市场经济当做资本主义的表现进行排斥的。但是党中央对商品经济以及相应的政府职能问题也在某种程度上进行过初步探索，包括中共八大前后党中央对国民经济比例关系问题的讨论、理论界对社会主义条件下商品关系和价值规律客观存在性的讨论，也包括新中国成立初期新民主主义阶段在政府“调剂”下的“公私兼顾、劳资两利”措施。

根据 1949 年的《中国人民政治协商会议共同纲领》，新中国成立初期的新民主主义经济，在所有制结构的主要特征是“公私兼顾、劳资两利”，在经济体制上的主要特征是政府在“经营范围、原料供给、销售市场、劳动条件、技术设备、财政政策、金融政策等方面，调剂国营经济、合作社经济、农民和手工业者的个体经济、私人资本主义经济和国家资本主义经济”。

新民主主义的经济建设方针成功实现了新中国成立初期“发展生产、繁荣经济”的目的，在此基础上，党中央开始推动从新民主主义向社会主义过渡，建立“工人阶级领导的、以工农联盟为基础的人民民主国家”。为此，党中央制定了“党在过渡时期的总路线”，并且写进了1954年《宪法》：“从中华人民共和国成立到社会主义社会建成，这是一个过渡时期。国家在过渡时期的总任务是逐步实现国家的社会主义工业化，逐步完成对农业、手工业和资本主义工商业的社会主义改造。”“过渡时期总路线”的核心是“一化三改”，既要实现国家的工业化，而且要保证国家的社会主义性质。

三年的“社会主义改造”将国家的经济基础转变为以单一的生产资料公有制为核心的生产关系，相应地，借鉴苏联模式建立了高度集中的计划经济体制。在这种传统的计划经济体制中，国有企业既是生产资料公有制的主要实现形式之一，又是政府对经济实行集中计划管理的主要工具，另外，还承担着国家赋予政府的大量社会公共职能。这种高度集中的计划经济体制一直持续到1978年改革开放之前——但十年“文革”时期已经不能算是严格意义上的正常的经济体制了——公开的商品市场严重萎缩，1975年《宪法》和1978年《宪法》中也没有任何要发展商品市场的迹象。在这种高度集中的计划经济体制中，也有“市场”——以“统购统销”为特征的“国家统一市场”。但是这种“市场”只是形式上的交换过程，本质上仍是整个计划体系的某个环节，是“从左手调配到右手”的过程，而并不是现代市场经济意义上的市场。

“社会主义改造”和传统计划经济体制的建立，是国家在党的领导下在当时经济实力非常薄弱、没有完整的工业体系的情况下又要确立国家的社会主义性质的理性选择，“反映了历史的必然性”（《中共中央关于建国以来党的若干历史问题的决议》，1981）。从实践效果来看，这种单一公有制的所有制结构和高度集中的计划经济，优点是集中国家资源建立起了完整的国民经济体系，特别是大幅度提升了新中国的重工业生产力水平。但是随着时间的推移，当国民经济体系已经基本形成、国家的重工业基础基本建立之后，这种生产关系和经济体制的缺点变得越来越突出，企业提升生产效率的后劲不足，特别是消费资料部类企业的整体经济效率不高，不能充分满足劳动者和广大人民群众对物质生活的需要，对生产力发展的制约作用也越来越明显。

实际上，党中央很快就对这些问题有所察觉，并且试图在党的八大期间进行调整和改进。毛泽东的《论十大关系》（1956）和《关于正确处理人民内部矛盾的问题》（1957）两篇文章就反映了党中央当时在国民经济比例关系方面的思考。当时的中央领导集体甚至还曾考虑过在一定范围内发展“自由市场”，“在社会主义的统一市场里，国家市场是它的主体，但是附有一定范围内国家领导的自由市场。这种自由市场，是在国家领导之下，作为国家市场的补充，因此它是社会主义统一市场的组成部分。”①经过讨论，党的八大确定了“既反对保守又反对冒进，在综合平衡中稳步前进”的经济建设指导方针。

在党的八大期间探索精神的鼓励下，学术界一方面热烈讨论价值规律以及“综合平衡和按比例发展”对国民经济计划的重要性②；另一方面广泛关注商品生产与社会主义计划经济体系的关系问题③。当时学者们的共识是社会主义经济中存在商品关系、存在价值规律，而分歧在于价值规律起作用的范围、在多大程度上起作用以及通过什么手段起作用。客观地说，这些共识和争论为“文革”之后“解放思想，实事求是”的讨论和经济改革的起步提供了理论资源。

但是，这种良好的讨论和改进趋势很快就被打断了。党的八大确定的经济建设指导方针并没有形成具体的计划，很快就被1958年“鼓足干劲、力争上游、多快好省地建设社会主义”的总路线取代，全国随之进入工业“大跃进”和“人民公社化”运动状态。过分脱离实际的路线，加上恰逢连续几年的大旱天气以及苏联撤走经济援助的因素影响，导致国民经济比例失调、生产严重倒退、全国性饥荒和人口骤减。因此，党中央在1960～1961年提出“调整、巩固、充实、提高”的经济工作方针并开始对国民经济进行调整，但是直到1964年，国民生产总产值才恢复到1958年之前的最高水平，但这是以农业投资和农业总产值的大幅下降为代价的④。不幸的是，生产刚刚有所恢复，中国又进入了“十年文革”动乱时期。

① 《陈云文选》第3卷，人民出版社1995年版，第13页。

② 《马寅初经济论文选集》，北京大学出版社1981年版，第121～144页。

③ 卫兴华：《社会主义制度下为什么存在商品生产?》，载于《经济研究》1959年第2期。

④ ［美］费正清、R. 麦克法夸尔，谢亮生等译：《剑桥中华人民共和国史——革命的中国的兴起：1949－1965》，中国社会科学出版社1990年版，第417～419页。

于今回顾新中国改革开放前的这段历史，我们既能够发现改革开放的必然性，又能够发现解释改革开放初期计划与市场关系的逻辑线索。一方面，党中央之所以选择开启经济体制改革，原因是认识到了单一公有制的所有制结构和传统计划经济体制在中国现阶段生产力状况下所暴露出来的弊端；另一方面，改革开放初期仍然以“计划经济为主”的原因，不仅是改革之前将经济体制与社会制度直接联系起来的认识仍然占据主导地位，而且也跟党的八大时期健康的经济体制探索过程被突然打断并且较长时间没有机会恢复的情况有关——“大跃进”“人民公社化”和“十年文革”运动在某种程度上掩盖了单一公有制的所有制结构和传统计划经济体制不适应中国现阶段生产力发展水平问题的严重性。

第二节　改革开放初期（1978—1992 年）：计划取向与市场取向之争

改革开放初期的政府和市场关系，一方面仍然受到对商品经济、市场经济和计划经济性质的传统认识的束缚；另一方面又体现出发展社会主义生产力的需要。这种理论认识和发展需要之间的矛盾，一方面使一定程度的“市场调节”在“以计划经济为主”的前提下开始被接受进而发展到“有计划的商品经济”；另一方面又使政府和市场关系的理论和实践上始终受到“计划取向与市场取向之争”的困扰，或者说，这一时期政府和市场关系的重心实际上是计划与市场的关系。

同时，由于全民所有制性质的国有企业是传统计划经济体制的绝对主体，所以，当需要改革生产关系、引入“市场调节”以致建立“有计划的商品经济”时，首当其冲地要对国有企业进行改革。实际上，从重要程度角度看，国有企业改革一直是我国经济体制改革的中心环节。国有企业改革不仅是经济体制改革层面的核心问题，而且是巩固公有制经济主体地位的关键。

一、以计划与市场的关系为核心的理论探索

1978 年 5 月 11 日光明日报题为《时间是检验真理的唯一标准》的特约评论员文章开启了一场关于方法论问题的大讨论。学术界在经济体制方

面的讨论，第一步是恢复党的八大前后开始的对社会主义计划经济体制中商品关系地位和价值规律作用的讨论以及已经形成的共识——社会主义经济中存在商品关系和价值规律、社会主义经济中的商品关系不等于资本主义①。这种讨论一直持续到1978年12月党的十一届三中全会召开。同时，中央领导层开始倡导改革生产关系和上层建筑②。

党的十一届三中全会之后，经济体制改革的方向问题开始成为学术界讨论的核心，相关讨论形成“两条线索”展开③：一条线索是关于建立社会主义商品经济体制④；另一条线索是关于扩大企业自主权⑤。这些讨论虽然在有关改革的具体的“量”的层面——扩大企业自主权的范围、计划与市场的比例——争议很大，但是也形成了一定的共识：“社会主义也可以搞市场经济”⑥。需要指出，邓小平当时所说的“社会主义的市场经济”，主要指的是“全民所有制之间的关系，当然也有同集体所有制之间的关系，也有同外国资本主义的关系”⑦。

关于建立社会主义商品经济体制问题的讨论，后来发展为“计划调节”与“市场调节”的关系问题，形成了关于改革方向的“计划取向”与“市场取向”之争。这方面的讨论首先形成了“计划经济为主，市场调节为辅”的共识，反映在党的十二大报告（1982）中。党的十二届三中全会和《中共中央关于经济体制改革的决定》（1984）进一步明确提出要“建立自觉运用价值规律的计划体制，发展社会主义商品经济”。

关于扩大企业自主权问题的讨论后来发展为对所有制结构问题和国有企业内部经营管理体制的初步探索和实践。这方面的探索和实践部分地借鉴了农村联产承包责任制改革的经验，并且形成了关于发展多种所有制经济形式作为公有制经济补充的必要性和关于在国有企业中推行经济责任制（承包制）的共识。这些共识在党的十二大报告（1982）中得到了肯定，党的十二届三中全会和《中共中央关于经济体制改革的决定》（1984）进一步将“增强企业活力”明确为经济体制改革的中心环节，将国家和企业

---

① 吴慧：《社会主义商品制度不是产生资本主义的土壤和条件》，载于《经济研究》1978年第6期；何炼成：《论社会主义社会的商品制度》，载于《经济研究》1978年第6期。

② 《李先念文选》，人民出版社1989年版，第324~326页。

③ 吴敬琏：《当代中国经济改革教程》，上海远东出版社2016年版，第58~61页。

④ 周叔莲、吴敬琏、汪海波：《再论价值规律和社会主义企业的自动调节》，载于《经济研究》1979年第9期。

⑤ 邝日安、晓亮：《试论价值规律同企业独立自主权的关系》，载于《经济研究》1979年第5期。

⑥⑦ 《邓小平文选》第2卷，人民出版社1994年版，第236页。

的关系、职工和企业的关系明确为关于国有企业改革的两个方面的主要任务；同时，明确提出"所有权同经营权是可以适当分开的"。

党的十三大确立的社会主义初级阶段理论和党在社会主义初级阶段的基本路线，促使学术界对经济体制改革的讨论进一步深化。关于"计划取向"和"市场取向"的争论开始转变为关于计划与市场如何结合以及关于市场体系的建设问题的讨论。在国有企业改革方面，国有企业所有权的实现形式问题——特别是关于国有企业股份制改革和承包制改革——被学术界广泛重视①；同时，西方经济学的"产权"概念和理论开始被引入②。另外，由于改革的系统性问题越来越重要——而不是局限于计划与市场的关系——所以学术界在党的十三大前后开始有针对性地探讨政府经济职能问题③。

如果说学术界的探索主要在具体的改革的"量"的层面展开，那么中央领导集体的思考，则在不断吸收学术界讨论成果和改革实践经验教训基础上，进一步上升到了"质"的层面，开始从国家性质（社会主义的本质）层面来认识改革的方向问题。这些思考和认识集中体现在邓小平的一系列文献中。第一，对于为什么要改革、为什么要讲经济规律的问题，邓小平在1980年就已经认识到发展生产力的重要性④，在1985年就已经将发展生产力与社会主义根本任务联系起来⑤。第二，对于改革的基本原则问题，邓小平的回答是"建设有中国特色的社会主义的道路"⑥，要"以公有制为主体，不搞两极分化"⑦。第三，对于改革的具体政策问题，邓小平和中央领导集体充分考虑学术界的探索和基层的试验，一方面鼓励企业打破"大锅饭"、试验"责任制"、推动价格改革、鼓励发展多种所有制经济作为补充⑧；另一方面不断思考以计划和市场的关系为核心的经济体制问题，提出"社会主义和市场经济之间不存在根本矛盾"⑨，而到了

---

① 中国社会科学院经济研究所资产经营责任制课题组：《公有制企业改革再认识：起步、深化、升华——资产经营责任制试点考察报告》，载于《经济研究》1987年第5期。

② 高鸿业：《科斯定理与我国所有制改革》，载于《经济研究》1991年第3期。

③ 四川体改研究所政府经济行为课题组：《我国现阶段政府经济行为研究》，载于《中国社会科学》1988年第1期。

④ 《邓小平文选》第2卷，人民出版社1994年版，第314页。

⑤ 《邓小平文选》第3卷，人民出版社1994年版，第137页。

⑥ 《邓小平文选》第3卷，人民出版社1994年版，第65页。

⑦ 《邓小平文选》第3卷，人民出版社1994年版，第136~140页。

⑧ 《邓小平文选》第3卷，人民出版社1994年版，第29、131、138、262~263页。

⑨ 《邓小平文选》第3卷，人民出版社1994年版，第148~151页。

1987年，邓小平明确建议"不要再讲"以计划经济为主[①]。第四，形势的变化时刻提醒邓小平和中央领导集体，一方面要推进政治体制改革；另一方面要重视发展和稳定的关系。这就涉及了执政党和政府在推进改革进程和经济体制运行中的作用问题，实质上也就是政权和经济基础的相互关系问题，这就比"计划与市场的关系"层面的认识前进了一大步。但是不得不说，政治体制改革问题是改革进程中难度最大的环节，是真正的"深水区"。因此，邓小平才说："中国的问题，压倒一切的是需要稳定。"[②]。也正因为如此，党中央在20年之后的党的十九大上才进一步统一了认识："坚持党对一切工作的领导"。1992年初的"南方谈话"，是邓小平和党中央领导集体对中国十几年改革探索的阶段性总结和对继续推进改革的指导思想的系统化阐述，其要点主要包括：（1）"社会主义的本质，是解放生产力，发展生产力，消灭剥削，消除两极分化，最终达到共同富裕"；（2）"改革也是解放生产力"；（3）"基本路线要管一百年"；（4）"稳定和协调也是相对的，不是绝对的。发展才是硬道理。"；（5）"计划多一点还是市场多一点，不是社会主义与资本主义的本质区别。计划经济不等于社会主义，资本主义也有计划；市场经济不等于资本主义，社会主义也有市场。计划和市场都是经济手段。"等著名论断[③]。

邓小平的"南方谈话"，明确了社会主义的本质，将计划和市场作为经济手段来看待，突破了改革开放初期困扰着党和国家的关于经济体制改革方向的认识局限，为党的十四大提出建立社会主义市场经济体制提供了理论支持。

二、从"计划经济为主，市场调节为辅"到"有计划的商品经济"的改革实践

改革开放初期，经济体制改革的实践表现出认识局限和改革需要之间的矛盾特征。一方面，由于仍然局限于将计划和市场跟国家性质直接联系起来的认识，对"市场调节"的引入比较谨慎，城市的改革以扩大国有企业自主权为中心环节；另一方面，党的十三大以后，比较急切地希望通过价格改革来推进国有企业改革和生产关系的快速转变。

① 《邓小平文选》第3卷，人民出版社1994年版，第203页。
② 《邓小平文选》第3卷，人民出版社1994年版，第284～285页。
③ 《邓小平文选》第3卷，人民出版社1994年版，第370～383页。

从实践效果来看，改革开放初期的生产关系得到一定程度的理顺，生产力发展得到明显的解放。但是，由“双轨制”和激进的价格改革策略引发的社会经济矛盾激化问题，显示出进一步明确改革方向并且进行系统化设计的迫切性。

（一）党的十二届三中全会之前的谨慎改革：“计划经济为主，市场调节为辅”和“扩大企业自主权”

改革开放最初几年，“计划取向”和“市场取向”之争的初步结果是“计划经济为主、市场调节为辅”的思路占据主导地位，在实践上表现为区分“计划内”和“计划外”（市场），而在“计划内”又区分“指令性计划”和“指导性计划”（1981 年党的十一届六中全会《关于建国以来党的若干历史问题的决议》；1982 年党的十二大政治报告；1982 年《宪法》）。

同时，以扩大企业自主权为主的“体制内改革”首先付诸实践（1979 年 7 月国务院《关于扩大国营工业企业经营管理自主权的若干规定》）。从 1978 年 10 月到 1980 年底，全国试点工业企业从 6 家扩大到 6600 家，产值占全国预算内工业产值的 60%，利润占全国工业企业利润的 70%[①]。但是，由于扩大了自主权的企业没有市场价格信息的引导和市场竞争的约束，结果导致财政赤字剧增、供求严重失衡，进而打乱了原有的计划经济秩序，因而，这种体制内扩大自主权的改革思路在工业部门中很快就变得难以推进[②]。在这种背景下，改革开放最初几年的扩大自主权改革主要在农村进行（1979 年 9 月党的十一届四中全会通过的《中共中央关于加快农业发展若干问题的决定》）。

需要指出，尽管“扩大企业自主权”在改革最初几年效果不佳，但国有企业改革一直是我国改革的中心环节。实际上，在以公有制为主体和国有企业为主导的经济结构中，不论是计划与市场关系问题，或是政府和市场的关系问题，其重点都是两个关系：一是政府与国有企业的关系；二是国有企业与市场的关系。一方面，国有企业承担了过多的社会公共职能，导致企业作为微观经济主体不符合经济规律的要求，所以要理顺政府与国有企业的关系，或者说既要理顺政府职能，又要理顺国有企业的职能；另一方面，要引入市场机制、发挥市场机制的资源配置作用，就必须考虑国

① 吴敬琏：《当代中国经济改革教程》，上海远东出版社 2016 年版，第 61 页。

② 吴敬琏：《当代中国经济改革教程》，上海远东出版社 2016 年版，第 61 ~ 62 页。

有企业掌握的公有制资源如何配置的问题，也就是要解决国有企业与市场的关系问题。改革之初的“扩大企业自主权”，以及后来的国有企业承包制改革、国有企业产权制度改革、国有企业混合所有制改革，以及从国有资产管理向国有资本管理的转变，等等，都是在这个中心环节上采取的措施。

（二）党的十二届三中全会前后的方向选择：从“双轨制”到“有计划的商品经济”

在党的十二大上确定的“计划经济为主，市场调节为辅”的改革思路指导下，一方面国营的计划经济仍占据主导地位；另一方面，国有企业的计划外生产、个体经济、乡镇企业、外商投资企业、经济特区、沿海开放城市、经济体制改革综合试验区，甚至雇工超过8人的私营企业的发展①，使商品经济和非国有经济得以快速扩充，进而形成了国有经济和非国有经济、计划供应和市场供应、计划价格和市场价格并存的“双轨制”状态。“双轨制”是一把“双刃剑”，既在原有利益格局之外推进了改革，又导致了腐败和分配不公，既保持了计划体制的基本稳定，又导致新的社会冲突因素的积累，1986年底和1987年初的局部学潮显示这种社会冲突因素很快就已经积累到了危险程度。改革又一次走到紧要关头，这一次，改革的初步成绩让市场取向的思路具有了更多的说服力，而且中共中央和国务院也认识到突破“双轨制”的必要性和不进则退的迫切性。

1984年10月党的十二届三中全会通过的《中共中央关于经济体制改革的决定》，对计划与市场的关系认识有了重大突破，将经济体制改革的方向明确为“有计划的商品经济”，即“社会主义商品经济”。与1982年党的十二大报告的表述相比，1984年的《决定》明显突出了发展商品经济的任务，将“计划经济”一词扩展解释为“有计划的商品经济”，指出“商品经济的充分发展，是社会经济发展的不可逾越的阶段，是实现我国经济现代化的必要条件”；同时，虽然仍然表述为“计划经济”，但是已经不直接使用“以计划经济为主”的表述。

（三）党的十三大之后的激进改革和社会矛盾激化：从国有企业“承包制”和“价格闯关”到“治理整顿”

从1987年10月党的十三大到1989年11月党的十三届五中全会，是

① 《邓小平文选》第3卷，人民出版社1994年版，第91页。

中国改革风云变幻最剧烈的一段时期，也是社会矛盾累积到激化程度的一段痛苦经历。这段时期的改革实践和试验，为此后的中国特色社会主义道路的探索、改革和建设提供了丰富的经验和深刻的教训。最重要的教训是，由于没有处理好人民生活需要与改革生产关系需要之间的关系、没有处理好分配公平与增量改革的关系，结果导致严重的社会稳定风险和政权稳定风险。

党的十三大的中心任务是“加快和深化改革”，其重要意义在于三个方面：一是明确提出了社会主义初级阶段理论和党在社会主义初级阶段的基本路线；二是在对计划与市场关系的认识上提出了“国家调节市场，市场引导企业”这一创新性的表述，具有重大的理论意义和实践意义，在此基础上，开始注重培育市场体系，特别是要素市场、私营经济以及放开日用消费品价格管制；三是尝试进行以“党政分开”为核心内容的政治体制改革。党的十三大对于“党政分开”的必要性做了详细的论述，指出了“党政不分”所导致的不利后果，认为“党政不分实际上降低了党的领导地位，削弱了党的领导作用，……”

党的十三大之后，经济体制改革的重点是在推进国有企业“承包制”改革的同时进行价格改革。而价格改革对于推进国有企业改革又具有非常重要的意义，因此，中央在党的十三大之后试图通过快速放开消费品价格的办法来理顺国有企业产品的价格关系。1988 年 4 月的第一轮“价格闯关”，一方面是分批放开副食品、名烟名酒、耐用消费品价格，提高农产品、生产资料、交通运输价格；另一方面直接给居民发放价格补贴。物价上涨的形势很快就超出了人民群众的接受能力和党政部门领导的预期，同时，“双轨制”仍然是经济体制的主要形式，社会矛盾一触即发。1988 年 8 月 15 ~ 17 日，中共中央政治局第十次会议仍然原则上通过了《关于价格、工资改革的初步方案》，显示党中央仍然决心闯过价格改革这一关。但是 8 月 19 日中央人民广播电台关于中共中央政治局第十次会议和《关于价格、工资改革的初步方案》的新闻刚一发布就引发了席卷全国的抢购潮，社会形势开始失控。这种情况使党中央不得不对改革思路和改革进度进行反思和调整。在 1988 年 9 月党的十三届三中全会上，虽然再次“原则通过了《关于价格、工资改革的初步方案》”，但是全会确定“把明后两年改革和建设的重点突出地放到治理经济环境和整顿经济秩序上来”，并且认识到“深化改革是多方面的综合改革，必须互相配套”。

在政治体制改革方面，在推进“党政分开”的过程中，一定程度上忽视了党对改革进程的领导的重要性。这应该也是在“价格闯关”失败的同时，社会矛盾激化发展为1989年“政治风波”的重要因素。总体看来，党的十三大以后以“党政分开”为核心内容的政治体制改革，是党中央领导集体在政治体制改革方面的一次重要尝试，教训很深刻，经验也很重要，最重要的经验教训是政治体制改革和经济体制改革一方面要协调配套，要妥善处理社会矛盾；另一方面必须加强党的领导，而不是削弱党的领导（中共十三届三中全会公报和十三届四中全会公报）。

在此背景下，1989年11月，党的十三届五中全会通过了《中共中央关于进一步治理整顿和深化改革的决定》，形成了此后几年“治理整顿”的改革基调。

第三节 初步建立社会主义市场经济体制时期（1992～2012年）：市场对资源配置的基础性作用和政府的宏观调控

党的十四大关于社会主义市场经济体制改革方向的提出，结束了关于计划取向和市场取向之间的争论。党的十四大报告在理论上将经济体制与经济制度做了区分，将市场的性质明确界定为资源配置的手段，将市场经济体制的性质明确界定为资源配置方式，并且明确指出“社会主义市场经济体制是同社会主义基本制度结合在一起的”，从而解放了传统的“市场经济是资本主义特有的东西，计划经济才是社会主义经济的基本特征”的思想认识束缚。

在实践上，由于明确要建立社会主义市场经济体制，并且“使市场在国家宏观调控下对资源配置起基础性作用”，政府的职能从以直接的计划手段为主转变为以间接的宏观调控手段为主，计划手段的重要性下降，要求改革者从更广阔的意义上认识政府和市场的关系。具体来说，改革主要在三个方面展开：一是承担着巩固公有制经济重任的国有企业改革；二是市场体系建设，包括土地市场、住房市场、汇率市场、股票市场、期货市场、劳动力市场等；三是涉及政府经济管理手段的体制改革，包括财税体制、金融管理体制、投资管理体制、计划管理体制、土地管理体制、社会保障制度等。

整体来看初步建立社会主义市场经济体制时期的改革实践，对于如何使市场为社会主义道路服务、如何使市场机制与社会主义基本制度相结合等问题，仍然处于初步的摸索阶段，这也正是邓小平“南方谈话”强调改革要“敢于试验”的主要原因。从实践效果上看，这一时期在经济体制改革和经济增长方面取得了举世瞩目的成绩，但是在解放思想和探索试验的过程中也出现了问题：一方面，某些领域市场化程度还不够，例如能源和原材料价格、国有垄断行业的市场准入等；另一方面，某些领域过度市场化，特别是国有企业私有化和国有资产流失问题，以及教育、医疗、住房等民生领域过度市场化问题等，反映了脱离国家性质来认识政府和市场关系问题的局限性。

一、西方经济学的政府和市场关系思维方式成为学术界讨论具体改革问题的主流

从1992年党的十四大开始，到2012年党的十八大之前，学术界对社会主义市场经济体制改革问题的讨论有两个明显的特征：一是重点讨论与改革实践关系最直接的具体问题，而对相对抽象的整体的体制机制问题讨论较少；二是西方经济学理论占据主流，而马克思主义政治经济学理论被边缘化。

出现第一个特征的原因，是党中央和国家领导层已经明确将经济体制与社会基本制度区分开来，而且党的十四大和十四届三中全会提出的比较完整、明确、系统的社会主义市场经济体制框架，特别是将政府职能明确规定在宏观调控和市场体系建设上，使改革不再受抽象争论的束缚，而是更需要和更能接受开放式的实践检验。出现第二个特征的原因，既跟西方经济学解释市场经济问题的现成经验有关，又与马克思主义政治经济学自身发展缓慢问题有关。对于西方经济学理论来说，一方面，由于市场经济体制的改革目标已经明确，而西方经济学的系统化的理论体系正是建立在市场经济基础上的；另一方面，我们已经明确将市场机制的手段性质与社会主义的国家性质分隔开，所以导致我们在改革过程中涉及具体的体制建设问题时，很容易就自然而然地首先选择借鉴甚至套用基于西方经济学理论的方式方法。而对于马克思主义政治经济学来说，由于在传统计划经济时期被过分地意识形态化，严重脱离经济建设的实际需要，当一百多年前的基本理论遇到复杂的、崭新的中国特色社会主义市场经济体制改革实际情况时，很容易就自然而然地执着于基础理论研究和教学，从而在实践上

被边缘化。

在具体研究内容上，这一时期学术界关注的重点主要是两个方面：一是国有企业建立现代企业制度问题，也就是关于政府和企业的关系问题；二是市场体系建设或者说是整体上的政府和市场的关系问题。国有企业建立现代企业制度问题或政府和企业的关系问题，是党的十四大以后学术界讨论的重点，核心是国有企业产权制度改革①。在整体的政府和市场关系方面，学者们开始关注公有制与市场经济的结合问题②。另外，对政府职能、宏观调控以及对计划手段的重新认识方面，也取得了一些重要研究成果③。

二、市场化改革和以“宏观调控”为主要内容的政府职能实践

党的十四大报告提出，“要使市场在社会主义国家宏观调控下对资源配置起基础性作用”，党的十四届三中全会《关于建立社会主义市场经济体制若干问题的决定》进一步描述了社会主义市场经济体制的基本框架和改革方案，其中基本框架的主要内容是：（1）以公有制为主体、多种经济成分共同发展；（2）产权清晰、权责明确、政企分开、管理科学的现代企业制度；（3）全国统一开放的市场体系，重点发展金融市场、劳动力市场、房地产市场、技术市场和信息市场等；（4）以间接的宏观调控为主的政府职能；（5）以按劳分配为主体，效率优先、兼顾公平的收入分配制度；（6）多层次的社会保障制度。

对于以宏观调控为主的政府职能，党的十四届三中全会《决定》强调“政府运用经济手段、法律手段和必要的行政手段管理国民经济，不直接干预企业的生产经营活动”，主要内容包括：（1）制订和执行宏观调控政策；（2）基础设施建设；（3）培育市场体系，维护平等竞争；（4）国民收入再分配和社会保障；（5）控制人口增长，保护自然资源和生态环境；（6）管理国有资产。对于宏观调控的手段，党的十四届三中全会的《决

① 张军：《社会主义的政府与企业：从“退出”角度的分析》，载于《经济研究》1994年第9期；张维迎、吴有昌、马捷：《公有制经济中的委托人——代理人关系：理论分析和政策含义》，载于《经济研究》1995年第4期；周其仁：《公有制企业的性质》，载于《经济研究》2000年第11期。

② 魏杰、张宇：《市场经济与公有制体制改革》，载于《经济研究》1993年第3期。

③ 朱光华主编：《政府经济职能和体制改革》，天津人民出版社1995年版，第1～568页。

定》强调要在财税、金融、投资和计划体制的改革方面迈出“重大步伐”，并且提出了各方面比较具体的改革任务。综合来看，在党的十四届三中全会提出的政府和市场关系框架中，政府的主要职责是宏观调控以及服务和保障，市场化改革的方向和决心是很明显的。

在党的十四届三中全会确立的基本框架和改革方案的引领下，中国经济体制改革在20世纪90年代取得了重大进展：国有企业改革和脱困、财税体制改革、金融体制改革、住房制度改革、城市土地使用制度改革，推进资本市场的发展、市场决定价格机制的初步建立以及非公有制经济的发展，等等，为中国经济在21世纪之初至2008年金融危机之前的长期快速稳定增长奠定了坚实的基础。

同时，非公有制经济的快速发展，使得深化国有企业改革、保证公有制经济在社会主义市场经济中占主导地位的需要也变得越来越紧迫，要求国家进一步统一对所有制结构问题的认识。1997年党的十五大首次将“公有制为主体、多种所有制经济共同发展”明确为“我国社会主义初级阶段的一项基本经济制度”，并且特别指出：(1)“非公有制经济是我国社会主义市场经济的重要组成部分”；(2)“公有制经济不仅包括国有经济和集体经济，还包括混合所有制经济中的国有成分和集体成分”；(3)“公有制的主体地位主要体现在：公有资产在社会总资产中占优势；国有经济控制国民经济命脉，对经济发展起主导作用。……国有经济起主导作用，主要体现在控制力上。”

进入21世纪，市场化改革过程中出现的问题和矛盾逐渐凸显出来，为此，中央在体制机制的建设上做了大量的工作，包括2002年的《农村土地承包法》、2003年的《中共中央关于完善社会主义市场经济若干问题的决定》、2004年的《国务院关于投资体制改革的决定》、2005年取消农业税、2007年开始普及全免费义务教育、2007年的《劳动合同法》，等等。但是，由于在具体实践中对政府和市场关系的把握并不是很清晰，导致深层次的新旧体制性矛盾依然很突出。

(1) 投资需求频繁“过热”。一系列因素——市场化企业投资的盲目性、国有企业的“软预算约束”、地方政府的政绩思维及相互竞争、国有银行与政府及国有企业之间的“捆绑”关系没有真正破除、住房制度改革之后商品房建设需求的迅速增加、中央政府货币政策和财政政策的影响，等等——导致投资需求频繁迅速上涨，通货膨胀压力加大，进而又导致脱离物质生产过程（实体经济）的投机炒作现象（虚拟经济）越来越严重。

（2）结构性矛盾加速积累。首先，投资频繁“过热”导致能源、原材料等生产资料产量快速增加，产能过剩的潜在风险上升。其次，收入差距扩大，虽然随着农村劳动力大规模进入工业部门在一定程度上缩小了城乡收入差距，但是整体上的资本收入和劳动收入的差距仍在不断扩大，导致内需增长相对不足，消费资料部门也面临产能过剩的潜在威胁。最后，2008 年金融危机爆发之后，外需大幅下降，给长期依赖外需的生产结构以沉重打击，导致生产资料部门产能过剩问题凸显。投资、消费、外需这“三驾马车”，在内需消费和出口外需“疲软”的情况下，对国民经济增长的拉动作用转而下降。而当企业发现产品库存积压严重的时候，连“投资”也会急转直下，这就很有可能导致大规模的经济危机，即所谓的“泡沫破裂”和“硬着陆”。

（3）劳资矛盾逐渐变得尖锐。一方面，多种所有制的内在比例发生变化，公有制经济在实际上由绝对主体地位逐渐转变为主导地位，非公有制经济的产值和就业比重逐渐超过公有制经济，特别是私营经济发展非常迅速，从而改变了市场化改革之前的生产关系结构，劳资关系和劳资矛盾在改革开放 20 年之后逐渐地重新转变成社会的重要关系和重要矛盾。另一方面，劳动力市场的供求关系逐渐发生改变，逐渐从劳动力过剩供给和“人口红利”状态转变为部分地区和部分产业的劳动力供给不足，特别严重威胁作为“世界工厂”的“珠三角”“长三角”微利型出口加工企业的生存，企业倒闭和工厂罢工现象并非个例，2008 年爆发的金融危机和持续的外需萧条更是雪上加霜。需要特别指出，劳动力供给减少和劳动力成本上升，也导致生活消费品价格上涨，而企业经营困难又导致劳动者就业稳定性和收入增长率下降，这“一升一降”也是导致消费资料部门面临产能过剩威胁的重要原因。

（4）民生问题变得越来越突出和严重。住房、医疗、教育、社会保障等涉及普通民众民生方面的体制改革严重滞后，这些方面的“短板”越来越成为影响百姓“获得感”的主要方面。以住房问题为例，虽然 20 世纪 90 年代的住房制度改革提出了一个完整的住房供应体系目标，但是在 21 世纪的前几年中，保障性住房的供应实际上在很大程度上处于被忽略的位置，进入 21 世纪之后商品房价格快速上涨给普通劳动者和年轻人带来了空前的生活压力。“房奴”“蜗居”、医患冲突、“因病致贫”、子女教育、贫富差距，等等，这些因素不仅导致内需不足，更是成为引发社会主要矛盾尖锐化和社会不稳定的最主要的因素。

（5）国企改革和公有制经济主导地位的保障问题越来越紧迫。虽然20世纪90年代末期的国有企业“三年脱困”和21世纪开始几年的“抓大放小”以及“下岗职工再就业”工作，取得了巨大的成绩，但是并没有从根本上解决国有企业在市场经济条件下如何“做强做优做大”和实现国有经济在国民经济中的主导作用问题，大型国有企业，特别是电信、能源、原材料、金融等涉及“国计民生”的领域的国有垄断企业的改革仍然步履缓慢，如何能够既提升国有垄断企业的活力和效益，又能够保持国有企业在国民经济中的主导地位，仍然有待进一步探索。这种情况所带来的严重问题是，虽然党的历届全国代表大会及其重要决定都一直坚持走中国特色社会主义道路，但是公有制经济占国民经济比重的明显下降和国有经济主导作用的体现不足，导致人民群众对社会主义的“感知”程度明显变弱，在普通群众中间甚至存在关于中国目前走的道路到底是“社会主义”或是“资本主义”的困惑。

（6）以“宏观调控”为基调的政府职能界定缺陷凸显。2003年以后的几轮宏观调控往往陷入“一抓就死、一放就乱”怪圈，国民经济短期起伏波动频繁。表面上看这是调控适度问题，实际上是调控手段的适用性问题，更深层次的问题在于需要在国家和市场的关系层面重新思考和界定政府和市场的关系。

以房地产市场为例。面对投资频繁过热的形势，中央政府在2003～2013年的10年间，共实施了多轮调控，试验了各种政策组合，发布的调控住房价格、房地产投资以及土地市场调控的通知、意见、决定有11个之多。其中，2008年金融危机之前的文件有6个，包括：《国务院办公厅关于清理整顿各类开发区加强建设用地管理的通知》（2003）、《国务院关于促进房地产市场持续健康发展的通知》（2003）、《国务院关于深化改革严格土地管理的决定》（2004）、七部委《关于做好稳定住房价格工作的意见》（2005）、九部委《关于调整住房供应结构稳定住房价格的意见》（2006）、《国务院关于加强土地调控有关问题的通知》（2006）；相应的措施包括控制住房供应结构、控制土地供应；加强开发项目审批和贷款审核管理、控制购房信贷、征收住房交易环节营业税，等等。

到2007年，住房投资过热的形势终于被抑制住，但是整体的经济增长率也开始下降，实际的住房需求只是在表面上被暂时抑制，潜在的供求矛盾其实变得更加严峻，世界金融危机的爆发和外需的下降给宏观经济雪上加霜。在这种情况下，2008年11月的国务院常务会议，研究部署扩大内需、促进增长的措施，出台了著名的“四万亿”投资计划，加上带动地方政府的投资，导致短时期内增加的总投资实际上数倍于“四万亿”。紧接着，国务院办公厅发布《关于促进房地产市场健康发展的若干意见》(2008)，转而鼓励普通商品住房消费，加大对“自住型”和“改善型”住房消费的信贷支持力度，对住房转让环节营业税暂定实行减免政策。2008 年的政策转向确实让中国经济的增长速度保持了在世界上“一枝独秀”的状态，但是，由于实体经济效益并没有真正恢复，导致大量增加的流动性资金再次涌入住房市场，导致 2009 年住房价格的“报复性”暴涨，同时，通货膨胀率明显上升。

2010 年开始，中央政府的房地产政策再次转向，连续发布《国务院办公厅关于促进房地产市场平稳健康发展的通知》(2010)、《国务院关于坚决遏制部分城市房价过快上涨的通知》(2010)、《国务院办公厅关于进一步做好房地产市场调控工作有关问题的通知》(2011)、《国务院办公厅关于继续做好房地产市场调控工作的通知》(2013)，再次试图抑制住房投资需求和住房价格过快上涨，采取了比前几年严厉得多但相对更有针对性的措施——差别化信贷政策，差别化的住房税收政策、严格住房用地供应管理，住房限购，落实住房保障和稳定房价工作的“约谈问责机制”、增加普通商品住房及用地供应，等等。但是总体上来说，效果并不令人满意，而且经济增长速度持续放慢。

总结社会主义市场经济体制初步建立时期的改革实践，需要指出，国家阶级属性和国家公共属性并非是简单地在两个不同的方向上对政府和市场的关系提出要求，而是在不同的条件下，有可能要求不同，也有可能有相同的要求。例如，上述实践过程反映出来的民生保障问题、收入分配问题，就是社会主义市场经济条件下国家阶级属性和公共属性的共同要求。然而，如果在实践中忽视国家属性，或者只是在公有制经济形式上重视国家阶级属性而忽视社会主义的根本目标，就会导致上述民生保障等方面的问题。实践表明，以宏观调控为主的政府职能界定，显然不能很好地满足国家二重属性所提出的驾驭市场的根本要求。当我们的经济“下行风险”与资本主义经济危机的前兆特征越来越相似的时候，或许我们应该重新思索马克思 150 年前在《资本论》中对资本主义基本矛盾的分析给我们的启示和警示。也正因为有了相应的新的思索，才有了全面深化改革时期的供给侧结构性改革和新发展理念的产生，才有了中国特色社会主义进入新时代的认识。

第四节　全面深化改革时期（2012 年至今）：使市场在资源配置中起决定性作用和更好地发挥政府作用

党的十八大以后的全面深化改革时期，经济体制改革的重大决策体现出对政府和市场关系认识的不断深化，对市场经济作用的认识更加全面。党的十八届三中全会《关于全面深化改革若干重大问题的决定》（以下简称《决定》）开始明确地从国家治理层面系统地认识改革问题特别是经济体制改革中的政府和市场关系问题，提出“全面深化改革的总目标是完善和发展中国特色社会主义制度，推进国家治理体系和治理能力现代化。必须更加注重改革的系统性、整体性、协同性，……”为此，提出了一整套全面深化改革体制设计框架。在这个系统的改革框架中，“经济体制改单是全面深化改革的重点，核心问题是处理好政府和市场的关系，使市场在资源配置中起决定性作用和更好地发挥政府作用”，从而重新界定了市场机制在中国特色社会主义市场经济体制中的作用，同时也为重新界定政府的经济职能和作用开辟了探索空间。

在实践过程中，党中央和国务院面对经济发展“新常态”的形势，以“供给侧结构性改革”为主线全面深化中国特色社会主义市场经济体制改革，特别是在继续完善市场体系的同时，再次强调“两个毫不动摇”，通过产权保护、发展混合所有制经济和国有资本管理，不断增强国有经济活力、控制力、影响力，同时补齐“民生短板”等。相关的一系列措施，正确反映了国家的二重属性。

在全面建成小康社会和全面深化改革的背景下，党的十八大以来中央领导集体逐步提出了一系列关于治国理政的思想，并且在党的十九大上凝聚为习近平新时代中国特色社会主义思想：指出了我国社会主要矛盾的变化；强调“必须坚持以人民为中心的发展思想，不断促进人的全面发展、全体人民共同富裕”，坚持在发展中保障和改善民生；强调继续全面深化改革，并且再次强调“全面深化改革总目标是完善和发展中国特色社会主义制度、推进国家治理体系和治理能力现代化”，再次强调“改革的系统性、整体性、协同性”；强调贯彻“创新、协调、绿色、开放、共享”的新发展理念；等等。特别需要指出的是，党的十九大对政治体制改革的认识有了突破性的深化，明确提出“中国特色社会主义最本质的特征是中国共产党的领导，中国特色社会主义制度的最大优势是中国共产党的领导”，强调“坚持党对一切工作的领导”和完善坚持党的领导的体制机制，这是党中央对改革开放以来在经济体制改革的同时协调推进政治体制改革以及党的十八大以来加强党的建设的经验和教训的深刻总结。这意味着，在经济体制改革以及处理政府和市场关系问题上，必须加强党的领导，而不是削弱党的领导，这是对我国国家性质的准确反映。

回顾党的十八大以来，党中央和全国上下对市场经济本质问题和对政府和市场关系问题认识的深化历程，我们有必要在政府和市场关系理论框架上做进一步的更加清晰的阐释，从而能够更加有意识地从国家和市场的关系角度来指导新时代中国特色社会主义市场经济体制中的政府和市场关系实践。

一、“顶层设计”与马克思主义经济学的回归

由于认识到必须从国家治理体系和治理能力现代化的层面来全面推进改革，认识到“必须更加注重改革的系统性、整体性、协同性”，并且已经积累了更多的改革经验，党中央比以往更重视“顶层设计”。党的十八届三中全会及其《决定》以及后来陆续推出的两个重要《意见》——《关于深化国有企业改革的指导意见》（2015）和《关于完善产权保护制度依法保护产权的意见》（2016）——对社会主义市场经济体制的描述比以往更加细致具体、更具有实践性。

在基本经济制度方面，党的十八届三中全会及其《决定》再次强调了党的十六大提出的“两个毫不动摇”思想，补充了“两个不可侵犯”表述。并且，《决定》对于如何巩固公有制经济的主体地位这一问题做了更加清晰的表述，提出了国有资本管理和破除行政垄断、扩展“混合所有制”的改革思路，“鼓励非公有制企业参与国有企业改革，鼓励发展非公有资本控股的混合所有制企业”。这一思路表明，中央越来越重视公有制经济在整体上和更广阔意义上的壮大，对于公有制经济的实现形式越来越持开放的态度，而不是拘泥于表面上的“一城一地”之得失。

在政府职能方面，党的十八届三中全会及其《决定》已经不再局限于宏观调控和服务、保障，而是更加重视政府对市场机制的整体“调节”作用，将“保持宏观经济稳定，加强和优化公共服务，保障公平竞争，加强市场监管，维护市场秩序，推动可持续发展，促进共同富裕，弥补市场失

灵”都明确为政府的主要职责。

需要特别指出，党的十八届三中全会及其《决定》显示，新一届中央领导集体对市场经济本质的认识得到了进一步的深化。不仅用“国有资本管理”代替原来的“国有资产管理”，明确认可了国有资产以及其他公有制资产在市场经济中的“资本”属性——至少可以说是形式上的资本属性，而且对于“产权”的认识也不再局限于企业改革领域，而是将产权界定和产权保护作为社会主义市场经济的基础规则来看待，强调“产权是所有制的核心”，强调要健全“归属清晰、权责明确、保护严格、流转顺畅的现代产权制度”。党的十八届三中全会以后，中共中央和国务院又先后发布了《关于深化国有企业改革的指导意见》（2015）和《关于完善产权保护制度依法保护产权的意见》（2016），再次强调并进一步细化了党的十八届三中全会在经济体制改革方面的指导思想，特别是上述“资本”管理和“产权”保护的思路。

不仅如此，党的十八大以来的新一届中央领导集体在更深层次的发展理念和发展战略上进行了一系列的思考，提出了一系列的治国理政思想，包括：（1）更加重视社会主义核心价值观建设和民生保障问题，强调社会公平正义和共同富裕，强调要深化教育、医药卫生体制改革，建立更加公平和可持续的社会保障制度，推进基本公共服务均等化。在住房保障方面，2016 年 12 月中央经济工作会议明确提出要坚持“房子是用来住的、不是用来炒的”的定位；2017 年 12 月的中央经济工作会议，进一步提出建立“多主体供应、多渠道保障、租购并举的住房制度”。（2）面对新时代的问题和挑战，特别是“新常态”下的经济结构问题，提出了“以人民为中心”的发展思想和“创新、协调、绿色、开放、共享”的新发展理念。（3）对于更好发挥政府作用，习近平指出，“市场在资源配置中起决定性作用，并不是起全部作用”，“更好发挥政府作用，不是要更多发挥政府作用，而是要在保证市场发挥决定性作用的前提下，管好那些市场管不了或管不好的事情”。（4）在政治体制方面，强调“坚持党对一切工作的领导”；等等。这些思考最终形成了在党的十九大上确立的习近平新时代中国特色社会主义思想，体现出中央领导集体越来越有意识地从国家性质的认识高度来思考中国改革发展问题和政府与市场的关系问题。

在党的十八届三中全会的“顶层设计”和习近平治国理政思想的指引下，马克思主义政治经济学理论在重大改革实践问题的研究上重新焕发了活力。在供给侧结构性改革方面，马克思主义政治经济学学者强调要警惕多种所有制经济条件下——特别是在非公有制经济规模越来越大的条件下——企业投资和生产的盲目性所导致的系统性风险，因而要解决供给侧结构性问题，不仅要从产业结构和产能的角度入手，而且必须综合考虑所有制结构、政府职能、共享发展和民生保障问题①。在混合所有制改革方面，马克思主义学者们强调，改革的根本目的是为了发展壮大公有制经济，要警惕"变相私有化"②。在新发展理念和民生保障问题方面，学者们一方面强调"共享发展"与社会主义本质的内在联系；另一方面开始重点关注民生保障的具体领域③。劳资关系是市场经济中各种生产关系的核心，马克思主义学者们开始关注社会主义市场经济条件下劳动力的属性问题④。公有制与市场经济的结合问题是中国特色社会主义市场经济体制的重大基础理论问题，因而受到学者们的特别重视⑤。在政府和市场的关系方面，学术界试图从理论上界定政府和市场各自的职能范围，但是分歧明显，争论激烈，这些分歧和争论有西方经济学和政治经济学之间的，也有西方经济学内部各个学派之间的⑥。这些争论正是本书选题的背景之一。

二、以"供给侧结构性改革"为主线的政府职能实践

党的十八届三中全会以来中央对政府和市场关系认识的深化，体现在实践上，表现为以"供给侧结构性改革"为主线更加系统地赋予政府职能，与国家二重属性的契合程度越来越好。需要指出，"供给侧结构性改革"是一个系统工程，不仅仅是"三去一补一降"（去产能、去库存、去杠杆、补短板、降成本）。具体来说，包括：

（1）协调劳动关系。鉴于改革开放以来我国劳动关系特征的变化，劳

① 逄锦聚：《经济发展新常态中的主要矛盾和供给侧结构性改革》，载于《政治经济学评论》2016年第2期。

② 邱海平：《论混合所有制若干原则性问题》，载于《人民论坛·学术前沿》2014年第6期。

③ 刘凤义、李臻：《共享发展的政治经济学解读》，载于《中国特色社会主义研究》2016年第2期。

④ 刘凤义：《劳动力商品理论与资本主义多样性研究论纲》，载于《政治经济学评论》2016年第1期。

⑤ 张宇：《论公有制与市场经济的有机结合》，载于《经济研究》2016年第6期。

⑥ 张维迎：《把属于市场的还给市场》，载于《财经界》2015年第6期；林毅夫：《产业政策与我国经济的发展：新结构经济学的视角》，载于《复旦学报（社会科学版）》2017年第2期；洪银兴：《论市场对资源配置起决定性作用后的政府作用》，载于《经济研究》2014年第1期；张宇：《市场有效，党政有为，根基牢固——正确认识社会主义市场经济中政府和市场的关系》，载于《红旗文稿》2014年第8期。

资关系从无到有，特别是市场化改革以后劳资矛盾逐渐尖锐化，中共中央和国务院在2015年3月发布《关于构建和谐劳动关系的意见》，重点在非公有制企业中强化《劳动合同法》的实施，推动施行集体协商和集体合同制度，健全劳动关系三方协调机制，加强企业党组织和基层工会、团组织、企业代表组织建设。

（2）国有企业调整重组和混合所有制改革。鉴于国企改革和公有制经济主导地位的保障问题越来越紧迫，中共中央和国务院在2015年8月发布《关于深化国有企业改革的指导意见》，在坚持和完善基本经济制度、坚持社会主义市场经济改革方向的前提下，推进简政放权，落实企业法人财产权和经营自主权，同时强化监管。从2014～2018年每年的任务安排看，中央政府的工作重点：一是推进国有企业优化重组和央企股份制改革以及国有资本运营公司试点；二是推进国有企业混合所有制改革，进一步放宽非公有制经济市场准入，破除各种隐性壁垒。但是，考虑到国有企业作为公有制经济的主导地位，中央政府在推进混合所有制改革实践中，强调“分类”“有序”“稳妥”，强调加强国有资产监管和防止国有资产流失。

（3）加强产权保护。为了保持改革的有序进行、鼓励非公有制企业参与国有企业改革、防止国有资产流失，中共中央和国务院在2016年11月发布《关于完善产权保护制度依法保护产权的意见》，强调平等保护、全面保护、依法保护。另外，中共中央和国务院还在2016年先后发布了《关于稳步推进农村集体产权制度改革的意见》和《关于完善农村土地所有权承包权经营权分置办法的意见》。

（4）产业结构调整升级和“去产能”。针对前期积累的过剩产能和后金融危机时期原来的“世界工厂”模式一去不复返、经济增长持续乏力的紧迫形势，中央政府在最近几年中，重点调整产业结构、推进动能转换，化解和淘汰落后产能，加大“僵尸企业”破产清算和重整力度，做好职工安置和债务处置。

（5）宏观调控与结构调整。2013～2017年的5年间，中央政府在宏观调控方面工作的总基调是“稳中求进”和创新完善宏观调控方式方法，而宏观调控创新的关键，是将短期的财政政策和货币政策与中长期的结构调整以及政府职能转变结合起来。以房地产市场调控为例，2013年以前的10年，主要调控手段是传统的财政政策、货币政策以及行政手段，容易顾此失彼；2013年以后的五年，中央政府一方面以“去杠杆”为重点，坚持实施积极的财政政策和稳健的货币政策，另一方面因城施策促进商品住房“去库存”，住房投机现象被成功遏制，住房价格和宏观经济表现比较平稳，这说明宏观调控与结构调整相结合的机制创新是成功的。2013 年以来，中央政府加大公租房保障力度，强调住房的“居住”属性，落实地方主体责任，继续实行差别化调控，培育住房租赁市场，发展共有产权住房，到2017年党的十九大提出加快建立多主体供给、多渠道保障、租购并举的住房制度，可以说是宏观调控和结构调整这一长效机制的继续完善。

（6）转变政府职能。党的十八大以来，中央政府一方面推进“简政放权、放管结合、优化服务”，大幅减少行政审批事项，取消和免征行政事业性收费，同时加强事中事后监管，优化公共服务流程；另一方面与国有企业改革相结合，改进国有资本管理体制，推进结构性改革尤其是供给侧结构性改革，充分发挥市场在资源配置中的决定性作用和更好地发挥政府作用。2016 年 7 月，中共中央和国务院发布《关于深化投融资体制改革的意见》，提出了“企业为主，政府引导”“放管结合，优化服务”“创新机制，畅通渠道”“统筹兼顾，协同推进”的总体要求，并且要求投融资体制改革要与供给侧结构性改革以及财税、金融、国有企业等领域改革有机衔接。

（7）保障和改善民生与“补短板”的结构性改革以及“放管服”的政府职能转变相结合。除了前面提到的多主体供给、多渠道保障、租购并举的住房制度建设，党的十八大以来的新一届中央政府还在就业和社会保障、促进教育公平、深入推进医药卫生改革等方面“补短板”。需要指出，中小学教育资源分布不均匀问题和医疗体制改革问题，都是长期困扰人民群众的问题，至今改革仍处于探索之中，还没有真正建立起长效的解决机制。

小　结

新中国成立以来政府和市场关系的探索历程，反映了党中央和全国上下在认识上曲折深化和逐步完善的变化趋势，其中的关键线索是对商品经济和市场经济本质的认识和对国家二重属性的反映。

在对市场经济本质的认识方面，改革开放之前将计划经济等同于社会主义经济，将商品经济和市场经济等同于资本主义经济；改革开放初期延续了这种认识，但是为了发展社会主义国家的生产力而开始接受一定程度的“市场调节”以致“有计划的商品经济”；党的十四大以后，将市场经济作为资源配置方式、将市场机制作为资源配置手段看待，将经济体制与基本经济制度区分开，从而提出了建立社会主义市场经济体制的改革目标；党的十八大以后，对市场经济的作用认识得更加全面，对市场经济在发挥优化资源配置作用的同时所产生的负面问题认识得越来越清晰。

与认识上的深化过程相对应，政府以国有企业改革为中心环节，从国有企业承担大量社会公共职能，转变为改革开放初期的“扩大企业自主权”，推进国有企业“承包制”改革，再到初步建立社会主义市场经济体制时期推行国有企业产权制度改革，建立现代企业制度，过渡到全面深化改革时期则以国有资本管理方式来推进国有企业混合所有制改革。在经济体制方面，从改革开放之前高度集中的计划经济体制，转变为改革开放初期的“计划经济为主，市场调节为辅”以及“有计划的商品经济”，再到初步建立社会主义市场经济体制，然后是全面深化改革，完善社会主义市场经济体制。在所有制结构上，从改革开放之前的全民所有制和集体所有制经济占绝对统治地位，转变为改革开放初期初步引入多种所有制经济，在初步建立社会主义市场经济体制时期公有制经济的主体地位一定程度上受到忽视，然后是全面深化改革时期更加清楚地强调“两个毫不动摇”和“两个不可侵犯”，公有制经济的主体地位在一定程度上得到巩固。在政府职能方面，从改革开放初期的以直接的计划手段为主，转变为初步建立社会主义市场经济体制时期以间接的宏观调控手段为主，再到全面深化改革时期“更好地发挥政府作用”。

从实践过程对国家二重属性的反映角度看，凡是对国家二重属性的要求在政府职能实践上统筹协调好的时期，社会经济发展的形势就比较稳定、协调和可持续；反之，则社会经济发展的矛盾积累就比较突出。新民主主义的建国方针，符合当时国家二重属性的需要，国民经济得以快速恢复。高度集中的计划经济体制和国有企业承担大量社会公共职能的企业体制，在初期也符合当时的国情，有利于建立国民经济体系和发展生产力，但是在后期，效率上的不足导致对生产力的制约作用越来越明显，越来越不利于满足人民群众的生活需要。改革开放初期，生产关系的调整，使生产力得到很大程度的解放，但是由于没有很好地掌握改革、发展和稳定的关系，过于急迫地推进价格改革，结果导致社会经济的动荡。初步建立社会主义市场经济体制时期，经济体制改革的大幅度推进一定程度上符合国家二重属性的要求，经济增长取得了举世瞩目的成就，但是由于在实践上一定程度忽视公有制经济的巩固和民生保障问题，结果导致结构性矛盾和系统性风险逐渐积累。全面深化改革时期，政府和市场关系的实践正确地反映了国家二重属性的协调要求，积累的结构性矛盾和系统性风险在一定程度上得以化解。

总结新中国成立以来政府和市场关系探索取得的经验和教训，特别是党的十八大以来政府和市场关系对国家二重属性的正确反映，我们需要对政府和市场关系理论框架和新时代中国特色社会主义市场经济体制下政府和市场关系的具体实践原则上做出更加清晰的阐释和界定。

第六章

社会主义市场经济中的政府和市场共生性关系

第一节 社会主义市场经济中政府和市场关系的一般与特殊

政府和市场关系在现代市场关系中具有重要地位，是我国经济体制改革的核心问题。人们常常用“大市场小政府”或者“大政府小市场”来形容政府和市场的关系。政府和市场是历史的范畴，在不同的历史阶段和社会制度下，其性质、地位和相互关系也不一样，而且处于动态变化的过程之中。在现实的政府和市场关系上，社会主义国家不同于资本主义国家，发展中国家不同于发达国家，大国不同于小国。即使同样是发达的资本主义市场经济国家，也存在着不同的模式。因此，认识政府和市场关系，要用唯物史观和唯物辩证法的分析方法。我们认为，政府和市场的关系包括两个层面：一个层面是从国家性质层面看政府和市场关系；另一个层面是从市场经济一般规律看政府和市场的关系。

一、从国家性质层面认识政府和市场关系

政府和市场的关系和国家性质密切相关，但西方经济学在认识二者关系时，通常抽象掉国家性质，所以总是在“大市场小政府”或者“大政府小市场”两种模式中“兜圈子”。从国家性质层面看，政府和市场的关系本质上是国家与市场的关系。

国家是人类社会发展到一定阶段的产物，它的产生是由于存在不可调和的阶级矛盾，国家作为一种社会力量，“这种力量应当缓和冲突，保持

在‘秩序’的范围内”。[①] 国家的性质是阶级统治的工具，但国家同时还是维护社会公共秩序的机关。因此，国家具有双重属性：一重属性是阶级统治的暴力工具；另一种属性是维护公共利益的机关。后一重属性服从于前一重属性，因为所谓的公共利益，从根本上说要服从统治阶级的利益。而统治阶级为了维护自己的利益，又不得不利用国家机器在不同阶级之间充当“调停人”的角色。

政府作为国家的具体运行机构，其性质是由国家性质决定的。因此，政府经济职能与国家性质密切相关，现实中没有脱离国家性质的政府。既然国家具有双重属性，政府同样具有双重属性：一方面具有阶级性；另一方面具有维护公共利益的属性，而维护公共利益的属性要服从于其阶级属性。当人们认识政府和市场的关系问题时，如果抽象掉政府的阶级性，把政府仅仅看做是公共利益的代表者和维护者是不正确的。

在市场经济中，政府和市场的关系，首先是由国家性质决定的。在资本主义市场经济中，资产阶级政府作为资本主义国家上层建筑的表现形式，在经济领域中首先要维护生产资料资本主义私有制和雇用劳动关系。正如马克思、恩格斯在《共产党宣言》中分析资产阶级国家时指出的：“现代的国家政权不过是管理整个资产阶级和共同事务的委员会罢了。”[②] 在资本主义生产方式下，资本主导下生产、分配、交换、消费等关系的总和，构成了资本主义经济有机体，这个有机体内部结构和要素之间的相互联系，体现为一种适应资本积累的社会经济秩序。资本主义政府最基本的经济职能并不是所谓的保持增长、充分就业、稳定物价和国家收支平衡等具体问题，而是维护事关资本主义生产关系性质的内容，具体表现在：

第一，国家从制度上尽力维护资本的自由竞争。资本的形成和扩张，需要自由的市场经济作为前提条件。所以，在资本主义制度建立过程中，古典经济学主张建立自由放任的经济制度。资本主义国家把消除阻碍资本流动和扩张的各种制度壁垒作为自己的职能，如废除行会制度、统一市场规则、消除关税壁垒等。随着资本主义从自由竞争逐渐走向垄断，资本主义国家又增加了一个重要经济职能就是通过制定法律法规，限制市场上的垄断和不公平交易，最大程度保证资本的自由竞争。资本主义国家这种职

---

① 恩格斯：《家庭、私有制和国家起源》，引自《马克思恩格斯选集》第4卷，人民出版社1995年版，第170页。

② 马克思、恩格斯：《共产党宣言》，引自《马克思恩格斯文集》第2卷，人民出版社2009年版，第33页。

能总体上是作为上层建筑从外部保护资本主义经济基础，这就是所谓的“守夜人”角色。

第二，国家作为经济活动主体直接参与社会生产和再生产。资本主义发展到垄断时代，生产社会化程度日益提高，私人垄断资本与社会化大生产之间的矛盾日益突出，资本的再生产经常被周期性的经济危机破坏，而且日益严重。在现代市场经济中，很多基础设施、科学技术等领域，属于投资规模大、建设周期长、承担风险高的领域，私人企业或者没有能力，或者不愿意去投资和生产，这就需要国家出面投资和建设。于是资本主义国家已经不能仅仅从上层建筑的角度维护资本主义生产方式的正常运行，必须作为经济活动主体参与到社会经济活动中发挥作用，为经济发展创造条件。资本主义国家对经济的参与，既包括与一般私人资本类似的经济活动，如直接投资兴办国有企业，提供某些产品，尤其是公共产品；也包括利用政府的特殊地位和功能，影响和引导私人资本投资方向，采取与私人资本合资、给私人资本注资等形式。资本主义国家性质决定了政府经济职能的性质，政府作为经济主体参与经济活动，根本目的不是为了盈利，而是为私人资本追求利润最大化创造经济环境。因此，当政府作为经济主体参与社会生产和再生产过程，一旦与私人资本的利益发生冲突时，私人资本所有者就会利用议会等资产阶级代言机构，对政府行为发出警告，或者要求政府退出市场。尽管如此，与自由竞争资本主义时代相比，资本主义国家通过参与经济活动创造经济环境的行为，已经使得其作为“守夜人”的职能定位在性质上发生了局部的变化。

在社会主义市场经济中，国家性质同样具有双重属性，但与资本主义国家性质不同的是，社会主义国家的阶级属性和它所代表的公共利益属性在本质上具有同一性。生产资料公有制的建立，改变了资本主义社会的经济基础，相应地也改变了作为上层建筑的国家的性质。由于消灭了资产阶级，与生产资料公有制相适应的国家本质上不再代表资产阶级，而是代表无产阶级和广大人民群众来管理社会事务和社会生产。我国在社会主义初级阶段，坚持公有制为主体、多种所有制经济共同发展的基本经济制度，坚持按劳分配为主体、多种分配方式并存的分配制度。我国作为社会主义国家在国家性质上，与以往社会形态中的国家性质有了本质区别。正如我国《宪法》中明确规定的：“中华人民共和国是工人阶级领导的、以工农联盟为基础的人民民主专政的社会主义国家。社会主义制度是中华人民共和国的根本制度。”全国人民代表大会制作为我国的根本政治制度，既体现了我国社会主义国家的阶级性质，也反映了广大人民群众的根本利益，最大程度上实现了社会主义国家阶级性和公共利益性质的二重属性的统一。

在社会主义初级阶段，我国基本经济制度是多种所有制经济并存，表明我国社会利益主体还存在多元化特点，因此，要通过大力发展商品经济，调动各方面生产积极性，满足人们日益增长的物质文化生活的需要。在政府和市场的关系上，虽然从性质上看与资本主义制度下的政府和市场关系不同，但由于同样实行市场经济体制，市场经济中的一般规律在资本主义和社会主义两种制度中，都会发挥作用。我国政府所代表的广大人民群众利益，与市场价值规律作用下实现的各种市场主体之间的利益，既有一致的一面，也有矛盾的一面，因此，必须运用唯物辩证法把握社会主义市场经济中的政府和市场新型关系。正如习近平指出的："在市场作用和政府作用的问题上，要讲辩证法、两点论，'看不见的手'和'看得见的手'都要用好，努力形成市场作用和政府作用有机统一、相互补充、相互协调、相互促进的格局，推动经济社会持续健康发展。"①

社会主义市场经济是以公有制为基础的，社会主义国家对经济的调节不仅来源于国家的行政干预，而且源自生产关系内在的要求，即政府不仅能够以调节者的身份进行宏观调控，而且可以凭借公有制的主体地位，按照社会共同利益在全社会范围内合理配置资源，克服生产社会化与生产资料资本主义私人占有制的矛盾，这是社会主义市场经济一个重要的制度优势，也是改革开放以来中国经济持续快速发展的一个重要原因。国家宏观调控和市场机制的作用，都是社会主义市场经济体制的本质要求，二者是内在统一的。

把政府和市场关系的本质理解为国家与市场关系，正确处理我国政府和市场关系，就是要推进国家治理体系和治理能力现代化，坚持中国特色社会主义发展道路，"坚持党的领导，发挥党总揽全局、协调各方的领导核心作用，是我国社会主义市场经济体制的一个重要特征。……在全面深化改革过程中，我们要坚持和发展我们的政治优势，以我们的政治优势来引领和推进改革，调动各方面积极性，推动社会主义市场经济体制不断完善、社会主义市场经济更好发展。"②

既然社会主义市场经济与资本主义市场经济都要遵循市场经济的一般规律，我们在认识政府和市场关系时，就既要从性质上加以区别，也要从

① 《习近平谈治国理政》，外文出版社 2014 年版，第 116 页。
② 《习近平谈治国理政》，外文出版社 2014 年版，第 118 页。

市场经济一般规律上加以把握。

二、从市场经济一般规律层面认识政府和市场关系

在现代市场经济中，市场在资源配置中起决定性作用。市场中的价值规律通过供求机制、价格机制和竞争机制的相互作用，在部门内部激励创新，在部门之间调节社会资源在社会范围内的配置。但价值规律具有自发性、盲目性和滞后性，所以会造成“市场失灵”，需要政府出面干预，于是产生了宏观调控。这是通常意义上从市场经济一般规律上对政府和市场关系的理解。这种理解有一定道理，但也容易引起认识上的误区，似乎政府和市场是相互分割的，只要市场能够正常运行，就不需要政府。长期以来，西方经济学始终坚持这样一种认识方法，认为政府只有在“市场失灵”的情况下才有必要出手干预。更为极端的观点甚至认为，即使出现“市场失灵”，也不需要政府出面干预，因为政府也会存在“政府失灵”问题，显然这些认识是片面的。

关于政府和市场关系的问题，无论在理论还是实践上，西方发达资本主义国家迄今都没有解决。从实践上看，发达资本主义国家在1929～1933年大危机以前，基本上信奉“看不见的手”原理，政府充当“守夜人”角色；在1929～1933年大危机以后，逐渐承认了国家这只“看得见的手”的重要作用；20世纪70年代以来，“滞胀”使美英国家转向了新自由主义，政府作用被限制和削弱；直至2008年爆发了金融危机，发达资本主义国家政府纷纷“救市”、出台“再工业化”规划，又开始向“大政府”的方向回归。由此看来，受资本主义周期性经济危机的影响，资本主义国家在“大政府”还是“大市场”之间不断地交替选择。当然这个过程不是简单的回归，而是随着经济社会的发展，政府参与经济的广度和深度得以不断加强。

从理论上看，大政府和大市场之间的更替是凯恩斯主义经济学和自由主义经济学交替发挥作用的结果。表面上看，自由主义经济学和凯恩斯主义经济学在政府和市场关系上的看法是对立的，但实际上它们在思维方法上却是相通的。其一，都是以私有制市场经济最有效率为前提建立起的理论体系，都把维护资本主义制度视为经济学的职责。其二，对市场和政府关系的认识都是形而上学的思维，都认为政府和市场之间是“二元的”、非此即彼的关系，二者的分歧主要在于政府多一点还是市场多一点的问题

上，毫不涉及资本主义制度本身是否应该被社会主义制度所代替这一更深层次的问题。因此，这两种理论在本质上都符合资本主义意识形态的生态氛围。也正因为如此，二者才可能交替成为西方国家的主流经济学。

值得指出的是，凯恩斯主义经济学强调政府的干预作用，这与我国作为后发国家推进经济发展的过程有吻合之处，因此我们可以从其中借鉴一些有用的观点和方法，但如果把凯恩斯主义经济学作为指导我国研究社会主义市场经济中政府和市场关系的理论基础，则是不正确的。这种做法很容易陷入对政府和市场关系认识的“凯恩斯主义陷阱”。这里所说的“凯恩斯主义陷阱”，系指凯恩斯主义经济学把政府干预理论建立在“市场失灵”的基础上，认为政府干预的范围基本上是在提供公共产品、弥补市场失灵方面。这种观点从根本上把政府和市场割裂开来，会严重阻碍我们深入研究社会主义市场经济中政府和市场关系的发展规律。因为按照这种学说，我国政府在社会主义市场经济中发挥计划调节功能、发展壮大国有企业和国有经济，都是没有学理依据的，其结果必然是照抄照搬西方模式。

在马克思主义政治经济学看来，政府和市场的关系不是一种机械的、非此即彼的对立关系，而是一种有机的“共生关系”。例如，马克思主义政治经济学认为人类社会生产活动无论是在微观领域（个别企业）还是在宏观领域（部门之间），都要遵循按比例分配劳动的规律。在市场经济中，按比例分配劳动是通过价值规律来实现的，但是由于价值规律的自发性和盲目性会导致部门之间资源配置的比例失调、结构扭曲等，出现产能过剩、经济危机等问题。国家有必要采取各种宏观调控手段加以干预，其实质是国家利用“看得见的手”来修复被破坏的比例和结构问题。这种干预反映了人类社会对市场经济的认识从“自发”走向“自觉”的过程。

再如，马克思主义政治经济学认为政府与国有企业也是一种内生关系，但由于国家的性质不同，国有企业的功能、意义也不同。在资本主义私有制为基础的市场经济中，国有企业被严格限制在提供公共产品、弥补市场失灵方面。而在我国社会主义市场经济中，国有企业作为全民所有制性质的企业，不仅有保障公有制主体地位和人民共同利益的功能，还是我们党和国家事业发展的重要物质基础和政治基础。

政府和市场之间既有相对明确的边界，又是辩证统一关系，二者共同构成市场经济有机体的基本要素。现实中市场经济的运行，并非像形而上学思维所认为的那样，市场可以自发独立运行，出现问题以后再由政府出面干预。政府和市场之间的真实经济关系是：市场总是在政府制定的有效制度框架下，在政府的有力监管中，在政府提供的良好经济环境、社会环境和政治环境下运行的。政府和市场之间是既有相对独立性，又相互联系、相辅相成的关系。如果只看到政府和市场各自的相对独立性，看不到二者的有机联系，很容易滑向只要市场、不要政府的自由主义思潮。相反，如果只看到政府和市场之间的联系性，看不到二者之间的相对独立性，又容易导致政府和市场边界不清，造成政府越位、过度干预等问题。因此，探索政府和市场之间的关系是中国特色社会主义经济面临的重要问题。

三、计划与市场的关系

计划与市场的关系是政府和市场关系的一个方面。通常人们把计划与市场看做是资源配置的两种手段，在现代市场经济中，计划可以存在于社会主义市场经济中，也可以存在于资本主义市场经济中。这种认识有一定的道理，但过于表面。从本质上说，计划与市场并非简单的并列关系，在资源配置中，计划比市场更具有根本性。但一些人经常颠倒计划与市场的关系，认为市场是根本，计划是补充，这种认识是错误的。

在资本主义市场经济产生以前，人类社会以自然经济方式配置资源。在自然经济中，无论是在一个氏族、一个家庭、一个奴隶主庄园还是一个封建主的庄园，其中的生产者都知道按计划配置自己的资源和劳动时间。对此马克思在《资本论》第一卷第一篇关于“商品拜物教”中分析价值的本质问题时，给予了详细分析。

马克思的分析表明商品经济是基于生产资料属于分散的私人所有，他们又都处于互相依存的社会分工之中，商品交换成为互相满足自己和他人的需要的重要途径，于是就产生了市场，价值成为资源配置的依据，价值规律成为资源配置的基本规律。如果某种商品的市场价格低于其价值，即劳动花费，就表明该商品生产过多，必须对生产要素配置加以调整，分配到那些市场价格高于其价值的商品的生产方面。这样，市场成为社会资源配置的基础手段和方法。亚当·斯密把这种市场关系比喻为“看不见的手”，而马克思则把它称作“商品的拜物教”，由于价值摸不着看不见，像幽灵一般，人们出现了对价值的崇拜，就像宗教中的神一样。这是由于在商品经济关系中，人们认不清价值的本质，把自己的活动的结果看作是由神灵决定的，拜倒在它面前。

价值的这种“神秘性”不是来自商品的使用价值，也不是来自商品价值规定的内容，而是来自人们的生产劳动采取价值这种社会形式。其实价值作为资源配置的依据，它利用社会必要劳动时间这一尺度，就是要求社会范围内遵循“按比例分配劳动”这一人类经济活动的根本要求。所以，马克思在分析了孤岛上鲁滨逊如何配置自己的生产资料和劳动时间后，指出“价值的一切本质上的规定性都包含在这里了”。[①] 价值的本质规定性是什么？显然是按比例分配劳动时间。自然经济的生产活动要遵循这一规律，市场经济中的经济活动同样要遵循按比例分配劳动时间的规律，所不同的是，市场经济中按比例分配劳动是在分散的生产者之间，通过价值规律调节方式实现的。由于价值规律自身具有盲目性、自发性和滞后性，这就导致分散的生产者之间按比例分配劳动经常遭到破坏。

在资本主义市场经济中，生产者都是分散决策，计划是否就不起作用了呢？当然不是。马克思在《资本论》第一卷第十二章对“工场手工业内部分工”和“社会内部分工”所遵循不同规律的对比分析中，科学揭示了资本主义计划和市场的关系。马克思指出，“在工场手工业中，保持比例数或比例的铁的规律使一定数量的工人从事一定的职能；而在商品生产者及其生产资料在社会不同劳动部门中的分配上，偶然性和任意性发挥着自己的杂乱无章的作用。”“在工场内部的分工中预先地、有计划地起作用的规则，在社会内部的分工中只是在事后作为一种内在的、无声的自然必然性起着作用，这种自然必然性只能在市场价格的晴雨表式的变动中觉察出来，并克服着商品生产者的无规则的任意行动。”[②] 马克思的分析表明，在资本主义市场经济中，每一个资本主义企业内部都是按计划规律来配置资源，但由于整个社会是以市场作为资源配置的基础方式，这就导致社会范围内按比例分配劳动时间具有不确定性，从而形成个别企业的有组织、有计划生产与整个社会无政府状态之间的矛盾。这个矛盾不是源于资源配置的计划方式，而是源于生产资料的资本主义私有制。因此马克思尖锐指出：“资产阶级意识一方面称颂工场手工业分工，工人终生固定从事某种局部操作，局部工人绝对服从资本，把这些说成是为提高劳动生产力的劳动组织，同时又同样高声责骂对社会生产过程的任何有意识的社会监督和调节，把这说成是侵犯资本家个人的不可侵犯的财产权、自由和自决

① 马克思：《资本论》第一卷，人民出版社2004年版，第94页。
② 马克思：《资本论》第三卷，人民出版社2004年版，第412页。

的‘独创性’。”①

由此可见，按比例分配社会资源和劳动时间，这是社会资源配置的本质要求，也是真正的效率所在。然而，在资本主义私有制经济中这是不可能实现的。即使资本主义国家宏观层面的计划，往往也是从弥补市场失灵的角度提出的，希望通过计划对市场进行修修补补而已。

社会主义制度是建立在生产资料公有制的基础上，即全社会的生产资料属于全社会成员共同所有和共同支配，目的是为了全社会所有成员的物质和文化生活需要及其全面发展。社会主义生产资料公有制决定了全社会生产摆脱了分散的私人生产者的盲目性支配，是按照预定的目标有计划地配置全社会资源为实现共同目的服务。私有制则决定了生产的动机和目的只能是由各个私人自发地进行，全社会生产资料在不同生产领域的合理配置只能借助于市场价格波动间接告诉私人生产什么、生产多少。这个过程不是平稳地进行的，而是充满了激烈的竞争、经济震荡和破坏，会有生产者的失败与成功、企业的兴起与破产、产品的不足与过剩。总之，正如马克思所指出的，全社会生产过程的均衡只能经历着不断的混乱才能得到实现。

在我国社会主义初级阶段实行社会主义市场经济，社会主义与市场经济的结合不是机械式地拼装，而是一种有机结合。社会主义计划规律和市场经济中的价值规律之间，是一种辩证统一、相辅相成的关系。我国是以公有制为主体，这就决定了国民经济的长远发展必须为社会主义生产目的服务。我国社会主义市场经济中的计划，对市场经济的发展和完善具有先导性、引领性，比如“两个一百年”长远发展目标、比如五年规划这种中期目标，还有像每年中央经济工作会议的短期目标等，这些内容构成了社会主义市场经济中的计划体系，为市场经济发展的社会主义方向和宏观经济的平稳发展提供了重要保障。计划调节是从自发市场经济走向自觉市场经济，发挥资源配置中主观能动性，克服自发性、盲目性的重要体现，这与我国经济基础是相一致的。

在社会主义市场经济中，计划是国家和政府管理宏观经济的重要内容，但不能把计划简单等同于计划经济。计划经济是与市场经济对应的经济体制。我们社会主义初级阶段经济体制是社会主义市场经济。计划在其中发挥着不可替代的作用，它既是我们党对经济发展进行科学顶层设计的

① 马克思：《资本论》第三卷，人民出版社2004年版，第413页。

体现，也是社会主义制度优越性的重要体现。因此，必须正确认识社会主义市场经济中计划与市场的关系。

四、社会主义市场经济中政府和市场新型关系

我国经济体制改革是在坚持社会主义制度前提下，从传统计划经济体制向市场经济体制转变，这一转变过程的核心问题是确立政府和市场的关系问题。因此，政府和市场的关系问题，是我国经济体制改革核心问题。

关于政府和市场关系的认识，我们国家经历了几个发展阶段：党的十二大提出了“计划经济为主，市场调节为辅”的模式，强调计划调节在资源配置方式中是基本的、主要的方面，市场调节是从属的、次要的方面。党的十三大提出建立有计划的商品经济，并且强调政府和市场之间新的运行模式是“国家调节市场，市场引导企业”。党的十四大报告提出了建立社会主义市场经济体制的改革目标，并且强调“我们要建立的社会主义市场经济体制，就是要使市场在社会主义国家宏观调控下对资源配置起基础性作用。”党的十八届三中全会明确提出“使市场在资源配置中起决定性作用和更好地发挥政府作用”。

从我们党对社会主义市场经济中政府和市场关系的认识过程来看，随着改革的不断深化和市场经济体制的日益完善，对二者关系的认识也日益丰富和深入，并逐渐形成中国特色的新型政府和市场关系。在我国，政府和市场的新型关系主要体现在：

第一，在认识方法上，突破政府和市场的二分法。在西方经济学中，认为政府和市场是此消彼长的关系，大市场对应小政府，大政府对应小市场。这种认识在方法上是形而上学的。马克思主义政治经济学在理解政府和市场关系上，是从国家二重性角度出发的，并且认为政府和市场是内生关系，二者之间是辩证统一、相辅相成的关系，而不是相互否定的关系。这是我们认识社会主义市场经济中政府和市场关系的方法论基础。

第二，市场在资源配置中起决定作用但不是起全部作用。我们党提出市场在资源配置中起决定作用，是从微观领域进一步发挥市场机制作用的角度，针对我国市场经济体制发展进程和在实践中面临的问题提出来的。经过 40 多年的实践，我国社会主义市场经济体制日趋成熟，但仍然存在一些束缚市场主体活力、阻碍市场和价值规律充分发挥作用的弊端。这些弊端不解决好，完善的社会主义市场经济体制就难以形成，转变发展方

式、调整经济结构也难以推进。强调市场在资源配置中的决定作用，就是针对全面深化改革中存在的问题，减少政府对微观领域的直接干预，加快建设统一开放、竞争有序的市场体系，建立公开透明的市场规则，把市场机制能有效调节的经济活动交给市场，让市场在所有能够发挥作用的领域充分发挥作用，让企业和个人有更多活力和更大空间去创造财富。

第三，依靠中国特色社会主义的制度基础更好地发挥政府作用。市场可以在微观领域依靠价值规律实现资源优化配置，但在宏观领域和长期发展目标方面，依靠市场自身力量是无法解决的。所以，科学的宏观调控，有效的政府治理，是发挥社会主义市场经济体制优势的内在要求。坚持公有制主体地位，做强做优做大国有企业，是更好发挥政府作用的经济基础。坚持党的领导，发挥党总揽全局、协调各方的领导核心作用，是我国社会主义市场经济体制的一个重要特征。

第二节　社会主义市场经济中的政府经济职能

社会主义市场经济是社会主义制度与市场经济的有机结合，政府经济职能既包括在市场经济一般规律中政府的职能和作用，也包括中国特色社会主义经济制度中政府的特有职能。

一、社会主义市场经济中的政府一般经济职能

社会主义市场经济中的政府职能是指与市场经济一般规律相联系的职能，这些职能主要反映政府为了使市场机制有效发挥作用提供制度环境和保障条件。主要包括以下几方面。

（一）有效制度供给

无论是资本主义市场经济，还是社会主义市场经济，市场主体在市场中的各类经济活动，都是在一定规则下进行的，这些规则统称为“制度”。有些制度是经济行为主体在自发过程中形成，如习惯、习俗、道德、信用等，这些制度被称为“非正规制度”。有些制度则是政府在市场经济活动实践中，为了规范市场主体行为和市场秩序而制定的，如与市场经济活动密切相关的各种法律、法规、条例等，这些制度被称为“正规制度”。随

着市场经济的不断发展和完善，正规制度的供给越来越发挥重要作用，这种重要性不仅体现在一个国家内部，而且体现在国际经济关系中，成为协调各种利益关系的重要基础。在这个意义上，市场经济被称为“法治经济”。由此可见，现代市场经济中国家和政府提供制度供给的职能越来越重要。

（二）市场监管

有了市场经济运行规则，不等于就有良好的市场秩序，政府必须承担对市场的监管职能。在市场上，各类经济主体的行为都遵循利益最大化的原则，所以为了自身利益，有些行为者可能不惜采取各种不正当手段从事经济活动，从而破坏制度规范，扰乱市场秩序。为了保证市场良好秩序和公平竞争环境，政府必须对市场主体行为进行监管。市场监管反映的是政府和市场之间的关系，良好的监管制度和监管机制要避免政府监管的缺位、错位或越位问题。

（三）经济调控

价值规律具有自发性、盲目性和滞后性，因此，良好的市场秩序也不是仅仅依靠政府监管就能保证的。当市场供求关系发生严重失衡，物价就会发生大幅波动，市场秩序可能混乱；当经济危机来临时，商品积压、工人失业，同样会造成市场秩序的混乱，这种经济的周期波动和不稳定是市场经济运行规律造成的，仅仅依靠政府监管是不能解决的，必须要政府有针对性地对经济进行宏观调控，通过经济手段、产业政策、收入分配政策以及必要的行政手段进行干预。政府宏观调控职能在现代市场经济中具有越来越重要的地位。

（四）公共服务

无论是资本主义市场经济还是社会主义市场经济，政府都有维护公共利益的属性。尽管不同社会制度下，对维护社会公共利益的范围和内容有所区别，但有些公共利益是社会发展必要条件，而且反映公共利益的产品都难以具有产权上的严格排他性，因此，必须以公共产品的形式由政府提供，如公共基础设施、政府机关、军队、科学技术、基础教育等。一般说来，一个国家提供公共产品的种类和水平越高，表明公共利益实现程度就越高，给人民群众带来的福祉也就越多。

二、社会主义市场经济中政府特殊经济职能

社会主义市场经济中政府特殊经济职能是与中国特色社会主义经济制度相联系的职能。在社会主义制度下，不发挥政府的重要作用，不对市场经济正确利用，没有政府的强有力的引导和控制，就不可能实现中国特色社会主义发展目标。

（一）保证社会主义生产目的

社会主义生产目的是最大限度地满足人们物质文化生活需要，促进人的全面发展。这一目的不可能由市场提出和主动贯彻，因为在市场经济条件下，私营企业是以利润最大化为目标，商业性国有企业也是相对独立的商品生产者，它的直接日的也是获得利润，这是国家赋予它的任务。因此，社会主义的生产目的，只能由代表全社会利益的政府统一组织和管理，来引导分散的单个企业的经营活动去实现。政府依据生产力的发展规律，制定长期、中期、短期的经济发展目标和规划，确定积累与消费的比例关系，正确处理人民的长远利益和当前利益的关系，确定一定时期人民的物质文化生活水平。依据经济发展规律保证社会主义生产目的并通过必要的手段措施组织实施是社会主义政府的基本经济职能，这也是社会主义市场经济不同于资本主义市场经济的最根本特点。

（二）实施计划统筹

计划是市场经济运行背后更本质的要求。在微观领域每一个市场主体的行为都是有计划的，但整个社会则可能陷入无政府状态。因此，计划统筹是政府从全局和长远利益出发，按照经济发展的客观规律，对国民经济社会发展进行长远规划和有计划的调节。计划统筹不同于传统的计划经济体制。在传统的计划经济体制下，指令性计划从微观到宏观占据绝对统治地位。在社会主义市场经济体制中，计划主要是建立在尊重市场经济规律基础上，对国民经济进行宏观管理，包括宏观经济总量平衡、重大比例结构调整、产业结构调整、战略性新兴产业布局、基础设施和基础产业规划等，也包括促进新型工业化、信息化、城镇化、农业现代化同步发展协调，还包括推进资源节约型、环境友好型社会建设，等等。

社会主义市场经济中的计划也不同于资本主义市场经济中的计划。有

些资本主义国家也有计划，但它们的计划是建立在生产资料私有制基础上的，计划的目标仅仅是作为与市场并列的宏观调控的手段而已。如果把市场经济有机体比作一只船，则计划和市场在资本主义市场经济中就类似于船的两条船桨。而社会主义市场经济中的计划则是建立在公有制为主体的基本经济制度基础上的，计划具有从根本上引导市场经济发展方向、为社会主义生产目的服务的性质。就社会主义市场经济有机体这只大船而言，计划不是仅仅与市场并列的一条船桨，而是类似于引导整条大船前进方向的船舵。如果我们在理论上认识不到社会主义市场经济中计划的这种特殊地位，就容易造成两种认识误区：或者把计划等同于传统计划经济体制，或者把计划看作是与市场并列的一种手段，贬低计划在社会主义市场经济中的作用。

（三）加强国有资产监管

资本主义国家也有国有企业和国有资产，但在性质上与中国特色社会主义中国有企业是不同的。资本主义国家国有企业功能主要是弥补市场失灵，比如提供私营企业不愿意提供的公共产品或半公共产品；资本主义国有企业还有一个功能就是经济危机期间代表政府出面缓解危机。而我国社会主义市场经济中的国有企业则不同，国有企业是推进国家现代化、保障人民共同利益的重要物质基础和政治基础。我国国有企业在国民经济发展中起主导作用，在一些关键领域和命脉行业发挥控制力作用。对于涉及国家安全、国民经济命脉和国计民生的重要行业和关键领域、重点基础设施、前瞻性战略性产业的国有企业，要做强做优做大。

我国国有企业属于全民所有制企业，国家代表全民对国有企业和国有经济进行监督和管理。因此，对国有企业的监管是我国政府经济职能的某种延伸，正确处理政府与国有企业的关系，也成为转变政府职能的重要内容。

在计划经济体制下，国有企业是政府的附属物，政府采取指令性计划对国有企业的生产、经营、人事等进行直接管理。随着我国经济体制逐渐从计划经济转向市场经济，国有企业作为独立的市场主体被赋予了越来越多的经营自主权。但政府与企业的关系仍然没有得到很好的理顺。党的十六大报告提出了国有资产管理体制改革的思路：在坚持国家所有的前提下，充分发挥中央和地方两个积极性。国家要制定法律法规，建立中央政府和地方政府分别代表出资人职责，享有所有者权益，权利、义务和责任相统一，管资产和管人、管事相结合的国有资产管理体制。2003 年国家成立国有资产监督管理委员会，专门对国有企业和国有资产进行监督管理，这从机构设置和制度安排上，在政企分开、政资分开以及转变政府职能方面迈出了重要一步。党的十八大报告提出进一步完善国有资产管理体制，推动国有资本更多投向关系国家安全和国民经济命脉的重要行业和关键领域，不断增强国有经济活力、控制力、影响力。

国有资产管理体制的改革方向是以资本为主加强国有资产监管，提高资本回报，防止国有资产流失。改组组建国有资本投资、运营公司，提高国有资本配置和运行效率，形成国有资本流动重组、布局调整的有效平台。健全国有资本合理流动机制，推进国有资本布局战略性调整，引导国有资本更多投向关系国家安全、国民经济命脉的重要行业和关键领域。建立国有资产出资人监管权力清单和责任清单，稳步推进经营性国有资产集中统一监管，建立覆盖全部国有企业、分级管理的国有资本经营预算管理制度。对国有企业国有资本和企业领导人员履行经济责任情况实行审计全覆盖。①

（四）推进共享发展

共享是中国特色社会主义的本质要求。资本主义经济关系建立在雇用劳动关系基础上，劳资之间是根本对立的利益关系，因此，不具备共享发展的经济基础。中国特色社会主义制度是以公有制为主体，在公有制范围内消除了生产资料和劳动者之间的根本对立关系。社会主义生产目的是满足人们日益增长的物质文化生活的需要，实现共同富裕，不是为了少数人发财致富，因此具备了共享发展的经济制度基础。

党的十八届五中全会提出的共享发展理念，实质就是坚持以人民为中心的发展思想，体现的是逐步实现共同富裕的要求。其内涵主要有四个方面。一是共享是全民共享。这是就共享的覆盖面而言的。共享发展是人人享有、各得其所，不是少数人共享、一部分人共享。二是共享是全面共享。这是就共享的内容而言的。共享发展就要共享国家经济、政治、文化、社会、生态各方面建设成果，全面保障人民在各方面的合法权益。三是共享是共建共享。这是就共享的实现途径而言的。共建才能共享，共建

---

① 《中华人民共和国国民经济和社会发展第十三个五年规划纲要》，载于《人民日报》2016 年 3 月 18 日。

的过程也是共享的过程。要充分发扬民主，广泛汇聚民智，最大激发民力，形成人人参与、人人尽力、人人都有成就感的生动局面。四是共享是渐进共享。这是就共享发展的推进进程而言的。共享发展必将有一个从低级到高级、从不均衡到均衡的过程，即使达到很高的水平也会有差别。①

虽然我国社会主义制度具备了共享发展的制度基础，但实现共享发展不是一个自然过程，需要政府发挥强有力的作用。要以人民为中心对经济发展进行科学的顶层设计，制定发展规划和相关制度；不断增加公共服务供给，提供更多与人民利益密切相关的公共产品；调整国民收入分配格局，规范初次分配，加大再分配调节力度，缩小收入差距；发挥社会主义制度优越性，实施脱贫攻坚工程；实施全民参保计划，基本实现法定人员全覆盖，建立更加公平更加可持续的社会保障制度；推进义务教育均衡发展，促进教育公平；推进健康中国建设，完善基本医疗和公共卫生事业；等等。

三、社会主义市场经济中政府经济职能的转变

在社会主义市场经济体制的发展和完善过程中，能否正确实现政府职能的转变，关键取决于对政府和市场关系的认识是否科学。有人把我国转变政府职能简单理解为不要政府，让政府在市场经济中退出，回到亚当·斯密所说的“守夜人”的角色。这种认识显然脱离了现代市场经济发展的实践。自 1929 ~ 1933 年资本主义大危机以来，发达资本主义国家的政策尽管在凯恩斯主义和新自由主义之间徘徊，但总体趋势是国家对经济干预的广度和深度都在加强，这是一个不争的事实，也是社会化大生产日益提高的必然要求。

也有人认为我国转变政府职能就是让政府在“市场失灵”的情况下才出面干预。这种认识表面上看有一定道理，但仔细分析也是很片面的。政府和市场之间并非此消彼长的关系，在现实经济关系中，二者是一个有机整体，是相辅相成、辩证统一的关系。因此，那种“大政府小市场”或者“小政府大市场”的描述是不科学的。一个有竞争力的现代市场经济体制，一定是有效市场和有力政府的结合。一个治理能力很弱、调控能力不强、监管能力很差、在国际经济关系中没有话语权的政府，不可能使本国成为

① 习近平：《在省部级主要领导干部学习贯彻党的十八届五中全会精神专题研讨班上的讲话》，载于《人民日报》2016 年 5 月 10 日。

具有国际竞争力的经济体。

我国建立社会主义市场经济体制，在政府经济职能转变方向上，既不是让政府退化到“守夜人”角色，也不是只有在“市场失灵”时政府才出面干预，而是要建立适合现代市场经济和社会化大生产发展的有为政府，让政府和市场有机结合，解决政府在市场中的“错位”“缺位”“越位”问题。正如习近平指出的“既不能用市场在资源配置中的决定性作用取代甚至否定政府作用，也不能用更好发挥政府作用取代甚至否定使市场在资源配置中起决定性作用。”[①] 政府转变职能的要求主要包括：

转变政府职能，实现政企分开。在社会主义市场经济中，如何理顺政府与国有企业之间的关系，是政府转变职能的重要内容。政府是国有企业所有者代表，因此政府与国有企业之间有天然的内生性。通过深化国有资产管理体制，理顺政府与国有企业关系，使政府既充当出资人角色，又从对企业直接管理中摆脱出来，解决政府在对国有企业管理中的“越位”问题。

深化行政体制改革，创新行政管理方式。行政体制不顺，管理方式落后是造成政府职能“错位”“缺位”的重要原因。要转变政府职能，提高政府行政效率，必须建立新的行政管理体制。新的行政管理体制的目标和要求是：按照精简、统一、效能的原则和决策、执行、监督相协调的要求，继续推进政府机构改革；将政府职能真正转到经济调节、市场监督、社会管理、公共服务和规划统筹上来。最终形成行为规范、运转协调、公正透明、廉洁高效的行政管理体制。

健全宏观调控体系，加强政府调节经济的能力。以公有制为主体、国有经济为主导的社会主义市场经济，在对国民经济进行宏观调控方面，具有比资本主义市场经济更大的制度优势。然而，政府要在社会主义市场经济下发挥宏观调控优势，必须要从国情出发，建立健全宏观调控体系，创新宏观调控的方式方法，实现国民经济的稳定、协调和可持续发展。

坚持党的领导，发挥科学的顶层设计功能。政府职能转变离不开党的领导，正确处理坚持党的领导与发挥政府职能的关系，是政府转变职能中的重要内容。那种认为转变政府职能，可以淡化党的领导地位的认识是错误的。党发挥总揽全局、协调各方的领导核心作用，是我国社会主义市场经济的一个重要特征。因此在我国，党的坚强有力领导是政府发挥作用的

---

① 《习近平谈治国理政》，外文出版社 2014 年版，第 117 页。

根本保证。在全面深化改革过程中，要坚持和发展这一政治优势，利用党的领导政治优势引领和推进改革，调动各方面积极性，推动社会主义市场经济体制不断完善、社会主义市场经济更好发展。

第三节　创新和完善宏观调控方式

一、社会主义市场经济中宏观调控的必要性

宏观调控是政府经济职能的重要体现。所谓宏观调控，是指政府以满足人民需要和国民经济稳步协调发展为目标，综合运用经济的、计划的、法律的和必要的行政手段，对整个国民经济运行和发展进行调节和控制。有人认为之所以进行政府宏观调控，是因为存在“市场失灵”。这种说法有一定道理，但过于笼统。在现代市场经济中，并不是只有在“市场失灵”的情况下才需要宏观调控，即使市场不失灵，它自身也不是万能的。政府和市场之间不是非此即彼的关系，而是相辅相成的关系。政府之所以进行宏观调控，是因为市场存在着“不能做”“做不了”“不想做”或者“做不好”的情况。就我国社会主义市场经济而言，实行宏观调控既有现代市场经济运行的一般原因，也有社会主义制度的特殊因素。

第一，实行宏观调控是实现经济发展战略目标和社会主义生产目的的需要。社会主义生产目的是满足人民日益增长的物质文化的需要，这个根本目的是通过各个不同发展阶段的具体发展目标实现的。我们党提出“两个一百年”和全面建成小康社会，最终走向共同富裕的奋斗目标，是社会主义根本目的在一定时期的具体体现，也是社会主义制度的性质决定的。社会主义发展目标本身是市场经济“不能做”的。要实现这些奋斗目标，单纯依靠市场的自发调节难以实现。因此，必须通过政府的宏观规划、政策引导和调控，引领市场经济为实现社会主义发展目标服务。

第二，实行宏观调控是保持社会经济总量平衡和结构平衡的需要。社会化大生产要求各部门之间保持一定比例关系，这种比例关系的实质就是要求资源配置要在全社会范围内按比例分配总劳动，如此就能保证宏观经济的总量平衡和结构平衡。然而，完全依靠市场的自发作用很难做到这两种平衡，因为市场中的微观主体都是从自身利益最大化出发，分散决策，

容易导致个别资本运动与社会资本运动之间的矛盾，从而导致社会总供给与社会总需求的矛盾，破坏部门之间的比例关系，造成经济波动甚至经济危机。要保持国民经济总量平衡和结构平衡，依靠市场自身是“做不了”的。因此，必须依靠政府宏观调控，从国民经济整体布局，从地区之间、产业之间的相互关系出发，进行整体协调。在利用市场机制的基础上引导国民经济在综合平衡中发展。

第三，实行宏观调控是协调企业利益和社会利益的需要。企业作为具有独立利益的市场主体，往往追求自身利益最大化。而经济社会发展中，涉及一些长远利益、社会利益的内容，企业往往不愿意去做。比如科技创新是经济发展的强大动力，但创新有风险，企业不愿意承担风险，就需要政府出面引导企业进行创新，给创新企业提供政策支持、信贷支持，为科技创新提供平台等；再比如一些战略新兴产业是保证一个国家站在制造业制高点的重要基础，但这些产业可能具有投资规模大、市场风险高的特点，企业往往不愿意进入这样的领域。政府就要发挥产业政策功能，通过产业投资基金等，培育这些产业的成长。这些都属于市场“不想做”的领域，但这些领域对于一个国家生产力发展、竞争力形成有重要影响，这种情况下就需要政府出面。政府除了建立国有企业外，还可以通过宏观调控政策引导私有制企业去做。

第四，实行宏观调控是保证中国特色社会主义共享发展的需要。既然共享是中国特色社会主义的本质要求，那么在社会主义市场经济发展过程中，就应该贯穿共享发展理念。在我国，教育、医疗、社会保障等领域属于共享发展的内容。从西方发达国家经验来看，这些领域既可以由政府出面来做，也可以交给市场由私人企业来做，还可以政府和企业联合来做。从我国改革开放的实践经验看，教育、医疗等公共领域，属于市场想做但却“做不好”的领域。如果把这些领域交给市场，很可能造成很大的不公平，共享发展难以落到实处。因此，在这些公共领域，主要应该由政府出面提供公共产品，即使是交给市场由私人企业提供，政府必须建立严格准入制度和监控体系，确保公共领域为全民提供共享机会，从而体现社会主义制度的优越性。

二、社会主义市场经济中宏观调控的目标和手段

在社会主义市场经济中，宏观调控目标与国民经济运行目标是一致

的，前面已经阐述了我国宏观经济运行的目标，这里根据我国“十三五”规划纲要做进一步具体阐述。

（一）宏观调控目标

从经济运行角度看，宏观调控目标主要是保持经济增长、维持物价稳定、增加就业、维持国际收支平衡。具体来说：

（1）经济增长。“十三五”期间，我国经济要保持中高速增长。在提高发展平衡性、包容性、可持续性基础上，到2020年国内生产总值和城乡居民收入比2010年翻一番，GDP平均增速在6.5%以上。

（2）稳定物价。稳定物价既与货币发行政策和机制有关，也与价格形成机制有关。从货币发行角度看，我国政府将健全货币政策机制，深化金融监管体制改革，健全现代金融体系。从价格形成机制角度看，减少政府对价格形成的干预，全民开放开竞争性领域的商品和服务价格，放开电力、石油、天然气、交通运输、电信等领域竞争性环节价格。理顺医疗服务价格。完善水价形成机制。建立健全公用事业和公益性服务政府投入与价格调整相协调机制，等等。

（3）充分就业。我国将把充分就业作为经济社会发展优先目标，坚持分类政策，提高劳动参与率，稳定并扩大城镇就业规模。实施更加积极的就业政策，创造更多就业岗位，着力解决结构性就业矛盾，鼓励以创业带就业，实现比较充分和高质量的就业。

（4）国际收支平衡。近年来，我国国际收支始终存在资本项目和经常项目下的“双顺差”。今后一个时期，我国将更好地利用国内国外两个市场、两种资源，全面推进双向开放，促进国内国际要素有序流动，促进出口贸易和进口贸易的均衡发展。同时在资本项目上，扩大开放领域，放宽准入制度，积极有效地引进境外资金和先进技术，提升利用外资的综合质量。同时也不断完善境外投资发展规划和重点领域、区域、国别规划体系。有序实现人民币资本项目可兑换，提高可兑换、可自由使用程度，稳步推进人民币国际化，推进人民币资本“走出去”，等等。这些具体措施有助于国际收支保持基本平衡。

（二）宏观调控的手段

宏观调控的手段主要包括经济政策、产业政策、收入分配政策、法律手段、行政手段等。

经济政策。经济政策是由政府制定的用以调整各种经济主体利益关系、引导和影响经济活动的准则和规则。最主要的经济政策包括财政政策和货币政策。

产业政策。产业政策是根据国际经济发展趋势和国内经济发展目标，选择确定支持、限制的相关产业，配以相应的政策措施。产业政策包括产业结构政策和产业组织政策。产业结构政策实际上是一种产业保护与扶植政策，直接影响宏观经济结构。产业组织政策主要是对企业组织的规模、企业行为及市场结构中的垄断和竞争进行监管和调节的政策，属于市场秩序监管政策。在我国，产业政策主要是指产业结构政策，它对调节国民经济结构平衡和总量平衡有着重要作用。

收入分配政策。收入分配政策是对国民收入初次分配和再分配进行调节的政策，是缩小收入分配差距、实现共享发展的重要手段，其主要手段有工资、财政预算、税收等。

法律手段。法律是规范市场秩序、实施宏观调控的重要依据。在社会经济活动中，一方面通过国家制定各种法律法规，规范市场主体行为，协调各方面利益关系，保证市场规范有序运行；另一方面，国家还可以通过经济司法，维护经济秩序，打击各种经济犯罪活动。

行政手段。行政手段是指依靠政府机构采取强制性命令、指示等，规定或下达带有指令性任务来调控经济运行。一般说来，行政手段是宏观调控的辅助手段，只有在必要时候才会采用。

以上有关宏观调控的各种政策和手段，还将在下面章节中具体阐述。

三、社会主义市场经济宏观调控的经验

改革开放以来，随着我国社会主义市场经济的逐渐确立和不断完善，宏观调控也积累了很多经验。这些经验虽然有对西方宏观经济理论的批判借鉴，但更多的是体现了政府对中国国情和市场经济发展实践的把握。在实施宏观调控实践中积累了宝贵经验。这些经验也是指导我国今后宏观调控的重要原则。主要包括以下几方面。

（一）坚持运用市场机制和宏观调控的有机结合

现代市场经济中，市场在资源配置中起决定性作用，与政府宏观调控是相辅相成的辩证关系，因此，健全的市场机制和有效的宏观调控，都是

社会主义市场经济体制的有机组成部分。坚持发挥市场机制作用和加强宏观调控有机结合，一方面要把握好社会主义市场经济改革方向，尊重市场规律，激发市场活力，充分发挥资源配置的决定性作用；另一方面要不断完善宏观调控体系，综合运用国家计划统筹、经济政策、法律手段和必要的行政手段，充分发挥我国社会主义制度决策高效、组织有力、集中力量办大事的制度优势，促进经济健康、平稳发展。

（二）坚持处理好短期目标与长期发展的关系

在西方宏观经济理论中，财政政策和货币政策都是从刺激总需求角度提出来的，而总需求管理则属于短期管理。我国社会主义市场经济发展中涉及的宏观问题比较复杂，我们不仅面临总量问题，也有严重的结构问题，而且总量问题往往和结构问题相互交织，结构问题制约着总量问题。因此，结构问题不解决，总量问题也难以解决。我国社会主义市场经济体制在形成和完善过程中，还面临着体制改革的问题，体制问题也经常和结构问题交织在一起。与此同时，作为人口众多、幅员辽阔的大国，我国各地区经济发展不平衡，要实现城乡、区域，以及经济社会、人与自然的协调统筹发展，建设和谐社会，都使得宏观调控面临巨大的挑战。基于此，我国在探索宏观调控的过程中，既重视需求方面的管理，也重视供给方面的管理，在运用财政政策和货币政策的同时，注重结构调整和产业升级、加快发展方式转变。

（三）坚持宏观调控与深化改革相结合

我国宏观经济遇到的问题，不仅有宏观经济自身运行的问题，还有体制本身的原因，因此，宏观调控与体制改革是相互结合、互相促进的关系。近年来，在加强和改进宏观调控的同时，政府积极推进宏观经济领域的体制改革，努力推动形成有利于经济增长方式转变的体制机制。主要包括：一是深化财政税收体制改革，统一内外企业所得税，扩大增值税转型试点范围，调整进出口税率、个人所得税、利息税及消费税，加大对地方的转移支付。二是深化金融体制改革，改革汇率形成机制和外汇管理体制，放松居民和企业用汇限制。加快推进国有金融机构体制改革步伐，基本完成了国有商业银行股份制改革。三是深化资源性产品价格和资源税收改革，调整了中央和地方对资源性产品的收益分配。四是深化教育、卫生领域改革，促进社会事业进步和经济社会协调发展。这些领域的改革为宏观调控创造了良好的体制环境，有利于宏观调控政策作用的有效发挥。五是不断改进调控方式，在保持政策稳定性、连续性的同时，适时适度进行渐进式的“微调”“预调”，提高调控政策的灵活性、应变性，保持宏观调控的有效性和宏观经济运行的稳定性和持续性。

（四）坚持宏观调控与微观监管相结合

严格来讲，政府管制（或规制）属于微观范畴，因此，理论上又称为微观管制，是与宏观管理相对应的又一个政府重要职能。虽然微观管制不属于宏观调控的内容，但与宏观调控具有一定的互补作用。近年来，为了实现可持续发展，按照科学发展观的要求，配合宏观调控的需要，我国在继续放松传统管制的基础上，建立健全适应市场经济发展需要的经济性和社会性管制。一是进一步放松与市场经济发展不相适应的传统管制政策法规和手段，取消了一些领域原有的对私营经济的准入限制；二是逐步建立健全比较规范的对自然垄断和金融业等授权垄断领域的产业准入和价格等结构性管制和基于财务健全性的审慎性监督；三是进一步加大安全、卫生、生态环境、自然资源等方面相关的经济性和社会性管制。通过上述改革，一方面借助加强宏观调控的时机，上述经济性和社会性管制措施得以及时建立健全；另一方面这些经济性和社会性管制措施的及时建立健全所产生的预期效果，与常规的宏观调控措施形成了一定的合力，极大地配合了宏观调控的需要。

（五）坚持发展经济与改善民生的内在统一

我国确立经济发展目标既有与市场经济一般规律相适应的目标，也有体现社会主义制度性质的发展目标。我国政府宏观调控不仅着眼于市场经济本身，还把改善民生作为经济发展的出发点和落脚点，着力维护社会公平正义，让全体人民共享改革发展的成果，促进社会和谐稳定。我国提出全面建成小康社会主要以人民生活水平和质量是否普遍提高为衡量标准，要坚持共享发展，在经济平稳增长基础上，促进居民收入持续提高，健全公共服务体系，着力解决群众最关心、最直接、最现实的利益问题，不断增进人民福祉。坚持经济发展和改善民生的统一，是我国在宏观调控领域坚持社会主义性质的重要体现。

四、完善和创新社会主义市场经济中的宏观调控

经过40多年的高速发展，我国经济总量已稳居世界第二位。中国经济进入以速度换挡、结构优化和动力调整为主要特征的新常态。经济新常态使我国面临的经济形势更复杂、经济发展更具有不确定性。为了更好地适应、引领经济发展新常态，实现“两个百年”的奋斗目标，政府在宏观调控方面，要不断完善和创新宏观调控的方式和手段。

（一）区间调控方式

传统经济理论都以某一具体指标作为宏观调控的目标，通过货币政策和财政政策的调节来实现这一目标。在目标选择上，凯恩斯主义者倾向于经济增长率，货币主义者倾向于通货膨胀率。而我国政府在2013年针对我国经济发展进入新常态以及未来经济社会发展总体目标提出了“区间调控”的新方式。

所谓的区间调控是指宏观调控目标不是仅仅钉在一个固定的增长率上，而是设定一个合理的调控区间。我国区间调控主要是针对稳定经济增长角度提出来的。在“十三五”期间，我国经济增长率在6.5%～7%。6.5%作为增长目标的下限，是实现中国经济中长期发展目标的要求，我国要实现2020年全面建成小康社会以及国内生产总值和城乡居民人均收入比2010年翻一番的战略目标，未来5年的经济增长速度年均就要达到6.5%的水平，所以设定6.5%的经济增长速度作为区间目标下限。同时，如果经济增长低于6.5%，就业和改善民生的任务就很难完成。一旦经济运行低于合理区间，政府将会果断采取综合性措施，来防止经济失速，保持经济运行在合理区间，保证就业和民生改善任务的完成。7%作为增长目标的上限，是改善民生和就业的客观要求，经济增长速度和失业率之间有很强的关联性，如果其他条件不变，经济增长速度越低，失业率相对越高。但如果经济增长速度过高，通货膨胀率就可能提高，社会、资源和环境等各方面可能承受过大的压力。因此设定7%的增长上限，是从节约资源、环境、就业和通货膨胀综合因素考虑来决定的。

（二）定向调控方式

传统的宏观经济理论认为，宏观经济调控是总量调控，即通过货币政

策和财政政策的调节来影响总需求和总供给的变动，进而实现经济的扩张或收缩。实践证明，这种宏观调控理念下的总量调控，既缺乏精准度，又不能解决结构问题。2014 年我国政府又在区间调控的基础上提出了“定向调控”方式。

所谓的定向调控是针对国民经济发展中的短板以及薄弱环节进行精准调控的方式。定向调控主要是结构性调控，如“公共服务”短板、“三农”和小微企业问题等，对这些问题有针对性地降税、降费、降准、降息。定向调控方式实质上使宏观调控具有结构性特点，这种调控方式比仅仅着眼于总量的调控方式更具有针对性和有效性。区间调控与定向调控各有侧重，区间调控侧重于平衡总量关系，定向调控侧重于调整结构，两者紧密结合，形成稳增长、调结构的合力，丰富了宏观调控的目标内涵和方式手段，是中国宏观调控实践对宏观调控理论的重大贡献。

（三）相机调控方式

在西方传统宏观调控理论中，有财政政策、货币政策等组合调控，但没有“相机调控”概念。“相机调控”是 2016 年全国人民代表大会的《政府工作报告》中提出来的，李克强总理在报告中指出“为应对持续加大的经济下行压力，我们在区间调控基础上，实施定向调控和相机调控。”

“相机”在汉语中有观察情况、见机行事的含义。我国提出相机调控方式，是针对我国经济新常态的发展背景下，国际国内经济形式复杂多变，对宏观经济调控不能拘泥于已有的理论和手段，必须随着经济形式的发展变化见机行事。相机调控是与区间调控、定向调控有机结合的调控方式。相机调控侧重于短期调控，主要是依据政策目标，择机选择政策工具，把握好财政、货币政策推出和实施的最佳时机，最大限度地降低政策挤出效应，最大限度地实现政策的预期调控效果。相机调控是我国在宏观调控方式和理念上的又一重要创新。

（四）供给和需求双向调控方式

需求侧管理指在宏观管理中主要通过财政和货币财政等经济手段对需求进行调控，间接达到调控供给的目的，以实现总供给和总需求的平衡。需求侧管理的逻辑是：政府调控需求，需求引领供给。供给侧管理指在宏观管理中对供给进行直接调控，以实现总供给和总需求的平衡，供给侧管理的逻辑是：政府调控供给，供给创造需求。需求侧管理与供给侧管理各有特点，各有利弊，将二者结合起来，有助于提高宏观管理水平，防止经济比例关系失调，克服总供给与总需求的失衡，实现国民经济健康协调稳定运行。

我国强调市场在资源配置中的决定作用的同时，还要更好地发挥政府的作用。表现在宏观调控上，就是在重视需求侧管理的同时重视供给侧管理。在“十三五”期间，加强供给侧管理的具体体现就是推进供给侧结构性改革。正如习近平总书记指出的“供给侧结构性改革，重点是解放和发展社会生产力，用改革的办法推进结构调整，减少无效和低端供给，扩大有效和中高端供给，增强供给结构对需求变化的适应性和灵活性，提高全要素生产率。这不只是一个税收和税率问题，而是要通过一系列政策举措，特别是推动科技创新、发展实体经济、保障和改善人民生活的政策措施，来解决我国经济供给侧存在的问题。我们讲的供给侧结构性改革，既强调供给又关注需求，既突出发展社会生产力又注重完善生产关系，既发挥市场在资源配置中的决定性作用又更好发挥政府作用，既着眼当前又立足长远。从政治经济学的角度看，供给侧结构性改革的根本，是使我国供给能力更好满足广大人民日益增长、不断升级和个性化的物质文化和生态环境需要，从而实现社会主义生产目的。”①

① 习近平：《在省部级主要领导干部学习贯彻党的十八届五中全会精神专题研讨班上的讲话》，载于《人民日报》2016年5月10日。

第七章

政府在宏观经济中的内生性与宏观经济运行内在规律

宏观经济的实质是整体经济运行中的各种关系，其中包括总量问题、结构问题和发展目标问题等，这些关系反映了政府参与经济运行的内生性。本章既介绍宏观经济运行的一般原理，也介绍中国特色社会主义宏观经济运行的基本特征。

第一节　按比例分配社会劳动时间规律的客观性与政府的内生性

一、宏观经济与微观经济的关系

为了便于认识经济规律，人们通常把经济划分为微观经济和宏观经济。微观经济是从个量上分析经济行为主体的特点、活动规律，比如我们分析市场中的一个企业、一个家庭、一个消费者的行为特征和规律问题时，就属于微观分析。宏观经济则是从总量上分析社会经济整体运行的特点、活动规律，比如一个国家的增长问题、就业问题、物价问题等。这种对微观经济和宏观经济的认识有一定道理，但并没有揭示出宏观经济与微观经济的内在联系。

马克思主义政治经济学原理告诉我们，微观经济和宏观经济之间的关系，并非简单的个量与总量的关系。在一个社会经济活动中，宏观经济活动与微观经济活动既有联系，又有区别，宏观经济并非是微观经济个量的简单相加。西方经济学在分析宏观问题时所使用的总供给曲线和总供求曲线，是从微观经济学个量分析所使用的供求曲线推理出来的，这是不科学的。其一，总量经济并非是简单的个量经济的总和；其二，总供给和总需求曲线，至多只能描述经济总量关系，不能分析经济结构关系，事实上，对宏观经济的分析，包括总量和结构两方面的内容，其中结构更具有根本性，因为在结构平衡的条件下，在不受生产能力约束的条件下，总量很容易达到平衡。相反，仅仅是总量平衡，很可能结构上不平衡，这样很容易引起结构性问题。实践证明，现代市场经济存在的最大问题不是总量问题，恰恰是结构问题。而在经济学理论体系中，对结构进行科学分析的方法，只有马克思主义政治经济学方法。

依据马克思主义政治经济学原理，微观经济和宏观经济之间的关系，可以运用个别资本运动与社会总资本运动的关系来认识。马克思已经在《资本论》中运用这一原理揭示了社会资本的运动规律，如果我们抽去其社会生产关系特征，其中的思想方法，同样可以用来分析社会主义市场经济中的相关问题。

个别资本就是指单个企业的资本。在市场经济中，每个企业都是独立的市场主体，企业资本在独立循环和周转过程中实现价值增值。但是个别资本不是孤立运动，而是相互之间彼此联系，互为条件，一个资本的销售阶段，就是另一个资本的购买阶段，处于不同运动阶段的各个个别资本之间彼此有机联系在一起，这些有相互联系的个别资本构成了社会资本。正如马克思指出的："各个单个资本的循环是互相交错的，是互为前提、互为条件的，而且正是在这种交错中形成社会总资本的运动。"①

社会总资本是由相互联系的个别资本构成，这是个别资本与社会总资本之间的内在联系，即微观经济与宏观经济之间的内在联系。这种联系主要包括：二者的运动目的都是实现价值增值；运动过程都包括生产过程和流通过程；运动阶段都采取货币资本、生产资本、商品资本的不同形态等。

但是个别资本与社会总资本运动有所不同，在个别资本运动分析中，只考虑企业利润最大化如何实现，对于资本家和工人的个人消费问题，不需要考虑。这里的消费，只是企业对生产资料的需要，即生产消费，没有生活消费。但对社会总资本运动的分析，既要考虑生产消费，也要考虑不同阶级的个人消费，即要考虑消费总量和消费结构两方面的问题。因此，

① 马克思：《资本论》第2卷，人民出版社2004年版，第392页。

在西方宏观经济学中，只有社会总供给和总需求所反映的总量问题，没有结构问题，但马克思主义宏观经济学，则既包括社会经济总量问题，也包括部门之间、产业之间的结构问题。从社会再生产的环节角度看，这些结构既有生产结构，也有消费结构。

二、宏观经济运行要遵循按比例分配社会劳动时间规律

一般认为，对宏观经济运行状况可以用社会总供给与社会总需求是否平衡来判断。这种认识有一定道理，但这是一种停留在市场运行层面的浅层次的认识。依据马克思主义政治经济学基本原理，宏观经济运行是否稳定和平衡，取决于全社会范围内不同部门之间生产是否遵循按比例分配劳动这一深层经济规律。社会总供给与社会总需求是否平衡，仅仅是这一深层规律的外在表现。

按比例分配劳动，是人类经济活动需要遵循的本质规律，无论是市场经济还是自然经济乃至未来的产品经济，人们的经济活动都要自觉或不自觉地遵循这一客观规律。比如在一个鲁滨逊式的生产活动中，鲁滨逊自己为了满足各种需要，要从事各种有用劳动。需要本身迫使他尽量精确地分配自己进行各种活动的时间，从而达到节约劳动的目的。在他的全部活动中，这种或那种时间所占的比重大小，取决于他为取得自己需要所花费的劳动的大小。劳动经验会逐渐使鲁滨逊学会合理分配自己的劳动时间。

市场经济与鲁滨逊式的自然经济最大的不同之处在于，人类经济活动中按比例分配劳动时间不是依靠个人经验来判断，而是依靠市场中的价值来衡量。从微观角度看，每一个生产者所生产的商品，都必须符合社会必要劳动时间。因此，社会必要劳动时间就是同一部门内部生产者的标准，也是每个企业按比例分配劳动进行生产的客观依据。这是因为有了社会必要劳动时间这一个标准，同一部门内部的企业之间才会围绕这一标准展开竞争，企业通过创新和技术进步，使自己的个别劳动时间低于社会必要劳动时间，获得超额剩余。从宏观上来看，各个部门之间似乎是自发地、盲目地生产。但客观上，部门之间也存在按比例分配劳动的内在要求。我们假定社会上有两个生产部门，分别生产矿泉水和面包。假如社会能够提供400小时劳动，在这400小时的劳动中，200小时劳动生产200瓶水，200小时劳动生产100块面包。这样，200瓶水换100块面包，符合等价交换原则，因为这时矿泉水和面包包含的劳动时间都是200小时，而且两种商

品数量正好满足社会需要。这时宏观经济处于一种稳定状态，社会总供给与总需求平衡。

由于生产者们是自发生产，假如有生产者认为生产面包更能节约劳动，再假如生产面包的劳动效率没有变化的情况下，结果面包生产变为150块，矿泉水生产变为100瓶，从社会供求关系角度看，这时出现了面包过剩，矿泉水不足的情况，也就是面包的供给大于需求，而矿泉水的供给小于需求。为什么出现这个问题呢？这是因为这种生产破坏了按比例分配劳动的规律。本来生产面包和生产水的两个部门，总劳动量应该是花费400小时，但结果是生产面包花费了300小时劳动时间，生产水花费了100小时劳动时间，于是这两种商品总量上就无法进行等价交换。怎么解决呢？这时市场就会发挥调解作用，面包领域花费的总劳动时间多了，就会出现面包贬值的问题，在价格上就会表现为面包的价格下跌。相反，由于矿泉水花费的总劳动时间减少，要实现与面包的等价交换，矿泉水就会升值，在价格上就会表现为价格的上涨。于是，有些面包生产商就会利润下降甚至无利可图，转而去生产矿泉水。这个过程，是价值规律中按比例分配劳动时间的规律作为“看不见的手”自发调节资源并在不同部门之间进行配置的运动。这个道理推广到全社会，就是宏观经济运行中的按比例分配劳动时间规律。

由此可见，在微观领域，企业是资源配置的主体，企业配置资源的原则是遵循利润最大化原则。而企业要做到这一点，既要考虑企业内部的资源配置合理性，又要考虑企业外部条件，也就是流通领域的市场需求。在企业内部资源配置中，企业遵循的是计划规律，也就是企业内部按比例分配劳动的规律。而企业在市场上的行为，遵循的是价值规律，也就是部门之间的按比例分配劳动的规律。企业遵循的两种不同规律，是由企业内部分工和企业之间社会分工的差异决定的。正如马克思指出的：“在工场内部的分工中（即企业内部——作者注）预先地、有计划地起作用规则，在社会内部的分工中（即不同部门企业之间——作者注）只是在事后作为一种内在的、无声的自然必然性起着作用，这种自然必然性只能在市场价格的晴雨表式的变动中觉察出来，并克服着商品生产者的无规则的任意行动。”①

从上面马克思的基本思想和方法可以看出，无论是微观经济还是宏观

① 马克思：《资本论》第1卷，人民出版社2004年版，第412页。

经济，资源合理配置的本质都是要遵循按比例分配劳动规律，这是资源配置最本质、最深层的关系。但微观领域与宏观领域遵循的规则是不同的，“在工场手工业中（企业内部——作者注），保持比例数或比例的铁的规律使一定数量的工人从事一定的职能。”① 也就是说，企业内部按比例分配劳动是根据企业内部分工确定工人的职能来完成的。而在宏观领域，不同部门之间要保持比例关系则不同，由于价值规律具有自发性、盲目性和滞后性，所以“在商品生产者及其生产资料在社会不同劳动部门中的分配上，偶然性和任意性发挥着自己的杂乱无章的作用。”② 然而，这并不否定宏观经济顺利运行必须要遵循的深层次规律是按比例分配劳动的规律，即“诚然，不同的生产领域经常力求保持平衡，一方面因为，每一个商品生产者都必须生产一种使用价值，即必须满足一种特殊的社会需要，而这种需要的范围在量上是不同的，一种内在联系把各种不同的需要量连接成一个自然的体系；另一方面因为，商品的价值规律决定社会在它所支配的全部劳动时间中能够用多少时间去生产每一种特殊商品。但是不同生产领域的这种保持平衡的经常趋势，只不过是对这种平衡经常遭到破坏的一种反作用。”③ 如果全社会范围内出现按比例分配劳动遭到严重扭曲和破坏，宏观经济就会表现出严重失衡，不仅在总量上失去平衡，在结构上也会失去平衡，就可能产生经济危机。

长期以来，人们对计划与市场的关系存在误区，认为计划与市场是并列关系，或者非此即彼关系。更有甚者把计划与计划经济体制视为同一个范畴，这些认识都是不正确的。从资源配置和经济运行的内在规律看，计划，即按比例分配劳动，无论是微观领域，还是宏观领域，都是本质的、内在的要求。所不同的是，在市场经济中，微观领域企业内的计划和宏观领域部门之间的按比例分配劳动，遵循的具体规律不同，但不能因此否定资源配置的实质是按比例分配劳动。正如马克思曾经批评当时的资产阶级经济学家时所指出的：“资产阶级意识一方面称颂工场手工业分工，工人终生固定从事某种局部操作，局部工人绝对服从资本，把这些说成是为提高劳动生产力的劳动组织，同时又同样高声责骂对社会生产过程的任何有意识的社会监督和调节，把这说成是侵犯资本家个人的不可侵犯的财产权、自由和自决的‘独创性’。”④ 这就是西方经济学以资本为核心的理论，一方面主张企业内计划配置资源；另一方面否定有意识的计划调节和

①②③　马克思：《资本论》第1卷，人民出版社2004年版，第412页。
④　马克思：《资本论》第1卷，人民出版社2004年版，第412～413页。

政府干预。相反，社会主义市场经济，既承认价值规律在资源配置中的基础作用，又强调计划和按比例分配劳动的内在要求。正确处理计划和市场关系，是社会主义市场经济重要特色和制度优势。对这个问题，下一章还将展开阐述。

三、宏观经济中的总量指标与马克思主义政治经济学的关系

以上对宏观经济运行的性质进行了介绍。对宏观经济运行的认识，不仅要有定性分析，还有定量分析。西方经济学中通常使用国内生产总值、国民收入等概念分析宏观经济运行。

国民生产总值（GNP）是指一个国家或地区的居民在一年内所生产的全部最终产品和劳务的价值总和。它不包含各种中间消耗和价值。国内生产总值（GDP）是指既定时期一国领土范围内生产的最终产品和劳务的价值总和。国民生产总值和国内生产总值的区别在于是否考虑开放经济对一个国家宏观经济的总体影响。

国民生产总值是以一个国家公民身份为核算对象，也就是说，一国公民，无论是在本国国内，还是在国外，一年内所生产的最终产品和劳务都计算在 GNP 的核算体系内，相反，在这个国家的外国公民一年内生产的最终产品和劳务不计算在 GNP 范围内。而国内生产总值则是以地域范围为核算对象，也就是说在一个国家范围内无论是本国公民还是外国公民，一年内生产的最终产品和劳务都计入这个国家的 GDP。相反，这个国家的公民在国外一年内生产的最终产品和劳务不计入这个国家的 GDP。这两种计算方法，计算出来的宏观经济总水平通常会有差异，比如我国 1981 ~ 2002 年，累计 GNP 比 GDP 少 10213 亿元，平均每年少 464.3 亿元。由于当代世界经济是开放经济，所以在世界范围内，衡量国家之间宏观经济水平的指标都采用 GDP。

GDP 有两种核算方法：支出法和收入法。

GDP 的支出法核算方法，就是通过核算在一定时期内整个社会购买最终产品的总支出。这个总支出包括四个部分：第一部分为居民的消费支出，既包括耐用消费品，如汽车、电视机、电冰箱等，也包括非耐用消费品，如食品、服装等，还包括服务，如医疗、旅游、教育等。第二部分为投资支出，投资包括两大类，一类是固定资产投资，如厂房、商业住宅、机械设备等；另一类是存货投资，即企业在一定时期存货的增加或减少。

第三部分为政府购买支出，是指各级政府购买物品或劳务的支出，如政府花钱设立法院、提供国防、开办教育、修建基础设施等。第四部分为净出口，出口表示收入从国外流入，是用于购买本国产品的支出。

用支出法计算 GDP 公式可以写成：

GDP = 消费(C) + 投资(I) + 政府购买(G) + 净出口(X − M)

用收入法核算 GDP，就是用要素收入即企业生产成本核算国内生产总值。具体包括：（1）工资、利息和租金等生产要素报酬；（2）非公司企业主收入，如医生、律师、小业主收入，他们使用自己的资金，自我雇用，其工资、利息、利润和租金混在一起作为非公司的企业收入；（3）公司税前利润，包括公司所得税、社会保险税、股东红利以及公司未分配利润等；（4）企业转移支付以及企业间接税等；（5）资本折旧。

GDP 是一个直观反映一国宏观经济一年内产品和劳动的总体水平的指标，代表一个国家经济增长速度，所以被广泛采用。但 GDP 也存在局限性，比如它只能反映一国经济总量，但不能反映总量背后的经济结构和经济关系，比如一个国家 GDP 增长很快，但很可能增长的大部分利润被外资企业获得了，在 GDP 指标中无法反映；再比如 GDP 不能反映一个国家贫富差距、增长的环境代价等。因此，有人提出绿色 GDP 等概念，但尚未得到学界普遍认可和使用。

国内生产净值（NDP）是指从 GDP 中扣除资本折旧。国民收入减去固定资产及设备的折旧部分。反映的是一个国家一年内最终形成的净产值。

国民收入（NI）是指按生产要素报酬计算的一个国家一年的总收入。国民收入是从国内生产净值中扣除间接税和企业转移支付加政府补助金。

国民收入 = GDP − 折旧 − 间接税 − 企业转移支付 + 政府补助金

在西方经济学中，通常用国民收入等式反映社会总供给与总需求的关系。这个公式与 GDP 公式没有本质区别：

国民收入 = 消费(C) + 投资(I) + 政府购买(G) + 净出口(X − M)

马克思主义政治经济学使用价值体系衡量宏观经济发展状况。在市场经济中，商品的价值构成 W = C + V + M，从全社会范围看，全社会的商品价值构成为：$\sum W = C + V + M$。马克思主义政治经济学认为，只有物质生产领域才是创造新价值的领域，而非物质生产领域，如纯粹流通的商业领域、金融领域、政府部门服务行业等，不创造新价值。这些领域获得收入分配，是从物质生产领域新创造价值中再分配的结果。这样，按照马克思主义政治经济学的观点，国民收入概念是指一年内一个国家物质生产领域新创造的价值总和，即 $\sum V+M$。与西方经济学所说的国民收入概念相比，马克思主义政治经济学中国民收入概念属于狭义的国民收入概念，而西方经济学中的国民收入则是广义的国民收入概念，因为它包含非物质生产部门一年新形成的价值总和。在理论基础上，西方经济学认为非物质生产部门也创造价值，这一点是不科学的。比如美国经济近些年来金融化程度非常高，虚拟经济严重脱离实体经济，造成产业结构的严重扭曲。但在广义国民收入统计中，我们能够看到的仍然是美国国民收入水平很高这一现象。直到 2008 年美国金融危机爆发，人们才恍然大悟，支持美国宏观经济高增长的其实是泡沫经济。当物质生产部门创造的新价值不能支撑虚拟经济泡沫的时候，经济泡沫必然破裂，从而引起。因此，从理论上说，马克思主义政治经济学的狭义国民收入更为科学。当然，西方经济学广义国民收入概念虽然不科学，但在一般意义上的经济核算中，更能直观地反映一个国家一年收入的整体水平，所以依然成为西方经济学研究宏观经济的理论基础。

正因为国民收入有狭义和广义之分，所以国际上曾经有两种核算体系：一种是物质产品平衡体系（MPS），该体系以马克思主义社会再生产理论为依据，将物质生产部门的社会总产值和国民收入作为反映一国宏观经济运行的基本指标；另一种核算体系是西方国民收入核算体系（SNA），该体系以 GNP 为基础，包括物质生产部门和非物质生产部门提供的产品和劳务，全部计入核算体系。MPS 曾经在计划经济体制的国家使用；SNA 在 1953 年被联合国经济和社会事务部统计处采用，之后这套核算体系被市场经济国家普遍采用，目前，我国也采用 SNA 的核算体系。但我们认为，在理论分析层面，MPS 平衡体系更为科学。

四、政府在宏观经济中的内生性

在西方经济学中，新自由主义经济学和凯恩斯主义经济学对待政府的态度是不同的，新自由主义经济学认为政府无论在任何情况下都不能干预经济，即使是市场出现经济危机，也要依靠市场自发调节，因为政府也是“经济人”，而且政府不比企业更了解市场信息，因此，政府干预只能使经济更糟糕。凯恩斯主义经济学则不同，认为经济危机或者经济不景气根源于社会有效需求不足，因此，需要政府伸出“看得见的手”，利用财政政策和货币政策，对经济实施干预。当然，凯恩斯主义经济学所谓的政府干预，也是建立在政府和市场二分法的基础上，认为市场是自发的经济运行机制，政府是外生的，因此政府干预本身纯粹是外在干预，完全否定了政府在市场经济中的内生性。

在马克思主义政治经济学看来，政府和市场的关系不是一种机械的、非此即彼的对立关系，而是一种有机的"共生关系"。例如，马克思主义政治经济学认为人类社会生产活动无论是在微观领域（个别企业）还是在宏观领域（部门之间），都要遵循按比例分配劳动的规律。在市场经济中，按比例分配劳动是通过价值规律来实现的，但是由于价值规律的自发性和盲目性会导致部门之间资源配置的比例失调、结构扭曲等，出现产能过剩、经济危机等问题。国家有必要采取各种宏观调控手段加以干预，其实质是国家利用"看得见的手"来修复被破坏的比例和结构问题。这种干预是社会主义市场经济运行中的"内生"关系，而不是"外生"关系，它反映了人类社会对市场经济的认识从"自发"走向"自觉"的过程。

再如，马克思主义政治经济学认为政府与国有企业也是一种内生关系，但由于国家的性质不同，国有企业的功能、意义也不同。在资本主义私有制为基础的市场经济中，国有企业被严格限制在提供公共产品、弥补市场失灵方面。而在我国社会主义市场经济中，国有企业作为全民所有制性质的企业，不仅有保障公有制主体地位和人们共同利益的功能，还是我们党和国家事业发展的重要物质基础和政治基础。因此那种主张借"政企不分"之名，行国有企业私有化之实的做法，等于消除了我国市场经济中的"社会主义"性质，违背了我们的改革方向。

在计划与市场的关系上，马克思主义政治经济学认为基于按比例分配劳动这一资源配置的本质要求，计划比市场在资源配置方面更具有本质性，计划是人类发挥主观能动性，自觉认识和遵循按比例分配劳动规律的一种反映，体现了人类从自发市场经济探索走向自觉市场经济的进步性。

第二节　从政治经济学视角看宏观经济总量与结构的关系

前面我们已经指出，按照马克思主义政治经济学的原理和方法，对宏观经济的认识，既包括总量问题，也包括结构问题，总量和结构是有机统一关系，这是认识国民经济宏观综合平衡的理论基础。

一、社会总供给与社会总需求

在市场经济中，供给和需求是理解市场运动状态的基本范畴。从宏观经济的角度看，就是全社会范围内的供给和需求关系，通常称为社会总供给和社会总需求。

社会总供给是指一个国家（或地区）在一定时期内，可提供给全社会使用的商品和服务的总量。在开放经济条件下，还包括进口的商品和劳务。

影响社会总供给的基本因素是市场价格水平。企业提供的供给是以价格为指挥棒的，因此，价格水平直接影响供给水平。社会总供给也是如此，一般说来，价格与总供给水平同方向变化，即价格水平越高，供给量越大；价格水平越低，供给量越小。在开放经济中，影响社会总供给的因素还包括开放程度以及进出口情况等。

社会总需求是指一个国家（或地区）在一定时期内，全社会对商品和劳务的有支付能力的需求总量。在开放经济条件下，社会总需求还包括出口需求。因此，社会总需求包括投资需求、消费需求和国外需求三个部分。

投资需求是指一个国家（或地区）在一定时期内对投资品的需求。从结构上来看，投资需求既包括固定资产的投资，如厂房、机器、设备等，也包括对流动资产的投资，如库存投资、国家物资储备投资等。投资需求反映的是生产者之间的相互需求关系，因此投资需求本质上是为增加供给做准备。

消费需求是指一个国家（或地区）在一定时期对消费品的需求，从结构上看，消费需求包括个人消费需求和公共消费需求两个部分。个人消费需求是指居民个人日常生活对各种消费品和服务的需求。社会消费需求包括非物质生产部门对公共消费形成的需求，如教育、科学、文化、卫生等；社会公共需要形成的需求，如国家机关、军队、警察等。消费需求反映的是生产者与最终消费者之间的关系，也被称为最终需求。

在开放经济条件下，总需求还包括国外需求，一个国家或地区对外出口水平越高，表明国外总需求量越大。

对社会总需求的理解，要区别“需求”和“需要”这两个范畴。“需要”是指在一定生产力发展水平下，人们为了满足生产生活需要应该获得的使用价值。一个社会如果是为需要而生产，也就是为使用价值而生产。例如社会主义生产目的是满足人们日益增长的物质文化生活的需要，这里的“需要”就是指使用价值。因此，需要这个范畴可以在不同经济条件和经济关系中通用。但“需求”范畴则不同，它是与市场经济相联系的范畴，需求与价格、支付能力相联系，在市场经济条件下，只有那种有支付能力，并且愿意支付而形成的需要，才构成实际需求。一个人在社会上，可能存在对某种使用价值的强烈需要，比如住房，但如果没有支付能力去购买，也不能形成现实的需求；相反，一个人从使用价值的角度并不需要住房，但他有足够的购买力，可以买多套商品房，用来投资或投机，这个人在市场中形成了现实的需求，但并不是满足对使用价值的需要。认清社会总需求中“需要”和“需求”的差别，对理解市场经济中的资源配置和政府对不同性质的商品进行分类调控，有重要的理论意义。

社会总供给和社会总需求是反映宏观经济运行总量的一对范畴，从宏观经济运行状态看，社会总供给和社会总需求有三种情况：第一种情况是社会总供给大于社会总需求，这就是过剩经济；第二种情况是社会总供给小于社会总需求，这就是短缺经济；第三种情况是社会总供给等于社会总需求，这就是平衡经济，表明宏观经济运行平稳。由于在市场经济中，资源配置都是市场主体自发进行的，因此，虽然每个企业的生产活动都是有计划的，但整个宏观经济却经常处于不平衡状态中。社会总供求关系中的平衡是相对的，不平衡是绝对的。一般说来，社会总供求关系只要保持在国民经济运行的合理区间，适当的波动不会影响国民经济的正常运转。

社会总供给和社会总需求只是反映宏观经济运行中的总量关系，并不反映总量背后的结构关系，这种结构表面上看是部门之间、产业之间的技术关系，但本质上是社会生产关系。

二、社会资本再生产中结构和比例关系

马克思关于社会资本再生产的原理，虽然是对资本主义经济运动规律的揭示，但其中的原理和方法，同样可以用于认识社会主义市场经济中宏观经济运行背后的深层关系。

马克思关于社会资本再生产原理，是以物质生产部门一定时期生产的社会总产品作为分析对象，既考虑了总产品的价值构成和实物构成，也考虑了社会总产品的部门构成，即产品结构，还考虑了生产、交换和分配各

个环节的关系。下面我们介绍一下马克思主义政治经济学宏观经济分析方法。

马克思主义政治经济学宏观经济研究的出发点是社会总产品。所谓社会总产品，是指一定时期内（通常为1年）全社会物质生产部门所生产的全部产品的总和。社会总产品价值形态表现为社会总商品资本。从社会总产品出发考察社会总资本的运动，实际就是分析社会总商品资本的运动。它的运动形式是：

$$W'(W+w)\left\{\begin{array}{l} W - G \\ \\ w - g \end{array}\right\} G' \begin{array}{l} - W \left<\begin{array}{l}A\\ Pm\end{array}\right. \cdots P \cdots W' \\ \\ - w\end{array}$$

这个公式中，作为起点的总商品资本 W′，包括补偿资本家预付的不变资本和可变资本部分（W），以及资本家无偿占有的剩余价值（w）。如果商品销售成功，全部商品资本都转化为货币资本（G′）。其中，资本家可以用收回的等于预付资本价值的货币资本（G），去购买劳动力（A）和生产资料（Pm），进行生产消费，经过生产过程，又变为商品资本（W′），完成商品资本循环。同时，资本家可以将另一部分货币（g），购买消费资料（w），进行个人消费。此外，工人出卖劳动力得到的货币也用于个人消费。显然，商品资本运动不仅包括生产消费，也包括个人消费；不仅包括资本的流通，也包括不形成资本的一般商品流通；不仅包括预付资本价值的实现，也包括剩余价值的实现。因此，社会总商品资本循环公式，是考察社会总资本运动的最适当的形式。

从物质形态上看，社会总产品由生产资料和消费资料两部分组成。生产资料是人们从事物质资料生产所必需的一切物质条件，包括土地、森林、矿藏、机器、厂房、设备、原材料等。消费资料是用来满足人们物质和文化生活需要的社会产品，包括人们吃、穿、用、住、行的各种消费品。与社会总产品的物质形态相适应，马克思把社会生产划分为两大部类：第Ⅰ部类生产生产资料，第Ⅱ部类生产消费资料。在这两大部类中，各自又包含着许多不同的生产部门。

从价值上看，社会总产品由三部分组成，即不变资本价值（c），可变资本价值（v）和剩余价值（m）。

依据社会产品的最终用途将社会生产划分为两大部类，是一种高度概括的分类。事实上，许多产品具有多种使用价值，既可作生产资料，也可做消费资料，但是这并不影响社会生产划分为两大部类的必要性和正确性。如马克思所说："某些产品（例如马、谷物等）既可以供个人消费又可以用作生产资料的事实，丝毫也不会排除这种分类的绝对正确性。"① 因为不论一种产品有多少种用途，为了进行再生产，总有一部分产品作为生产资料进入生产消费，另一部分产品作为消费资料进入个人消费。一种产品究竟属于生产资料，还是属于消费资料，主要是看它在再生产过程中的最终用途。凡是进入生产消费的，就是生产资料；凡是进入个人消费的，就是消费资料。

马克思在《资本论》中虽然没有直接使用"社会总供给"和"社会总需求"的概念，但他的研究方法包含了这种思想。社会总产品就相当于社会总供给，社会总供给等于第Ⅰ部类供给＋第Ⅱ部类供给。社会总需求则是两大部类内部和两大部类之间社会总产品的相互需求。社会总产品的实现就是意味着社会总供给等于社会总需求。

社会总供给等于社会总需求要求社会总产品的各个部分都要获得相应的价值补偿和实物补偿。所谓价值补偿，是指社会总产品在价值形态上补偿已经消耗掉的资本价值并获得剩余价值的过程；实物补偿则是社会总产品在实物形态上补偿已经在生产和生活中消耗掉的物质资料的过程。

下面我们仅以简单再生产为例介绍马克思主义政治经济学宏观经济平衡发展的模型。在简单再生产条件下，工人创造的剩余价值全部被资本家用于个人消费，不进行积累。根据社会总产品的价值构成分为 c、v、m 三部分，社会生产分为生产资料生产和消费资料生产的两大部类原理，设计社会总资本简单再生产公式如下：

Ⅰ4000c＋1000v＋1000m＝6000（生产资料）

Ⅱ2000c＋500v＋500m＝3000（消费资料）

在以上公式中，第Ⅰ部类生产的生产资料价值为6000，第Ⅱ部类生产的消费资料价值为3000，社会总产品的价值为9000。为了进行简单再生产，两大部类生产的产品必须通过三个方面的交换，才能实现价值和实物补偿：

第一，第Ⅰ部类内部的交换。4000c 在实物上是生产资料，在价值上

① 马克思：《资本论》第3卷，人民出版社2004年版，第948页。

表示第Ⅰ部类生产中消耗掉的不变资本价值。为了维持简单再生产，生产中耗费掉的4000c必须用新的生产资料来补偿，而这4000c的实物形态就是生产资料。因此，这部分产品的价值补偿和实物补偿，可以通过本部类内部交换来实现。这部分生产资料有的直接进入本单位的再生产过程，进行补偿；但大部分通过Ⅰ部类内部各个企业相互之间的交换进行补偿，如机器制造厂向钢铁厂购买钢材，向煤矿购买煤，向电厂购买电，而煤矿、电厂向机器制造厂购买采煤设备和发电设备等。

第二，两大部类之间的交换，即Ⅰ（1000v+1000m）和Ⅱ2000c之间的交换。Ⅰ（1000v+1000m）在实物上是生产资料，在价值上是第Ⅰ部类消耗的可变资本和资本家获得的剩余价值，需要用于购买消费资料；Ⅱ2000c在实物上是消费资料，在价值上是第Ⅱ部类消耗的不变资本，需要用于购买生产资料。经过两大部类之间的交换，第Ⅰ部类将价值2000的生产资料卖给第Ⅱ部类，得到价值2000的消费资料；而第Ⅱ部类将价值2000的消费资料卖给第Ⅰ部类的工人和资本家，得到价值2000的生产资料。结果，Ⅰ（1000v+1000m）和Ⅱ2000c在价值上和实物上都得到了补偿。

第三，第Ⅱ部类内部的交换。第Ⅱ部类500v和500m在价值上代表本部类工人和资本家用于个人消费的可变资本价值和剩余价值。为了满足简单再生产条件下工人和资本家的个人消费需要，这部分产品必须由消费资料来补偿，而500v和500m的实物形态就是各种消费资料，因此，这部分产品可以通过第Ⅱ部类内部工人和资本家之间以及各个资本家之间的交换得到实现。

经过三重交换后，第Ⅰ部类生产的生产资料中有4000卖给本部类，2000卖给第Ⅱ部类，6000的产品全部实现了价值补偿和实物补偿。第Ⅱ部类生产的消费资料中有1000卖给本部类，2000卖给第Ⅰ部类，3000的产品全部实现了价值补偿和实物补偿。

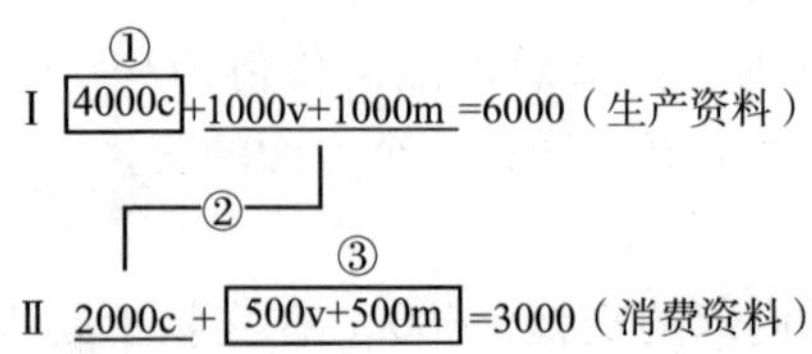

可见，在简单再生产条件下，如果撇开作为媒介的货币流通，社会总

产品的实现就是通过上述三种基本交换关系进行的。

从交换过程，可以得出宏观经济平衡发展的三个实现条件：

第一，第Ⅰ部类的可变资本与剩余价值之和，应该等于第Ⅱ部类的不变资本。用公式表示为：

$$\text{Ⅰ}(v+m)=\text{Ⅱ}c \tag{7-1}$$

这个条件表明，只有当第Ⅰ部类生产资料的供给和第Ⅱ部类对生产资料的需求之间，以及第Ⅱ部类消费资料的供给和第Ⅰ部类对消费资料的需求之间保持平衡，两大部类的简单再生产才能正常进行。

第二，第Ⅰ部类全部产品价值，应该等于两大部类不变资本价值之和。用公式表示为：

$$\text{Ⅰ}(c+v+m)=\text{Ⅰ}c+\text{Ⅱ}c \tag{7-2}$$

这个条件表明，整个社会的生产资料供给与两大部类对生产资料的需求之间存在着内在联系。也就是说，只有当第Ⅰ部类生产的全部生产资料与社会对生产资料的需求相等时，才能保证两大部类简单再生产的正常进行。

第三，第Ⅱ部类全部产品的价值，应该等于两大部类可变资本与剩余价值之和。用公式表示为：

$$\text{Ⅱ}(c+v+m)=\text{Ⅰ}(v+m)+\text{Ⅱ}(v+m) \tag{7-3}$$

这个条件表明，全社会的消费资料供给与两大部类的工人和资本家对消费资料的需求之间存在着内在联系。也就是说，只有当第Ⅱ部类所生产的消费资料与两大部类对消费资料的需求相等时，社会总资本再生产才能正常进行。

如果我们把上述公式做一个简化：

$$\text{Ⅰ}(c+v+m)=S1 \qquad \text{Ⅱ}(c+v+m)=S2$$

$$\text{Ⅰ}c+\text{Ⅱ}c=D1 \qquad \text{Ⅰ}(v+m)+\text{Ⅱ}(v+m)=D2$$

那么社会总供给与社会总需求的平衡公式则为：

$$S1+S2=D1+D2$$

其中，S1 代表第Ⅰ部类供给总量；S2 代表第Ⅱ部类供给总量。D1 代表全社会对生产资料的需求总量；D2 代表全社会对消费资料的需求总量。

社会总资本扩大再生产的平衡条件也是同样道理，这里不再赘述。

当然马克思主义政治经济学原理，只是揭示物质生产部门社会总供给与社会总需求的平衡问题。如果我们把现实中的社会劳务供给 S3 和需求 D3 问题引入社会总供求平衡公式，则社会总供给与社会总需求平衡公式为：

$$S1 + S2 + S3 = D1 + D2 + D3$$

但需要指出的是，按照马克思主义政治经济学基本原理，服务部门虽然为社会提供的服务构成社会总供给，但由于服务部门不创造价值和剩余价值，所以在社会总需求方面，要进一步分析。

$$S3 = \text{Ⅲ}c + v + m$$

其中，c 是投入不变资本，v + m 在价值形态上是工人工资和资本家剩余价值。由于服务业不创造价值和剩余价值，所以第Ⅲ部类的 v + m 都是第Ⅰ部类和第Ⅱ部类中剩余价值再分配过来的。第Ⅲ部类工人和资本家消费，则是构成第Ⅱ部类的总需求的一部分。

总之，马克思主义政治经济学关于宏观经济总量平衡和结构平衡的基本原理，舍掉资本主义生产关系的属性，对于我们分析社会主义市场经济的宏观经济平衡问题同样适用，社会总资本再生产原理，实质就是对社会总供给与社会总需求的分析。但与西方经济学不同的是，马克思主义政治经济学的分析更为科学和深刻，因为它揭示了社会总供给与总需求背后的社会生产关系。

三、宏观经济运行背后的社会生产关系

马克思社会资本再生产原理，揭示了宏观经济运行背后的比例和结构关系，事实上，这些关系背后包含的是生产、分配、交换和消费之间的关系。只有把比例、结构和社会生产关系各方面都考虑进来，才能形成综合平衡的思想。

在《政治经济学批判导言》中，马克思认为，作为政治经济学研究对象的物质生产必然是一定社会发展阶段上的生产，一定社会关系中的生产。社会生产和再生产是一个整体，它是由生产、分配、交换和消费四个环节构成的，这四个环节相互联系、对立统一，形成了经济系统的对立统一辩证关系。其中，生产是社会经济运行过程中的决定性因素，人们从事物质资料生产必须具备劳动者、劳动对象和劳动资料三个因素，在任何社会生产中，劳动者的劳动总是通过劳动资料作用于劳动对象，生产出能够满足人们需要的劳动产品。分配是社会产品分归社会或国家、社会集团和社会成员的活动，它包括作为生产活动的条件的生产资料和劳动力的分配，以及作为生产活动的结果的劳动产品的分配。交换是人们相互交换活动或交换劳动产品的过程，它包括人们在生产中发生的各种活动和能力的

交换，以及一般的产品和商品的交换。消费是人们使用物质资料以满足生产和生活需要的过程，它包括生产性消费和个人生活消费。

生产、分配、交换和消费的相互关系表现为：第一，生产决定消费，消费反作用于生产。第二，生产决定分配，分配反作用于生产。第三，生产决定交换，交换媒介生产和消费。马克思说：“一定的生产决定一定的消费、分配、交换和这些不同要素相互间的一定关系。当然，生产就其单方面形式来说也决定于其他要素。例如，当市场扩大，即交换范围扩大时，生产的规模也就增大，生产也就分得更细。随着分配的变动，例如，随着资本的积聚，随着城乡人口的不同的分配等，生产也就发生变动。最后，消费的需要决定着生产，不同要素之间存在着相互作用，每一个有机整体都是这样。”①

从马克思宏观经济模型中，可以看出不同部门之间交换要顺利实现，要求各部门之间的生产要保持比例关系，即各部门生产要符合社会总劳动在各部门之间的按比例分配规律。当然在市场经济中，这个分配不是哪一个人、哪一个部门进行的，而是通过价格信号、供求和竞争机制来实现的。马克思把物质生产部门分为两大部类，第一部类生产生产资料，第二部类生产消费资料，这一方法是科学的。这种划分表明，第一部类企业之间进行的交换，虽然也相互之间形成需求，但本质上增加了生产资料的供给。如果在生产过剩的情况下，刺激第一部类企业之间的消费，形式上是刺激消费，增加社会总需求，本质上却是增加了供给，加重了生产过剩问题。而第二部类生产的消费资料，与第一部类在性质上不同，它们是最终消费品。在生产过剩的情况下，增加对第二部类产品的消费，才能真正刺激社会总需求。

当我们说社会总需求时，还必须进一步分析是谁的需求，需求消费背后反映的是阶级、阶层关系，他们的收入分配决定他们的消费水平、消费结构和消费特点。正如马克思指出的：“‘社会需要’，也就是说，调节需求原则的东西，本质上是由不同阶级的相互关系和它们各自的经济地位决定的，因而也就是，第一是由全部剩余价值和工资的比率决定的，第二是由剩余价值所分成的不同部分（利润、利息、地租、赋税等等）的比率决定的。”② 如果不理解这一点，当宏观经济遇到过剩时，盲目使用所谓的财政政策、货币政策，是不会产生预期效果的。

---

① 《马克思恩格斯文集》第8卷，人民出版社2009年版，第23页。

② 马克思：《资本论》第3卷，人民出版社2004年版，第202页。

西方经济学有供给学派和需求管理学派。凯恩斯主义经济学是需求管理学派的代表，这一理论本质上是运用刺激总需求的办法解决资本主义经济有效需求不足的理论。他认为，有效需求不足使资本主义经济危机具有必然性，仅靠自由市场机制无法保证经济稳定增长，达到充分就业，必须加强国家干预。据此他提出，在出现有效需求不足时，应当由政府采取措施来刺激需求，投资增加带动收入增加，进而带动消费增加，经济就可以稳定地增长，以至达到充分就业，使生产（供给）增加。① 凯恩斯理论在西方国家曾经取得了一定效果，出现了第二次世界大战后资本主义经济的繁荣景象，但进入20世纪70年代以后，西方国家经济出现了严重的滞胀局面，凯恩斯主义越来越无能为力。其根本的原因在于凯恩斯理论没有触碰到资本主义制度的生产社会化与生产资料私人占有的痼疾。

以供给学派为理论基础的里根经济学在这样的背景下登台。里根经济学的实质是，运用降低税收和公共开支、放松政府管制、减少国家对企业的干预、支持市场自由竞争等措施刺激经济增长，减少赤字，以解决经济停滞和通货膨胀的问题。但实际的后果是，在里根执政时期，减税和增加军费同时并举，造成财政上的超分配和财力不堪重负，从而导致美国经济新的困难和不平衡。其根本的原因同样在于没有触碰到资本主义制度的生产社会化与生产资料私人占有的痼疾。需要指出的是，里根经济学不适于我们今天说的供给侧结构性改革，最深层的原因还在于，里根经济学的根本理论基础在于生产资料完全私有化、反对政府干预。

马克思指出“要给需求和供给这两个概念下一般的定义，真正的苦难在于，它们好像只是同义反复。”② 习近平也指出：“供给和需求是市场经济内在关系的两个基本方面，是既对立又统一的辩证关系，二者你离不开我、我离不开你，相互依存、互为条件。没有需求，供给就无从实现，新的需求可以催生新的供给；没有供给，需求就无法满足，新的供给可以创造新的需求。供给侧和需求侧是管理和调控宏观经济的两个基本手段。需求侧管理，重在解决总量性问题，注重短期调控，主要是通过调节税收、财政支出、货币信贷等来刺激或抑制需求，进而推动经济增长。供给侧管理，重在解决结构性问题，注重激发经济增长动力，主要通过优化要素配

---

① ［英］约翰·梅纳德·凯恩斯著，魏埙译：《就业利息和货币通论》，陕西人民出版社2004年版。

② 马克思：《资本论》第3卷，人民出版社2004年版，第207页。

置和调整生产结构来提高供给体系质量和效率，进而推动经济增长。”①这是我们党在新的历史条件下，结合中国实际，对宏观经济中供求关系认识的新发展。

第三节　社会主义市场经济宏观发展目标和综合平衡

对中国特色社会主义经济发展目标的认识，既要考虑宏观经济运行层面的目标，也要考虑与社会主义市场经济发展相适应的宏观目标，不能简单停留在市场经济宏观运行目标层面。

一、社会主义市场经济的宏观运行目标

社会主义市场经济的宏观运行目标，是从市场运行层面认识宏观经济是否稳定的基本指标，主要包括增长、就业、物价和国际收支四个方面。

（一）经济增长

经济增长通常用 GDP 来表示，它是反映一个国家一定时期内社会发展和财富增加水平的综合指标。尽管用 GDP 衡量一个国家经济增长水平存在局限性，但目前它仍然是不同国家之间比较经济产出水平的主要指标。一般说来，一个国家经济增长要尽量保持稳定和可持续性。经济增长速度太快或者太慢都对经济发展不利。经济增长速度过快，可能造成经济关系不协调、经济比例失衡、资源和环境承受压力过大等。经济增长过慢，表明这个国家资源配置和利用不充分、不合理，就业机会减少、人民收入下降，影响国民生活水平和质量的提高。我国作为社会主义国家，既不能单纯追求经济发展速度而破坏经济结构和比例、破坏生态环境，也不能经济增长速度过慢而影响生产力发展、社会财富增加和人民生活水平的提高。作为后发国家，不能尽快缩小与发达国家的差距，就体现不出社会主义制度的优越性。

---

① 习近平：《在省部级主要领导干部学习贯彻党的十八届五中全会精神专题研讨班上的讲话》，载于《人民日报》2016 年 5 月 10 日第 2 版。

（二）充分就业

在西方经济学中，充分就业这个概念是从资本的角度说的，从资本的角度看，能够使资本利用效率最优的就业水平，就是充分就业水平，在充分就业的情况下，可以存在失业，这种失业被称为是自然失业。从马克思主义政治经济学角度看，西方经济学所谓的充分就业就是在合理资本有机构成条件下的就业。在中国特色社会主义经济中，我们所说的充分就业，是从劳动者角度说的，就是让每一个有劳动能力的劳动者都有参与劳动的机会，这才是真正意义上的充分就业，唯其如此才能使我们的经济发展真正“以人民为中心”，为社会主义劳动者的自由全面发展创造经济社会条件。当然，由于我国人口众多，城乡之间、地区之间发展不平衡，大量农村剩余劳动力要向城镇转移，面临的就业压力非常巨大。同时经济结构调整、世界经济发展周期等，也会对我们充分就业目标产生重要影响。这些因素都需要我国发挥党的领导和社会主义制度优越性，制定更加科学的发展战略，实施更高水平的宏观经济管理水平，向着我们的充分就业目标努力。

（三）稳定物价

物价稳定是宏观经济平稳运行的重要基础，物价不稳定通常带来两种后果，通货膨胀或者通货紧缩。通货膨胀，表明货币发行量过多，造成物价持续上涨；通货紧缩，表明货币发行量低于社会所需要的货币量，造成物价持续低迷。无论是通货紧缩还是通货膨胀，都会影响各类市场主体对经济运行前景的信心，造成对生产和消费的不利。由于市场上价格的扭曲，会进一步扭曲资源配置的方向，从而对经济社会产生负面影响。因此，在物价水平持续上升造成通货膨胀时，需要政府采取措施抑制通胀；当物价持续低迷造成通货紧缩时，政府要采取措施刺激经济。保持物价总水平稳定是宏观经济健康协调发展的重要标志，也是企业和个人形成稳定生产和消费预期的重要前提。

（四）国际收支平衡

开放经济条件下，一个国家宏观经济运行稳定与否，与国际收支是否平衡密切相关，因为国际收支直接影响一个国家的社会总供给和总需求的关系。国际收支平衡主要是指包括经常项目、资本项目和金融交易在内的国际收支保持平衡关系。国际收支不平衡表现为两种情况：一种情况是国际收支逆差；另一种是国际收支顺差。一个国家长期出现大量逆差和长期出现大量顺差，都会影响国民经济的平稳发展。长期出现逆差，会使本国外汇储备减少，其商品的国际竞争力削弱，该国在这一时期内的对外贸易处于不利地位。大量的贸易逆差将使国内资源外流加剧，外债增加，影响国民经济正常有效运行。长期出现大量顺差，带来过多的外汇储备，增加本国货币升值压力和金融风险；长期巨额的贸易顺差还可能加剧本国的外贸依存度，一旦引发贸易摩擦，将为经济增长带来极大的不确定性。因此，实现国家收支平衡，有效利用国际国内两个市场、两种资源，是我国持续稳定发展的重要保证。

以上宏观经济运行的四个目标，是宏观调控的基本目标。这几个目标都是从宏观经济运行的角度提出的。我国发展社会主义市场经济，不仅要从市场运行角度看宏观经济目标，还要从长远经济发展角度看我们的目标。

二、政府主导下的中国特色社会主义经济发展目标

从市场经济的角度看，无论是社会主义市场经济还是资本主义市场经济，宏观经济运行有相同的目标，这就是上面介绍的经济增长、充分就业、稳定物价和国际收支平衡。但是宏观经济目标不是抽象的，而总是与一定的社会制度相联系的。中国特色社会主义制度对经济社会发展有科学的顶层设计和长远的社会发展目标，以上的宏观经济目标不过是为中国特色社会主义长远社会发展目标服务的手段。下面我们介绍一下中国特色社会主义制度的经济发展目标。

（一）全面建成小康社会和“两个一百年”目标

这是到2020年和21世纪中叶的阶段目标。小康社会是中华民族自古以来追求的理想社会状态，改革开放之初，邓小平首先使用“小康”来诠释中国现代化的发展目标，他明确提出到21世纪末“在中国建立一个小康社会”的奋斗目标。经过努力这个目标提前实现。在此基础上，党的十六大提出21世纪头20年全面建设惠及十几亿人口的更高水平的小康社会的目标；党的十七大提出了全面建设小康社会的新要求；党的十八大将“全面建设小康社会”调整为“全面建成小康社会”。“小康”讲的是发展

水平，“全面”讲的是发展的平衡性、协调性、可持续性。

全面建成小康社会，是实现“两个一百年”目标和中华民族伟大复兴的重要组成部分。“两个一百年”奋斗目标，即在中国共产党成立一百年时全面建成小康社会，在新中国成立一百年时建成富强民主文明和谐美丽的社会主义现代化强国。要实现“两个一百年”奋斗目标和民族复兴的中国梦，必须坚持中国特色社会主义道路。这条道路是在新中国 70 年、改革开放 40 多年伟大实践中走出来的，是在对近代以来 170 多年中华民族发展历程的深刻总结中走出来的，是在对中华民族 5000 多年悠久文明的传承中走出来的，是科学社会主义理论逻辑和中国社会发展历史逻辑的辩证统一，具有深厚的历史渊源和广泛的现实基础。

（二）新时代两个新阶段性目标

党的十九大报告指出，中国特色社会主义进入新时代。综合分析国际国内形势和我国发展条件，从 2020 年到 21 世纪中叶进一步确立两个阶段性目标。

第一阶段，从 2020 年到 2035 年，基本实现社会主义现代化。到那时，中国特色社会主义政治、经济、文化、科技、社会治理等各个方面都将取得长足进步。人民生活更为宽裕，中等收入群体比例明显提高，城乡区域发展差距和居民生活水平差距显著缩小，基本公共服务均等化基本实现，全体人民共同富裕迈出坚实步伐。

第二阶段，从 2035 年到 21 世纪中叶，在基本实现现代化的基础上，再奋斗十五年，把我国建成富强民主文明和谐美丽的社会主义现代化强国。到那时，我国物质文明、政治文明、精神文明、社会文明、生态文明将全面提升，实现国家治理体系和治理能力现代化，成为综合国力和国际影响力领先的国家，全体人民共同富裕基本实现，我国人民将享有更加幸福安康的生活，中华民族将以更加昂扬的姿态屹立于世界民族之林。

（三）牢固树立“五大”发展理念

全面建成小康社会，要破解发展难题、厚植发展优势，必须牢固树立创新、协调、绿色、开放、共享的发展理念。五大发展理念“是在深刻总结国内外发展经验教训、深入分析国内外发展大势的基础上提出来的，集中反映了我们党对我国经济发展规律的新认识，同马克思主义政治经济学的许多观点是相通的。”① 创新是引领发展的第一动力。必须把创新摆在国家发展全局的核心位置，不断推进理论创新、制度创新、科技创新、文化创新等各方面创新，让创新贯穿党和国家的一切工作，让创新在全社会蔚然成风。

协调是持续健康发展的内在要求。必须牢牢把握中国特色社会主义事业总体布局，正确处理发展中的重大关系，重点促进城乡区域协调发展，促进经济社会协调发展，促进新型工业化、信息化、城镇化、农业现代化同步发展，在增强国家硬实力的同时注重提升国家软实力，不断增强发展的整体性。

绿色是永续发展的必要条件和人民对美好生活追求的重要体现。必须坚持节约资源和保护环境的基本国策，坚持可持续发展，坚定走生产发展、生活富裕、生态良好的文明发展道路，加快建设资源节约型、环境友好型社会，形成人与自然和谐发展现代化建设新格局，推进美丽中国建设，为全球生态安全做出新贡献。

开放是国家繁荣发展的必由之路。必须顺应我国经济深度融入世界经济的趋势，奉行互利共赢的开放战略，坚持内外需协调、进出口平衡、“引进来”和“走出去”并重、引资和引技引智并举，发展更高层次的开放型经济，积极参与全球经济治理和公共产品供给，提高我国在全球经济治理中的制度性话语权，构建广泛的利益共同体。

共享是中国特色社会主义的本质要求。必须坚持发展为了人民、发展依靠人民、发展成果由人民共享，做出更有效的制度安排，使全体人民在共建共享发展中有更多获得感，增强发展动力，增进人民团结，朝着共同富裕方向稳步前进。②

（四）保持增长速度和提高生活质量

党的十九大明确指出，我国社会主要矛盾已经转化为人民日益增长的美好生活需要和不平衡不充分的发展之间的矛盾。所以今后着力解决的是不平衡不充分问题，大力提升发展质量和效益，更好满足人民在经济、政治、文化、社会、生态等方面日益增长的需要，更好推动人的全面发展、社会全面进步。

---

① 《习近平关于社会主义经济建设论述摘编》，中央文献出版社 2017 年版，第 31 页。

② 《中共中央关于制度国民经济和社会发展第十三个五年规划的建议》，人民出版社 2015 年版。

经济发展不同于经济增长，它是反映经济社会发展的综合目标。中国全面建成小康社会，具有与中国具体实际情况相结合的经济增长和发展的阶段性目标。《中共中央关于制度国民经济和社会发展第十三个五年规划的建议》明确提出：在提高发展平衡性、包容性、可持续性的基础上，到2020年国内生产总值和城乡居民人均收入比2010年翻一番。主要经济指标平衡协调，发展空间格局得到优化，投资效率和企业效率明显上升，工业化和信息化融合发展水平进一步提高，产业迈向中高端水平，先进制造业加快发展，新产业新业态不断成长，服务业比重进一步上升，消费对经济增长贡献明显加大。户籍人口城镇化率加快提高。农业现代化取得明显进展。迈进创新型国家和人才强国行列。

人民生活水平和质量普遍提高。就业比较充分，就业、教育、文化、社保、医疗、住房等公共服务体系更加健全，基本公共服务均等化水平稳步提高。教育现代化取得重要进展，劳动年龄人口受教育年限明显增加。收入差距缩小，中等收入人口比重上升。我国现行标准下农村贫困人口实现脱贫，贫困县全部摘帽，解决区域性整体贫困。

（五）推进供给侧结构性改革

党的十九大明确提出深化供给侧结构性改革。我们提出的供给侧结构性改革，同西方经济学的供给学派不是一回事，不能把供给侧结构性改革看成是西方供给学派的翻版。西方供给学派兴起于20世纪70年代，当时凯恩斯主义的需求管理政策失效，西方国家陷入经济“滞胀”局面。供给学派强调供给会自动创造需求，应该从供给着手推动经济发展；增加生产和供给首先要减税，以提高人们储蓄、投资的能力和积极性。这就是供给学派代表人物拉弗提出的“拉弗曲线”，亦即“减税曲线”。此外，供给学派还认为，减税需要有两个条件加以配合：一是削减政府开支，以平衡预算；二是限制货币发行量，稳定物价。供给学派强调的重点是减税，过分突出税率的作用，并且思想方法比较绝对，只注重供给而忽视需求、只注重市场功能而忽视政府作用。

我国提出“供给侧结构性改革”，重点是解放和发展社会生产力，用改革的办法推进结构调整，减少无效和低端供给，扩大有效和中高端供给，增强供给结构对需求变化的适应性和灵活性，提高全要素生产率。这不只是一个税收和税率问题，而是要通过一系列政策举措，特别是推动科技创新、发展实体经济、保障和改善人民生活的政策措施，来解决我国经济供给侧存在的问题。从马克思主义政治经济学的角度看，供给侧结构性改革既强调供给又关注需求，既突出发展社会生产力又注重完善生产关系，既发挥市场在资源配置中的决定性作用又更好发挥政府作用，既着眼当前又立足长远。改革的根本目标是使我国供给能力更好地满足广大人民日益增长、不断升级和个性化的物质文化和生态环境需要，从而实现社会主义生产目的。

当前和今后一个时期，我国经济发展面临的问题，供给和需求两侧都有，但矛盾的主要方面在供给侧。比如，我国一些行业和产业产能严重过剩，同时大量关键装备、核心技术、高端产品还依赖进口，国内庞大的市场没有掌握在我们自己手中。再比如，我国农业发展形势很好，但一些供给没有很好适应需求变化。事实证明，我国不是需求不足，或没有需求，而是需求变了，供给的产品却没有变，质量、服务跟不上。有效供给能力不足带来大量“需求外溢”，消费能力严重外流。解决这些结构性问题，必须推进供给侧改革。

推进供给侧结构性改革，要从生产端入手，重点是促进产能过剩有效化解，促进产业优化重组，降低企业成本，发展战略性新兴产业和现代服务业，增加公共产品和服务供给，提高供给结构对需求变化的适应性和灵活性。简言之，就是去产能、去库存、去杠杆、降成本、补短板。

从国际经验看，一个国家发展从根本上要靠供给侧推动。一次次科技和产业革命，带来一次次生产力提升，创造着难以想象的供给能力。推进供给侧改革，必须牢固树立创新发展理念，推动新技术、新产业、新业态蓬勃发展，为经济持续健康发展提供源源不断的内生动力。[①]

三、政府推动宏观经济持续健康发展

从马克思主义政治经济学的原理和方法来看，对宏观经济的理解不能仅仅停留在西方宏观经济学理论中社会总供给和社会总需求的原理和方法上。一个国家宏观经济能否持续健康发展，仅仅从增长、就业、通货膨胀和国际收支这几个指标是无法做出深入判断的，因为它们不过是宏观经济是否持续健康发展在市场运行层面的表现而已。判断一个国家宏观经济能否持续健康发展，根本性标准是看生产力与生产关系是否相互统一。如果

① 习近平：《在省部级主要领导干部学习贯彻党的十八届五中全会精神专题研讨班上的讲话》，载于《人民日报》2016年5月10日第2版。

生产力发展迅速，生产关系的调整不能适应生产力的发展，生产力就会以破坏形式迫使生产关系做出调整，比如资本主义经济危机就是通过破坏生产力方式来调整生产力与生产关系。如果生产关系过于超前，超过了生产力发展阶段和水平，同样会阻碍甚至破坏生产力的发展，比如我国计划经济体制下建立的“一大二公”生产关系，阻碍了生产力的发展。由于生产力是处于不断发展变化中，因此，生产关系适应生产力的发展也是处于动态变化之中。因此，在现实经济关系中，随着经济社会发展变化，通过不断改革和调整生产关系，来解放和发展生产力，就成为国民经济发展的主题。但无论如何调整，坚持生产关系的性质是根本性的。在我国就是坚持公有制为主体，多种所有制经济共同发展，这是中国特色社会主义基本经济制度，生产关系的调整是在坚持这个前提下进行的。

实践证明，我国改革开放 40 多年来，能够取得举世瞩目的伟大成就，保持国民经济总体上平稳运行，包括面对 2008 年以来的世界金融危机这样大的冲击，我国经济也能够稳定发展，正是得益于我们始终坚持在生产力和生产关系辩证统一关系中，统筹规划我国的经济社会发展战略和目标，这些目标既包括短期目标，也包括中期目标和长期目标，既坚持以经济建设为中心，解放和发展生产力，又坚持以人民为中心，注重民生，走共享发展、共同富裕的和谐发展之路。

我们党提出“两个一百年”和实现中华民族伟大复兴的“中国梦”的战略目标；经济建设、政治建设、文化建设、社会建设、生态文明建设的“五位一体”总体布局；全面建成小康社会、全面深化改革、全面依法治国、全面从严治党的“四个全面”的治国理政总体框架；坚持创新、协调、绿色、开放、共享“五大发展理念”等，更是体现了生产力和生产关系之间以及经济基础和上层建筑之间的辩证统一关系。

面对经济发展新常态，保持我国宏观经济持续健康发展，具体体现在保增长、转方式、调结构、惠民生、推动可持续发展这五个方面。保增长就是要保持我国在一定的发展速度区间运行，这是经济发展的重要表现。转方式就是要彻底转变经济发展方式，实现从粗放型向集约型发展方式转变，把经济发展落脚到质量和效益上来。调结构就是加快推进经济结构战略性调整，坚定不移推进体制创新、科技创新，落实创新驱动发展战略，使我们的制造业迈向中高端水平，服务业比重进一步上升。惠民生就是要以人民生活水平和质量是否普遍提高作为经济发展的衡量标准，在经济平稳增长基础上，促进居民收入持续提高，健全公共服务体系，着力解决群众最关心、最直接、最现实的利益问题，不断增进人民福祉。推动可持续发展就是加快建设资源节约型、环境友好型社会，形成人与自然和谐发展。这些发展目标，既体现了我国经济发展中的生产力与生产关系的统一，也是推动中国经济持续健康发展的重要内容。

第八章

我国财政政策中的政府与市场关系

财政是以国家为主体，为了实现国家职能、满足社会公共需要而对社会总产品进行分配和再分配的经济活动和形成的关系，是国家治理体系的基础和重要支柱。财政性质体现国家的性质，财政政策是国家为维持经济平稳发展和运行，综合运用各种财政调节手段，调节经济总量和结构，进而调节整个国民经济的政策。财政政策既是国家宏观经济管理的重要内容，也是政府和市场关系的重要体现。我们国家财政政策的改革和演变，体现了政府职能的变化，也体现了政府和市场关系的变化。

第一节　财政收入

一、财政收入的来源

国家要完善和发展中国特色社会主义制度，推进国家治理体系和治理能力现代化，维护上层建筑运转，调节经济运行，实施宏观政策，需要一定的经济收入，这种以国家身份获得的经济收入统称为财政收入。财政收入本质上是一种社会剩余，其主要来源：一是税收；二是国有企业上缴的利润；三是国债，此外还有依法罚没的收入等。通常说大政府还是小政府，往往用这些指标来体现。下面我们进行具体分析。

（一）税收

税收是国家凭借政治权力无偿获得社会剩余的最主要形式。在现实经济关系中，税收可以分为商品税、收入税、资源税和财产税四种基本形式。其中前两种税是对当期经济活动征税，属于流量税，而后两种税则是对历史上形成的财富进行征税，属于存量税。对于流量税而言，其中的商品税是直接对商品及其价格进行征税，国家直接参与初次分配，属于间接税。而收入税则是对已经分配完成的收入再进行征税，属于直接税。每一种税种的课税对象和纳税人都不同，要了解每一种税的税源，需要具体分析。

对于流量税而言，不论直接税或者间接税，都来源于一年生产过程中的新增价值。收入税主要分为两类：一类是企业所得税；另一类是个人所得税。企业所得税是对企业的利润征税，它显然来源于剩余劳动（或者剩余价值）。而个人所得税主要是对于社会中较高收入群体征收的一种税款。就个体生产者来说，他们自己占有生产资料，自己从事劳动，他们的收入会由于自身拥有生产资料而高于劳动力价值，这个高出部分也就构成了较高收入的来源。对于规模企业所有者而言，他们主要是依靠资本的所有权获得利润，这些收入本质上来源于剩余价值，因此对他们征收的个人所得税是来自企业的剩余。而对于工人而言，在按劳分配条件下，他们获得的是劳动收入；在按生产要素所有权分配的条件下，收入所得则是劳动力价值的实现。无论何种情况，都不构成个人所得税的主要来源。当然现实中，也存在有些工人凭借特有技能、特殊管理地位等获得高收入，这些收入本质上是分享了企业的剩余，对于这种收入所征收的个人所得税，在性质上也是来源于企业剩余。

对于间接的商品税来说，一方面，这种税是在新增价值分配为工资和利润之前进行征收，既没有被所有者获得也没有被劳动者获得；另一方面，这种向商品征收的税种，存在税收的转嫁现象，对于一个商品征收的税，企业可以通过向前加价、向后压价的方式转移出去，从而看上去企业所获得的新增价值没有变化或变化很小，所以似乎税收并不是完全来自这个企业的收入，而是来自流通领域本身，这就造成了流通领域本身能够创造税收源泉的假象。

事实上，只要我们不是从一个企业，而是从全社会范围内认识，问题就容易理解了。劳动力价值是由再生产劳动力商品所必需的社会必要劳动时间决定的，而这种“必需”的界限在长期内是由历史的、道德的社会因素所决定。在一个特定的时期内，它可以看做是既定的。

因此，在一个既定的时期内，如果新增价值（V＋M）一定，劳动力价值（V）也是一定的，那么间接税所能影响的就只能是剩余价值（M）。

如果商品税整体上抬高了商品价格，从而提高了劳动者的生活成本，那么它最终会将压力传递到劳动力市场，从而抬高工资，使劳动力价值保持相对稳定。而在长期之中，劳动力价值会改变，但是只要间接税不能直接地改变这种对比关系，那么劳动力价值就是外生于税收，税收仍然只能影响剩余价值量的大小。不过商品税并不是对于每个企业所生产的剩余价值产生同样的影响，由于税收确实存在转嫁的环节，在短期内一部分企业可以成功将税收转移出去保持自身利润量不变，而另一些企业则不能实现这种转嫁，甚至还会受到这种转嫁的影响，从而使自身剩余价值量和利润量受到更多的损失。因此，商品税可以通过这种方式实现利润量和利润率在行业间的再分配。不过对于长期而言，这种税收带来的利润率的差别会随着行业间资本的流动和利润平均化而逐步缩小，利润率低的企业逐步退出，使利润率恢复，反之则相反，从而从短期的利润率的再分配变为长期的产能的再分配。

最后关于存量税收的资源税和财产税，这里的财产既包括资本、往期积累的消费品，也包括虚拟资本。对于向资本征收的税收而言，其来源非常明显。资本是剩余价值积累得到的，因此其来源也就是往期的剩余价值。积累的消费品来源与之类似。而虚拟资本并非是真正的资本，而是货币收入的资本化，其本身并没有价值。虚拟资本的价格一方面受到其未来所能获得收入大小的影响；另一方面也受其供求关系的影响。当货币持续流入某一类虚拟资本市场从而需求保持旺盛的时候，虚拟资本自身的价格上涨在名义上可以使自身所代表的“财富”的增长数倍于流入的货币量。而这种“财富”的增长与实体经济真实的财富增长并没有太大关系，仅仅是一种资产泡沫。不过，尽管虚拟资本没有价值，但是向虚拟资本征收的税款却必须是“真金白银”的货币。既然虚拟资本自身没有价值也不能够创造价值，那么这些给付税款的货币就必须由其他途径来获得，这些货币可能是虚拟资本所获得的收入，也可能是在实体经济中获得的利润，而对于社会整体而言，无论前者还是后者，都是剩余价值的一部分。

（二）国有企业利润

税收是财政收入的主要来源，国有企业依法上缴的利润也是国家财政收入的重要来源。

国家财政收入中的税收收入和国有企业利润收入在性质上是不同的，税收收入是国家凭借政权向全社会市场主体强制征收的一种收入，其实质是社会剩余的再分配。而国有企业上交的利润则是国家作为全民所有资产的代表，凭借国有资产的所有权对使用国有资产进行经营活动的企业征收的部分纯收入。在我国社会主义市场经济中，国有企业依法上缴利润成为我国国家财政收入的重要组成部分，这就为社会主义生产目的的实现和共享发展提供了重要的经济保障，同时也有利于缩小由于使用全民资产的不同而可能导致的收入分配的差距。

国有企业上缴利润对于国家职能的履行有着重要的意义。它有利于国家财政收入来源扩大，使财政政策可以发挥更大的作用。同时，也有利于国家以全民财产所有者代表的身份对国有企业进行管理和调节，使其既能作为市场主体进行生产和经营，又能服务于国家经济发展战略，发挥国民经济主导作用，而不单纯为满足资本增值的需要。

（三）国债

国债收入是指国家通过发行债务的方式筹集的资金，这也是财政收入的一种来源。国债与税收、国有企业利润最大的区别在于：国债是一种有偿获得的收入，需要偿还本金和利息，而国债资金的支出在多数情况下并不能在未来带来资金的回流和增值，这实际上就决定了国债发行要适度，否则可能带来无力偿还的后果。国债的发行主要依靠的是国家的税收和国有企业利润这些国家无偿获得的收入以及国家信誉作为担保，因而现期的国债收入实际上是未来的税收和利润收入。

正常情况下，国债并不能作为经常性的财政收入来源，而主要是用于弥补短期的财政赤字。但是国债的发行却对经济的运行具有重要的影响，并成为国家财政政策的重要手段。

二、财政收入的作用

财政收入来源不同，其作用也有不同。财政收入的作用可以归结为三大类：筹集财政资金、调控经济运行和调节收入分配。

（一）筹集财政资金

国家要实施其职能，必须有经济收入，财政收入是基本渠道。没有一定的财政收入，国家机关就无法运转，更无法执行其他相应的经济职能。因此，筹集资金是国家财政收入的重要作用。

（二）调控经济运行

财政可以通过收入和支出调整资源在社会不同主体和不同部门之间的配置以调控经济。财政收入在调控经济中这种作用主要是靠灵活运用税率杠杆，通过筹集资金和集中资源实现的。

以商品税为例，征税行为从国家角度来说显然是增加或减少财政收入的基本渠道，这本身也是筹集资金或者减少政府收入的过程。这一过程客观上也会对经济运行产生影响。税率变化会引起商品价格的波动，这种价格波动会使购买行为发生变化。当对某一产品或产业提高商品税的税率时，除了生产者完全不能进行税负转嫁的情况，都会引起产品价格升高，而这种产品价格升高之后，如果这种产品是中间品投入，那么其他厂商将会尽可能减少使用该产品以维持其利润。如果这种产品是最终消费品，那么除非该商品是消费者必需生活用品，没有其他产品可以替代，否则也会相应地减少对该产品的消费。这一原理对政府调控经济有政策意义，比如对于稀缺的自然资源、对破坏和污染环境的产品等，国家可以通过征收相应的商品税来减少对这种产品的消费。而对于生产者来说，提高商品税会降低企业的利润率，在长期内低利润率的企业会退出这一行业，最终使这一行业产量下降。由此可见，国家可以通过税率变化来调节经济。

（三）调节收入分配

在社会主义市场经济中，虽然公有制占主体地位并在此基础上实行按劳分配为主的分配制度，但由于同时存在非公有制经济的所有制和按生产要素所有权分配的分配制度，同时在市场经济条件下，价值规律的作用通过优胜劣汰的机制有可能将生产者逐渐分化，因此，社会收入差距有可能被扩大。如果国家不进行有效调节，既不利于社会生产力的发展，也不利于社会的公平和稳定。针对这样的情况，国家需要通过多种手段调节收入分配，以缩小扩大的收入分配差距，财政收入就是其中最重要的手段之一。

调节收入差距遵循的基本原则是抑制过高收入，提高低收入者收入，扩大中等收入阶层。财政收入政策主要是通过对过高收入者征收累计个人所得税和财产税等，将过高收入者的收入集中在国家手中，国家通过财政支出政策等方式，完成社会范围内的收入再分配。

第二节 财政支出

一、财政支出的分类

国家通过税收、国有企业利润和国债等方式形成的财政收入，需要通过购买产品和劳务、无偿发放、转移支付、借贷等方式支付出去，以实现自身的职能和社会发展目标，这种以国家为主体的支付活动就是财政支出。财政支出多少也是大政府和大市场的重要衡量指标。

财政支出可以按照多种方式分类，比较典型的分类有三种。

（一）按支出的经济性质分类

按照政府支出行为购买相应的商品和劳务，可以将财政支出分为购买性支出和转移性支出。购买性支出就是指政府购买商品和劳务的支出。转移性支出是指政府无偿向居民、企业、事业及其他单位组织，提供财政资金的支出行为。包括社会保障支出、财政补贴支出等。这两类支出的主要区别在于，购买性支出将财政资金转化为商品和劳务，直接构成社会总需求，对经济产生直接影响。而转移性支出则只是实现了资金转移，财政资金在支出之后作用于经济的过程，仍然需要经过接受资金的组织和个人的决策过程，因而不能直接对社会总需求产生作用。

（二）按支出用途分类

按照支出的用途分类，可以将财政支出分为积累性支出和消费性支出。积累性支出用于投资，消费性支出用于公职人员工资等。

依据马克思主义政治经济学的基本原理，在资本主义市场经济中，社会总产品在价值形态分为不变资本 C、可变资本 V 和剩余价值 M 三个部分。其中不变资本是生产过程中所消耗的各种生产资料，它们需要在再生产的过程中不断得到物质形式和价值形式的补偿。而可变资本是指购买劳动力的资本，从工人角度看就是工人获得的工资，这部分价值在实物形态上表现为工人的个人消费品。剩余价值可以划分为两部分：一部分用于资本所有者的个人消费，对应的实物形态是各类消费品；另一部分作为资本积累，用于扩大再生产，对应的实物形态是各类生产资料。从再生产的角度看，要保证扩大再生产顺利进行，无论是微观企业领域，还是宏观社会领域，最基本的关系是要保持积累和消费之间的合理比例关系。在企业中，积累部分的价值过高，消费部分的价值过低，就意味着工人工资过低，影响劳动力再生产，进而影响企业的劳动生产率；在宏观经济运行中，全社会的积累基金过高，消费基金过低，就会影响人民生活水平的提高，而且还会造成全社会的有效需求不足。反之，如果企业内部积累的价值过低，消费的价值过高，就意味着企业工资过高，对企业造成沉重的负担，使企业不能正常扩大再生产，缺乏竞争力，最终影响企业的效益；在宏观经济运行中，如果全社会积累基金过低，消费基金过高，同样会影响全社会的扩大再生产，可能造成超前消费等问题，最终影响宏观经济的正常运行。马克思主义政治经济学关于积累和消费之间的关系原理，如果抽象掉资本主义生产关系，在社会主义市场经济中同样适用。

从政府支出的角度看，政府财政支出对全社会增加积累基金或者消费基金都会产生重要影响。如果财政资金中投入积累的比例过高，则人民生活水平提高就会变慢，并且可能造成长期消费低迷，制约经济的进一步发展。而如果财政资金中消费比例过高，又会使得可用于扩大再生产的资金过少，造成经济发展缓慢，最终还会影响人民生活水平。所以如何运用财政支出实现积累和消费之间的动态平衡，保持经济健康稳定和持续发展，是政府宏观调控的重要内容。

（三）按生产性质分类

马克思主义政治经济学认为，在市场经济条件下，人们的经济活动在性质上是不同的，有些经济活动直接创造价值和剩余价值，称为生产性劳动；有些经济活动不直接创造价值和剩余价值，只是分配已经创造出来的价值和剩余价值，称为非生产性劳动。当然在不同的时代，或者不同的生产关系中，对生产性劳动和非生产性劳动的定义也不尽相同。因为使用价值是价值的物质载体，所以生产性劳动与生产使用价值的活动密切相关；非生产性劳动往往是不生产使用价值的活动。

从国家的财政支出角度看，有些支出是进入到生产性的活动领域，通常称为生产性支出。另一些支出则是进入非生产性领域，通常称为非生产性支出。具体来说，国家用于固定资本投资等方面的支出属于生产性支出，而国防、司法、行政、教育等方面的支出则属于非生产性支出。

生产性支出和非生产性支出的区分对于确立财政支出与经济增长之间的关系具有重要的意义。由于只有生产性活动才带来社会财富总量的增加，这就意味着如果社会不断增加生产性活动支出使其在财政总支出中比重加大，社会财富（即指使用价值）的增加速度就会加快。反之，如果社会不断增加非生产性活动支出使其在财政总支出中比重加大，社会财富的增加速度就会下降。从财政支出的角度看，一个国家在财政支出总量既定的前提下，投入生产活动的支出比例高，有利于社会财富的增长。但并非是非生产活动比例越低越好，生产性劳动与非生产性劳动要保持合理的比例关系，才能使社会经济整体平衡发展。

二、财政支出的作用

财政支出可以通过购买商品和劳务、向经济主体进行转移支付等方式来影响社会经济活动，是财政作用的最主要体现。财政支出的作用从总体上说是有利于完善和发展中国特色社会主义制度，推进国家治理体系和治理能力现代化，是政府职能的重要体现。具体表现为以下四个方面。

（一）执行国家基本职能

国家最基本的职能是维护国家机器和社会生产关系的稳定运行，国家机器都要发挥保护这种社会制度下的生产资料所有制、维持社会秩序、维护国家主权等一系列职能。而实施这些职能需要国家通过财政支出建立国防、司法和行政等系统。

（二）调节经济

在社会主义市场经济条件下，如果完全放任市场作用而国家不加调节，经济会由于其自身的不稳定性而产生波动。从宏观经济总体上来看，在不考虑政府部门支出的情况下，总需求可以分为投资、消费和净出口。其中投资在多数情况下是由追逐利润的资本积累活动组成，主要受到利润率的影响。利润率高涨的时候，资本积累就会加快，投资需求就会旺盛起来，而反之，在利润率低迷的时候投资需求就会下降。而由于经济的内在不稳定性，利润率是一个非常不稳定的量，会周期性地出现下降。

造成利润率下降的原因可以主要分为三类：首先是价值实现问题。由于市场经济的自发性和盲目性，社会再生产所需要的比例关系时常遭到破坏，从而造成整个生产体系的比例失调。而社会再生产比例的失调和劳动者报酬偏低造成的消费不足都会引起商品在实现上的困难，从而导致利润率下降。其次是成本上升问题。生产过程中的成本主要由中间投入和工资两个部分构成。中间投入的成本可能由于生产这些投入品的劳动生产率增长迟缓、自然灾害、垄断权力等方面的原因导致价格相对上升。如前所述，工资过低会引起商品实现问题，而工资过高也会造成成本的上升和利润率的下降。最后是资本有机构成的上升。资本有机构成提高会导致平均利润率下降，这是生产力发展的客观过程。生产经营者为了追求超额利润会不断追求用资本替代劳动，如果全社会范围内形成资本替代劳动的趋势，必然导致社会资本有机构成提高，从而引起平均利润率的下降。

以上这些情况导致的利润率下降都会造成资本积累速度变慢，投资下降，进而影响经济增长。

除了投资以外，净出口也处于经常波动中。由于世界市场上存在着激烈竞争，并且经常演变为过度竞争，这种过度竞争会造成一方面世界对一国产品的需求减少；另一方面生产出口产品的企业利润率降低，最终导致净出口的减少，总需求下降。

对于各种原因引起的宏观经济波动，国家可以通过财政政策加以调节，以达到稳定经济的目标。

比如对于价值实现困难引起的经济波动，财政政策至少可以通过三个途径来干预：首先，在私人投资意愿不强时，国家可以直接利用自己所掌握的资金进行投资，从而弥补投资需求下降带来的增长乏力。其次，当商品实现问题主要来自劳动者收入过低造成的消费不足时，国家可以通过一系列转移支付来提高劳动者收入，从而促进其消费的提升和总需求的增加。最后，当商品实现问题主要来自再生产比例失调的时候，国家可以利用自身掌握的资源按照社会再生产的比例要求增加财政支出，通过恢复经济结构平衡的方式来促进总需求的增加和社会再生产的顺利进行。

再比如对于成本上升和资本有机构成上升带来的利润率下降和投资需求的不足，国家可以通过对生产进行财政补贴和税收减免的方式帮助利润率恢复，从而刺激投资。类似地，对于国际过度竞争带来的净出口下降，国家也可以通过出口退税和出口补贴的方式帮助出口企业恢复竞争力和利润率，从而提高净出口和总需求。

（三）保持经济的可持续发展

私有制条件下的市场经济在调节资源配置的过程中，除了时常引起经济波动和周期以外，还包括无法协调社会整体利益与私人利益、长远利益与短期利益的矛盾，市场也无法自发实现对自然资源、生态环境的保护等。

与稳定经济的职能类似，为了保持经济的可持续发展，在社会主义市场经济条件下，国家可以通过财政补贴、税收减免的方式刺激企业从事有益于长期经济增长和对生态环境有益的行业，也可以通过投资和让国有企业介入的方式来直接经营这些行业，或者将二者结合起来。

（四）调节收入分配

收入分配的相对公平是经济发展和社会稳定的必要基础。财政收入可以通过向高收入人群征税来遏制过高收入，财政支出则可以通过给予低收入人群补贴来提高他们的收入，这种补贴形式不仅包括转移支付，还可以通过提供低价的公共服务、技能培训项目等方式来实现。

第三节　政府运用财政政策中的财政收支平衡与失衡

为了充分发挥财政的作用，根据我国几十年社会主义经济建设的经验，要求必须保持财政收支的基本平衡。

一、财政赤字与财政盈余

财政支出和财政收入能否保持平衡关系，是财政政策所要解决的重要问题。在实际经济中财政支出和财政收入之间的不平衡是经常发生的。财政收入和财政支出不平衡有两种情况：一种情况是财政支出大于财政收入，通常称为财政赤字；另一种情况是财政收入大于财政支出，通常称为财政盈余。财政赤字和财政盈余如果保持在一定幅度，不影响国民经济的正常运行，则可以视为一种正常状态，如果超过国民经济正常运行所容许的程度，对于宏观经济将会产生重要不利影响。

财政赤字过大往往是由政府投资消费支出过大、经济过热引起的，它反映的是国民经济总需求大于总供给的状态，表现为投资膨胀，消费膨胀，物价上升过快，资源被过度利用，经济运行主要受供给制约；相反，财政盈余往往是由政府投资消费支出过小、经济不景气引起的，它反映的是国民经济总需求小于总供给的状态，表现为工人失业增加，企业开工不足，一部分经济资源未被利用，经济运行和发展主要受需求不足的制约。所以，财政政策就可以利用这样的道理，对国民经济宏观运行进行逆调节：在社会总需求小于总供给的情况下，即在经济不景气时期，政府可以增加财政支出，增加赤字，或者使需求者感到增加购买对自己有利，或者使供给者感到增加产量对自己有利，从而使消费需求增加，进而又可刺激投资增加。这样促进总需求上升，有助于实现总供给与总需求的平衡。反之，当社会总需求大于社会总供给时，选择的财政政策则应该是相反的。

上述反周期的财政政策，也是目前财政政策的最主要形式，这种政策强调利用财政的赤字和盈余来调节经济中的总需求和总供给之间的关系，在短期内平衡由于这二者之间的差异所带来的宏观经济波动。但是这种对于财政政策的理解，尤其是对于社会主义市场经济条件下的财政政策是并不全面的。

总供给和总需求的平衡与失衡表面看起来是一个经济总量问题，但根本上来说决定总量的是经济结构。如我们前面所述，总需求不足是投资和消费相对的变化所致，而这种变化可能来源于部门之间比例失序导致的再生产条件的破坏，也可能来自初次分配中工资与利润比例的失调。因此，结构失衡才是总量失衡的根本原因。基于此，财政政策也不可能抛开经济结构来分析经济总量，不着眼于解决结构问题的总量调控往往是治标不治本。

例如，当经济增长下滑的主要原因是劳动者收入不足引起的消费不足时，如果政府简单利用财政赤字，通过减少对利润的税收补贴资本收入的话，显然不管这种补贴的力度如何大，对消费品的购买力的提升都没有积极作用，总需求不足的情况也就不会有任何改变，获得补贴的企业生产再多，面对消费市场的低迷结果也只能是库存的积压。因此，我们说，总量政策的执行本身必然依赖一定的结构政策。总量政策本身不能单独存在，它只能是财政政策的一个简化表示。

这一点对于理解社会主义市场经济条件下的财政政策尤其关键，我国的财政政策向来非常重视财政收支对经济结构的干预，当经济中的需求不足主要来源于消费不足时，更多地强调通过改善收入分配、提高转移支付、补贴消费等方式来刺激经济。同时也要注意控制投资需求，以防止过度投资带来的总供给快速上升给经济造成更大的压力。而在投资不足时则更多的是通过政府直接投资、税收减免等方式将社会剩余有效转化为投资，以此刺激总需求。

财政政策不仅能够实现对经济结构的选择性干预，还能够在干预过程中对手段加以选择，例如在投资低迷的时候，利用税收减免政策提高利润率作用比较间接，因为企业投资受到的影响因素尤其是影响利润率的因素很多，而单纯降低税收仅仅是提升利润率的一种方式，税收降低不能保证投资的增加。相比之下，利用财政资金进行投资或者要求国有企业按照一定的政策意图进行投资就直接有效得多。

中国之所以不能简单拘泥于宏观调控的总量政策，而要使用多种财政手段灵活调控经济结构，归根结底在于中国特色社会主义经济制度中政府和市场的新型关系以及强有力的公有经济部门的作用。

财政政策不仅不是一个单纯的总量政策，而且也不是一个完全的短期政策。如果市场只是在短期内存在波动，在长期内可以实现资源的最优配置，那么将财政政策局限在短期政策上是可以的。但是实际上，市场在长期中也可能无法使一国经济达到最优的增长路径。

这一点在发展中国家表现得尤为明显。在发展中国家的经济发展之初，产业链条不完整，链条中的上下游行业均存在缺失的现象，如果所有的环节都能够有私人资本补足，那么整个国民经济体系就能够发展起来。但是这种链条并不会在市场的指引下自动完善，由于任何一个先进入产业链的企业都会由于上下游的缺失而导致成本过高、竞争力不足，结果是“协调失灵”，所有的企业最终都不会冒险成为第一个“拓荒者”，从而导致发展中国家工业化的长期迟缓。而真正实现工业化的发展中国家，都是依靠政府的指导和财政的支持，以长期投资来彻底改变本国的工业基础，从而迈入高增长轨道。即使是发达资本主义国家，在实践中也不会放任市场来自发调节本国的长期经济发展，他们在科技研发、基础设施建设和关键产业的发展上，政府支持和积极的财政政策都发挥着重要的作用。

由此可见，财政政策作为宏观调控的一项政策，不仅应该调节国民经济总量，还包括利用财政支出和财政收入政策的实施来调节产业结构、调节收入分配，不应该局限于短期调节，还应该实行短期与中长期相结合进行长期投资等一系列政策，不应局限于调节经济现象之间的关系，还应该调节人们之间的社会生产关系。只有在这个意义上，我们才能真正理解国家通过财政手段干预调节经济的实质。

二、财政政策的局限性

财政政策是社会主义市场经济中调控经济的重要手段，但是这种调控手段也有其局限性。

这种局限性首先体现在财政收入和财政支出之间的一个矛盾：财政支出可以通过转移支付、税收减免、基础设施建设、提供有效的公共服务等方面来提高经济的运行效率，而这种效率的一个重要体现就是提高企业的利润率，从而增加其进一步投资的意愿。而这些支出都需要政府通过财政收入来筹集，因此如果要实现强有力的财政支出，就必须辅之以较多的财政收入。

但是这种与财政支出相符的财政收入并不是非常容易做到的。首先，财政收入归根到底来自剩余（价值），因此财政收入越高，留给企业的剩余（价值）或利润就越少，而财政支出的本意是提高利润率，那么提高财政收入本身就会部分抵消财政支出的效果。其次，财政收入和财政支出在对象上存在根本性的差异，财政支出的受益者并不一定是征税的对象。以基础设施为例，某一类基础设施的投资可能会改善一部分企业的生产经营状况，提高劳动生产率。但是，为这一类基础设施投资募集的财政收入并不会单独以这些企业为目标，而是会面向整个社会。那么这就意味着实际上一部分企业在享受基础设施的同时并没有付出对等的成本，这种成本是由国家和社会来负担的。于是一个很可能的结果是，政府乐于改善企业经营状况以提高本地区投资数量和经济增速，但是同时却不会向受益者征税来获取投资的资金。

这两种情况共同导致了政府提供足够多的财政支出以扶持经济，而却不会对等地寻求增加财政收入，因此会造成财政收支上的失衡。这一点在地方政府层面表现得尤为严重，因为地方政府提高企业利润增加投资的动机更强，同时筹措财政收入的能力更弱，其结果会导致地方政府债务不断增加。

财政政策的另一个局限性在于它不能从根本上改变市场调节的盲目性、自发性和滞后性。尽管我国的财政政策由于政府决策体制的优越性而在最大限度上避免了“时滞”的弱点，但是其调控仍然存在弱点。我国财政体制是中央和地方之间实行分税制，地方政府在财政政策中扮演重要角色。地方政府往往从本地区的经济发展实际出发，所执行的决策本身能够在一定程度上调节市场运行的问题，但是仍然不能完全从全局出发。尤其是在投资问题上，当一个产业处在上升过程中，地方政府可能会从本地区发展的实际出发扶持这个产业的发展，提供优惠的政策、提供基础设施甚至直接进行投资。但是这个时候地方政府的决策是类似的，很有可能会出现许多地区共同投资，从而引起这个行业的产能过剩。在某些情况下，激烈的地方政府间的竞争甚至可能会加剧投资和生产的无序性。

正因为财政政策存在这样一些局限性，因此我国在实行宏观调控的过程中，需要其他手段配合财政政策。比如为了解决各地方政府财政政策可能带来的无序性，需要中央政府对整体的财政支出和投资进行全局规划，即使用计划手段。而财政收入和支出的矛盾主要是税收和支出的矛盾，这个时候就需要国有企业发挥相应的作用，一方面利用国有企业利润为财政支出提供资金，这其中如果受益者主要是国有企业的话，可以将成本和收益内部化；另一方面也可以利用国有企业进行投资和基础设施建设，以避免完全使用财政税收资金所带来的矛盾。

第四节　我国财政体制改革中政府职能的调整

为了确保财政和财政政策作用的充分发挥，必须完善科学的财政体制，而要完善科学的财政体制，必须深化改革。

一、我国改革开放以来的财政体制改革和财政政策

我国改革开放以来的财政体制改革和财政政策的实施以 1994 年为界大致可以分为两个阶段。

1979～1994 年，处于对社会主义市场经济体制的探索但尚未确立的阶段，财政政策基本是在计划经济和有计划的商品经济的框架下发挥作用。在这一阶段，我国的财政体制改革和财政政策的变化主要沿着两条主线展开：一是调整中央财政和地方财政的关系，或者更确切地说是实行财政分权；二是调整国民经济中积累和消费的比例关系。

在改革开放以前，我国实行的是由中央政府统一进行管理的财政体制，中央政府对财政收支具有最大的支配权。尽管从 1971 年开始，国家对“财政包干”制度进行了探索，但是这一时期开始实行的“总额分成，

一年一定”的制度无论是对地方政府与中央政府在财政权力的分配上，还是对地方政府激励的影响上，都没有从根本上改变统一的财政体制的根基。但是从1980年起，国家对包干制进行了重大的调整，实行“划分收支、分级包干”的财政制度，以1979年地方财政收支为基数，划定地方财政收入上缴中央的比例，保持一个较长的时期不变。剩余的部分地方政府可以多收多支，少收少支，具有充分的自主权。这一改变在当时对于调动地方政府进行经济建设的积极性起到了很好的作用，不过从长远来看，也存在弊端。首先是弱化了中央政府的财政权力，导致中央政府能够支配的财政资源有限，不利于全国范围内的统筹调控；其次是激化了地方政府之间的竞争，各地方之间出现了不少以邻为壑、画地为牢的行为，阻碍了全国统一市场的形成。此外，强化了地方政府的投资冲动，这是这个时期发生经济过热现象的重要原因之一。

在同一时期，我国财政政策的另一个重要线索是调整国民收入中积累和消费的比例。在改革开放以前，我国长期采取高积累低消费的政策，这一方面为后来改革开放后经济快速增长奠定了物质基础，但同时也出现了国民经济比例失调，人民生活水平改善缓慢等问题。因此从1979年以后，我国财政政策将重点放在压缩投资的比重、提高人民生活水平上，具体政策包括压缩固定资本投资、提高工资稳定物价、将投资重点转向与居民消费息息相关的轻工业等。这样的调整对经济健康快速发展有着重要的助推作用。

从1994年开始至今为第二个阶段。在这一阶段，我国确立社会主义市场经济体制的改革目标，市场经济在资源配置中逐渐起到决定性作用，同时更好发挥政府的作用。这一方面使财政政策赖以发挥作用的基础发生了变革；另一方面由于经济波动、收入分配等问题开始变得突出，使财政政策不再局限于对国民收入的分配和再分配的调节，而还要对国民经济的调节发挥更加积极的调节作用。

这一阶段发生的最大变化是，随着社会主义市场经济体制目标的确立和改革的深化，财政不再直接改变资源配置，而是通过影响总需求、引导经济结构变化、投资基础设施、资助科学研发和改善收入分配等方式来影响国民经济运行。

从1992年至今，受亚洲金融危机和世界金融危机的影响，加上我国经济内部的因素，国民经济经历了两轮经济波动，分别是1992~1996年的上升和1997~2002年的下降，以及2002~2008年的上升和2008年至今的下降。为消除经济波动的消极影响，我国均采取了典型的逆风调节的财政政策。

针对1992~1993年出现的通货膨胀、投资增长过快、资产价格泡沫和金融风险加大等问题，我国出台“双紧”的财政货币政策，压缩政府开支、减少政府赤字和减发国债，为经济降温，截至1996年，经济过热势头基本结束，经济实现“软着陆”。

但是随着1997年亚洲金融危机的爆发和中国国有企业的大规模改制，中国经济的外需和内需都遭遇了重大的挑战，这个时期中国经济开始出现价格下跌、失业增加、投资信贷低迷等经济下行的信号，为此我国采取积极的财政政策，通过增发国债、加大财政支出等方式来提振经济。到2002年，在强大的财政刺激之下，中国经济开始走出经济下行和通货紧缩的阴影，迎来一个新的上升时期。

在2002~2008年这个时期，我国主要采取了稳健的财政政策，控制国债的发行量，将财政政策的重点放在保障民生和实现产业结构调整之上。但是随着2008年世界金融危机的爆发，外需下降的巨大冲击给我国经济带来了重大影响。在这样的情况下，国家果断采取积极财政政策，包括直接投资、税收减免、消费补贴和对公共服务加大支出等手段，扩大国内的投资和消费需求，以消除国际市场需求萎缩带来的不利影响。1992年以来的中国的财政政策，相对于其他国家有一些比较鲜明的特点：

首先，坚持以人民为中心，把改善民生、调控收入分配作为重要的目标。实现全体人民的共同富裕是社会主义的本质要求，因此，财政政策当中很重视利用财政的再分配来调节收入分配格局。这既是调控经济波动的有效手段，也是实现共同富裕的题中之意。

其次，是强调促进生产力的发展。在财政政策实施过程中，我国比较重视直接将财政资金投资到基础设施建设等生产领域，这些直接投资既是扩展总需求的一部分，也能够直接提升生产力水平。这也成为我国财政支出的一个特点和中国经济高速增长的一个重要特征。

最后，不仅强调总量调控，也重视结构调控。不论是稳健的还是积极的财政政策，都非常强调财政支出的结构性因素，尤其是有计划地调整财政的支出结构，针对性地推动产业结构变化。

二、深化财税体制改革指导思想的根本转变

科学的财税体制是优化资源配置、维护市场统一、促进社会公平、实

现国家长治久安的制度保障。我国现行财税体制是在1994年分税制改革的基础上逐步完善形成的，对实现政府财力增强和经济快速发展的双赢目标发挥了重要作用。但是随着形势发展变化，财政的作用日益重要，现行财税体制已经不完全适应合理划分中央和地方事权、完善国家治理的客观要求，不完全适应转变经济发展方式、促进经济社会持续健康发展的现实需要，我国经济社会发展中的一些突出矛盾和问题也与财税体制不健全有关。因此必须深化财税体制改革。

深化财税体制改革的主要目的是：明确事权、改革税制、稳定税负、透明预算、提高效率，加快形成有利于转变经济发展方式、有利于建立公平统一市场、有利于推进基本公共服务均等化的现代财政制度，形成中央和地方财力与事权相匹配的财税体制，更好发挥中央和地方两个积极性。

要实现上述目的，深化财税体制改革的指导思想必须实现根本转变。[①]

第一，要实现对财政地位认识的转变。过去长时期内，一般认为，财政是政府的收支活动，是国家调节经济的宏观政策手段。这种认识虽然没有错，但随着社会主义市场经济的发展和改革的深化，应该从更高的高度认识财政的地位和作用。党的十八届三中全会提出，“财政是国家治理的基础和重要支柱”。[②] 这一新论断表明，中国财政改革发展步入了一个新的历史阶段，以往作为经济范畴、经济领域要素之一的财政，已不再仅仅是一个经济范畴、局限于经济领域，而是一个涉及治国理政各个领域的国家治理范畴和治理要素。国家治理层面的政府收支活动之所以是必要的，就在于它能够满足存在于不同经济社会主体之中的公共利益——社会公共需要，提供与各个经济社会主体公共利益相对应的公共物品和服务。它所关注的是国家治理层面的基本问题。这意味着我们对财政运行规律的认识达到了一个新高度，是对已有财政理论的重大创新。

第二，要实现对财政职能认识的转变。过去长时期内，一般认为，财政职能为优化资源配置、调节收入分配和促进经济稳定。当财政上升为国家治理的基础和重要支柱之后，其所履行的职能便不再仅限于此，而拓展至经济、政治、文化、社会、生态文明等各个领域。作为国家治理的要素，财政除了对接政府职能，还要对接国家治理领域其他经济社会主体的行为，并由此牵动经济、政治、文化、社会、生态文明和党的建设领域的

---

① 高培勇：《抓住中国特色财政学发展的有利契机》，载于《人民日报》2017年2月27日第16版。

② 《习近平谈治国理政》第1卷，外文出版社2018年版，第80页。

各种活动。正是在这一背景下，党的十八届三中全会站在国家治理的高度，将财政职能高度概括为“优化资源配置、维护市场统一、促进社会公平、实现国家长治久安”。这一概括，无疑已经远远超出传统经济领域和政府一般职能的范畴。

第三，要实现对财政主体认识的转变。过去长时期内，一般认为，财政是由政府组织的收支活动，只有政府才是财政活动的主体。而随着对财政地位认识的转变，财政的活动主体就不再局限于政府，还包括企业组织、社会组织乃至居民自治组织。财政作为国家治理的一种重要活动，不再是单向的，而是互动的。尽管政府仍须在财政收支中发挥主导性作用，但已不再是唯一的主体，有关财政收支的决策和组织，除了要体现一定的强制性，还须在政府与社会广泛互动的基础上体现协商性。

第四，要实现对财政政策作用认识的转变。过去长时期内，一般认为，财政政策是总量政策，其作用主要是调节总需求，但今天我国国民经济运行中主要矛盾正逐渐由总量问题转为总量问题与结构问题并存，并且结构矛盾更为突出。因此，我国实施的财政政策要从关注总量问题转向更加关注结构性问题，着力点在于推进供给侧结构性改革，解决结构性失衡问题。

第五，要实现对财政体制改革中心内容认识的转变。过去长时期内，我国财政体制改革的中心内容一般集中在中央和地方政府财权的划分，围绕中央和地方财权的划分，从新中国成立到改革开放之前，实行“统收统支”的体制，从 1979 ~ 1994 年实行“财政包干”的体制，从 1994 年至今实行“财政分税制”的体制。这些改革无疑都是有益的探索，但完全局限于中央政府与地方财权划分的圈子，仍然束缚了财政作用的发挥。按照新的财政地位及职能的划分，深化改革财政体制的中心就要由中央政府与地方财权划分并转向以满足国家治理层面的社会公共需要为中心。

三、深化财税体制改革的着力点

（一）改进预算管理制度

首先，实施全面规范、公开透明的预算制度。我国原有的财政分权体制一方面激励了地方政府发展本地经济的积极性，但同时客观上也引发了地方政府的一些不当行为。要改变这种局面，归根到底要靠建立全面规范、公开透明的预算制度，对地方政府的预算进行更细致、更合理的监控，从而防范可能存在的财政支出结构的扭曲和债务风险。

要将审核预算的重点由平衡状态、赤字规模向支出预算和政策拓展。清理并规范重点支出同财政收支增幅或生产总值挂钩事项，一般不采取挂钩方式。建立跨年度预算平衡机制，建立权责发生制的政府综合财务报告制度，建立规范合理的中央和地方政府债务管理及风险预警机制。

同时，要完善一般性转移支付增长机制。在市场经济条件下，不同地区之间并不会自然而然地实现协调发展。一方面，经济发展的先天条件，包括资源、人口、土地和地理位置等因素在不同区域之间是不同的，这不可避免地会导致地区之间生产能力和生产效率的不同。市场机制作为资源配置的方式，会在价值规律的作用下优胜劣汰，劳动生产率高的地区利润水平和工资水平也高，进而更能够吸引新的投资和高质量的劳动力。相反劳动生产率低的地区，利润水平和工资水平也低，相应地投资水平和劳动力的数量质量也就不足。而投资和劳动力水平的差异又会进一步扩大地区之间的经济发展水平。

同样，地区之间的分工也存在类似的情况，资本充裕的地区可以从事资本有机构成更高的行业，因此其产品的生产价格就更高，所以这个地区产业平均而言生产价格高于价值，人均增加值就会比较高，可以带来更高的收入和更充裕的资本。而相反，在资本匮乏的地区，更多只能从事资本有机构成更低的行业，相应的人均增加值更低，结果是低收入和资本的匮乏，这种收入和资本量上的差别又会进一步固化地区之间发展的不平衡。

因此，单纯依靠市场力量，地区之间的差异是会越来越大的，进而也就无法让全体人民共享发展成果。正因如此，要缩小地区间的收入差异，实现区域间协调发展，就需要更好发挥政府的作用，依靠财政的力量，深化转移支付制度的改革。

改革的着力点是完善一般性转移支付增长机制，重点增加对革命老区、民族地区、边疆地区、贫困地区的转移支付。中央出台增支政策形成的地方财力缺口，原则上通过一般性转移支付调节。清理、整合、规范专项转移支付项目，逐步取消竞争性领域专项和地方资金配套，严格控制引导类、救济类、应急类专项，对保留专项进行甄别，属地方事务的划入一般性转移支付。

（二）完善税收制度

税收是最重要的经济杠杆之一。完善税收制度，第一要深化税收制度改革，完善地方税体系，逐步提高直接税比重。财政政策是扶贫攻坚、缩小贫富差距的重要手段。政府可以通过转移支付、税收减免和提供廉价公共服务等多种方式提高低收入者的实际收入，也可以通过税收、政府规制的方式调整过高收入者的收入。但是目前我国的财政体制存在的一些问题，使调节收入分配的能力不能得到完全的发挥。其中最主要的是间接税比例过高而直接税比例过低的问题。在我国目前税收总额中，增值税、营业税、关税和消费税等间接税占比达到50%左右，而间接税的税负承担者并不明确，因此不同收入人群的税负也并不确定，这样一来税收就不能完全起到调节收入的作用。提高直接税的比重能够加强税收在收入分配调节中的影响，改变这一局面。

第二，完善税收制度的另一项重要改革是推进增值税改革，适当简化税率。合理确定增值税中央和地方分享比例。把适合作为地方收入的税种下划给地方，在税政管理权限方面给地方适当放权。

第三，完善税收制度，要调整消费税征收范围、环节和税率，把高耗能、高污染产品及部分高档消费品纳入征收范围。

第四，完善税收制度，要逐步建立综合与分类相结合的个人所得税制。加快房地产税立法并适时推进改革，加快资源税改革，推动环境保护费改税。

第五，完善税收制度，还有一项重要的改革是要按照统一税制、公平税负、促进公平竞争的原则，加强对税收优惠特别是区域税收优惠政策的规范管理。税收优惠政策统一由专门税收法律法规规定，清理规范税收优惠政策，完善国税、地税征收等管理体制。

（三）建立事权和支出责任相适应的制度

目前的体制下，中央财政收入的比重相较于以往的体制有了较大幅度的提高，但与此同时事权的划分并没有完全跟上财权的变化，地方政府以较小的财政收入比重承担了很多的财政支出任务，这也成为地方财政和债务问题的重要源头。

针对这样的情况，深化财税体制改革，要适度加强中央事权和支出责任，国防、外交、国家安全、关系全国统一市场规则和管理等作为中央事权；部分社会保障、跨区域重大项目建设维护等作为中央和地方共同事权；逐步理顺事权关系，区域性公共服务等作为地方事权。中央和地方按照事权划分相应承担和分担支出责任。中央可通过安排转移支付将部分事权支出责任委托地方承担。对于跨区域且对其他地区影响较大的公共服务，中央通过转移支付承担一部分地方事权支出责任。①

财税体制改革需要一个过程，逐步到位。要保持现有中央和地方财力格局总体稳定，结合税制改革，考虑税种属性，进一步理顺中央和地方收入划分。

① 《习近平谈治国理政》第1卷，外文出版社2018年版，第80页。

第九章

新时代社会主义市场经济中的政府和市场关系发展方向

中国特色社会主义已经进入了新时代的全面建成小康社会决胜阶段。这是2017年10月中国共产党第十九次全国代表大会形成的共识。我国社会主要矛盾已经转化为人民日益增长的美好生活需要和不平衡不充分的发展之间的矛盾。同时，主要领域改革的主体框架已经基本确立。

在此背景下，政府和市场的关系仍然是新时代中国特色社会主义市场经济体制改革和运行的核心内容。

首先，新时代中国社会发展的不平衡不充分问题主要体现在发展的质量和效益、创新能力、实体经济、生态环境、民生短板、社会文明、依法治国、社会矛盾、国家治理体系和治理能力、意识形态斗争、改革部署和重大政策落实、党的建设等方面。而从经济建设、经济体制改革和社会生产关系的角度来看，这些不平衡不充分问题每一方面都既需要发挥市场对资源配置的决定性作用、又需要更好发挥政府的作用。即使是社会文明、依法治国、意识形态斗争、党的建设这些上层建筑方面的问题，也不能脱离生产关系的结构和矛盾运动的状态。需要特别指出，“坚持党对一切工作的领导”是习近平新时代中国特色社会主义思想的核心内容，而本章所讨论的政府和市场关系中的政府，是包含着党的领导的，而党的建设也不能脱离开市场中的经济主体。

其次，新时代中国社会主要矛盾的变化，没有改变我国仍处于并将长期处于社会主义初级阶段的基本国情，党在社会主义初级阶段的基本路线没有变，以人民为中心的发展思想和不断促进人的全面发展、全体人民共同富裕的根本目标没有变，市场经济的体制目标也没有变，依然需要坚持解放和发展社会生产力、坚持社会主义市场经济改革方向，推动经济持续健康发展。一方面，市场经济有其固有的效率优势，我们依然要依赖市场来优化资源配置、提高生产效率、理顺生产关系、化解社会矛盾；另一方面，市场经济也有其固有的分散化特征，难以避免经济主体行为从整个社会角度来看的盲目性，我们依然要通过更好发挥政府的作用（包括党的领导）来健全市场规则、弥补市场失灵、补齐民生短板、维护以公有制经济为主体多种所有制经济形式并存的基本经济制度，防止市场经济中资本主义意识形态的侵蚀。

再次，尽管改革的主体框架已经基本确立，但社会主义市场经济体制仍然需要完善，政府作用的更好发挥依然要通过明确界定职能范围与具体问题具体分析相结合的方式来实现。“解铃还须系铃人”，要全面深化改革、发展社会主义市场经济，必须“破除一切不合时宜的思想观念和体制机制弊端”；必须坚持“两个毫不动摇”和“两个不可侵犯”；必须坚持在发展中保障和改善民生，促进共同富裕；必须完善产权制度和要素市场化配置；必须改革国有资本授权经营体制，调整国有经济结构布局，深化国有企业混合所有制改革，清理废除妨碍统一市场和公平竞争的各种规定和做法；必须深化商事制度改革，深化投融资、财税、金融体制改革，创新和完善宏观调控，深化“放管服”改革；建立完善劳动关系三方协商协调机制政府；加强社会保障体系建设，建立多主体供给、多渠道保障、租购并举的住房制度；等等。这一系列的主要任务，都需要政府在党的领导下推进，都需要政府处理好与市场机制之间的关系。

最后，新时代中国特色社会主义社会仍然处于人类历史长河中的阶级社会阶段，国家仍然是阶级社会的国家，政府和市场关系的本质仍然是国家和市场的关系，政府职能仍然必须体现国家性质的根本要求，政府必须维护社会和谐稳定、确保国家长治久安、人民安居乐业。

第一节　认识政府和市场关系的方法论原则

改革开放以来，我们在实践中形成、并且用来指导实践的邓小平理论、“三个代表”重要思想、科学发展观、习近平新时代中国特色社会主义思想，都是对马克思列宁主义、毛泽东思想的继承和发展，方法论基础都是唯物辩证法和历史唯物主义的世界观，精髓是解放思想、实事求是，这是界定政府和市场关系的最基本原则。

我们强调用唯物辩证法和历史唯物主义的世界观来看待我国改革开放

以来的政府和市场关系实践以及未来的发展变化，是基于新中国成立以来探索适合中国国情的经济体制的曲折历程：我们曾经有过对市场配置资源作用的忽视，也曾经在改革生产关系过程中出现过某种程度的过度市场化。因此，站在新时代中国特色社会主义改革和建设的历史关头，我们有必要强调辩证地看待政府和市场的关系，同时也有必要历史地看待中华人民共和国成立以来的政府和市场关系实践。

一、坚持唯物辩证法

"世界是由矛盾组成的。没有矛盾就没有世界。"① 事物某方面的优点、优势会被其他方面的缺点、劣势抵消，不管往哪个方向发展，都有必须要解决好的核心问题。不论是"自然"状态的社会，或是政府用来改变社会的制度和政策，都不可避免地受这个基本规律的约束。举例来说，计划、福利、社保、医保等"公共"体系的核心问题之一是"控费"，而市场化体系（私人资本主导或者至少私人资本是重要的组成部分）的核心问题则是贫富分化。传统计划经济时代存在权力分化和分配不公问题，但是在程度上跟市场化以后的情况相比应该说还是有着明显的差别；另外，市场经济的"交易费用"往往要占到全部国民收入的很大比例，但是在产权明晰的市场经济中，这些"交易费用"是可以达到责任明确或者说"内部化"的。

政府和市场的关系脱离不开事物的矛盾规律。这意味着，如果我们要更好发挥政府作用，就必须关注可能出现的负面问题特别是对资源配置效率所产生的负面影响，进而通过机制设计尽量避免或减弱这些负面问题的影响，传统计划经济体制时期和"计划经济为主"的改革开放初期在这方面给我们提供了深刻的教训；另外，当我们强调要让市场在资源配置中起决定性作用的时候，也必须关注可能不符合社会主义国家性质要求的方面，进而通过制度设计来规避这些问题，初步建立社会主义市场经济时期的公有制经济主体地位问题、贫富分化问题、经济增长波动问题、社会经济发展不平衡问题在这方面也给我们提供了深刻的教训。我们反对以机械的"二分法"来看待政府和市场的关系，但是这并不意味着不需要分析政府机制和市场机制各自在具体情况下的优缺点，也不意味着不需要对政府

① 毛泽东：《论十大关系》，http：//www.people.com.cn/GB/shizheng/252/5531/5539/20010623/495741.html，[2018-03-31]。

和市场各自的职能作用进行清晰的界定。

二、坚持历史唯物主义世界观

历史唯物主义世界观强调的是具体问题具体分析，实事求是，与时俱进，求真务实，实干兴邦。观察资本主义萌芽以来世界各国政府和市场关系历史演变过程和新中国成立以来的建设和改革历程，我们发现，不论是资本主义国家或是社会主义国家，从来没有一成不变的制度或政策，这是构成政府和市场关系多样性的直接原因。这不仅不违反国家性质决定政府职能的客观规律，而且正是这一规律的必然实现形式。正如习近平同志在党的十八大之后所说的："不能用改革开放后的历史时期否定改革开放前的历史时期，也不能用改革开放前的历史时期否定改革开放后的历史时期。"① 这意味着，对于中国特色社会主义市场经济改革问题来说，一方面，需要根据国家性质的规定性进行"顶层设计"，明确目标、规划战略、把握方向；另一方面，也需要"摸着石头过河"，"试一试，看一看"，鼓励基层的制度实验和创新。这两方面必须结合起来：顶层设计需要以基层信息为依据，强调顶层设计的同时不能放弃鼓励基层的主动探索；基层探索需要以顶层设计的方向为依归，强调基层探索的同时不能忽略顶层设计，而且要将基层探索的经验和教训反映在顶层设计之中。

在新时代中国特色社会主义条件下，坚持历史唯物主义世界观，正确处理政府和市场的关系，"使市场在资源配置中起决定性作用和更好发挥政府作用"，必须既考虑国家性质的规定性，又考虑生产力发展状况和社会基本矛盾状况，既要考虑国家阶级属性，又要考虑国家公共属性。党的十九大确立的习近平新时代中国特色社会主义思想和十四点基本方略为我国未来一段时期的改革和建设指明了方向，其中，直接关系到经济体制改革以及正确处理政府和市场关系的思想和方略包括：新时代我国社会主要矛盾是人民日益增长的美好生活需要和不平衡不充分的发展之间的矛盾，必须坚持以人民为中心的发展思想，不断促进人的全面发展、全体人民共同富裕；必须坚持党对一切工作的领导，统筹推进"五位一体"总体布局，协调推进"四个全面"战略布局，同时，必须坚持全面从严治党，不断增强党自我净化、自我完善、自我革新、自我提高的能力，始终保持党

① 《习近平谈治国理政》，外文出版社2014年版，第22～23页。

同人民群众的血肉联系；必须坚持全面深化改革，坚持和完善中国特色社会主义制度，不断推进国家治理体系和治理能力现代化；必须坚定不移贯彻创新、协调、绿色、开放、共享的新发展理念，必须坚持和完善我国社会主义基本经济制度和分配制度，毫不动摇巩固和发展公有制经济，毫不动摇鼓励、支持、引导非公有制经济发展，使市场在资源配置中起决定性作用，更好发挥政府作用；必须坚持在发展中保障和改善民生，在发展中补齐民生短板、促进社会公平正义，在幼有所育、学有所教、劳有所得、病有所医、老有所养、住有所居、弱有所扶上不断取得新进展，确保国家长治久安、人民安居乐业。

第二节　新时代社会主义市场经济中政府和市场关系的具体原则

政府和市场的关系必须根据国家的基本性质在实践中界定，政府作用的更好发挥必须通过明确界定职能范围与具体问题具体分析相结合的方式来实现。政府和市场关系的实践性原则，一方面要吸收新中国成立以来，特别是改革开放以来的经验和教训；另一方面要符合新时代中国特色社会主义改革与发展的任务要求。

一、新时代中国特色社会主义市场经济中政府的特殊经济职能

与西方资本主义市场经济不同的是，我国在完善社会主义市场经济体制的过程中，政府承担着不同于资本主义国家的特殊经济职能，这是我们社会主义国家性质决定的。认清这一点，是深刻理解在我国社会主义市场经济中政府和市场的关系本质上是国家和市场关系的关键所在。

（一）不断扩大再生产出社会主义新型生产关系

我们的分析表明，政府的经济职能首先体现国家的阶级性质。对于社会主义国家来说，政府的首要经济职能是发展壮大公有制经济、不断扩大再生产出社会主义生产关系。马克思主义唯物史观表明，人类社会的发展方向是每一个个人的自由而全面发展，这一目标的前提是以高度发达的社

会生产力为基础的。随着社会化大生产的不断发展，资本主义所有制越来越成为生产力发展的桎梏，要实现人类自身的发展目标，必须坚持生产资料公有制的社会主义生产关系这一发展方向。

就我国而言，尚处于社会主义初级阶段，生产力发展水平具有多层次、不平衡的特点，这就决定了我国的基本经济制度还是公有制为主体基础上的多种所有制经济共同发展。多种所有制经济共同发展，并不意味着不同所有制经济之间能够和平共处、相安无事，因为市场经济充满竞争，资本的本质是通过不断积累和扩大再生产获得更多利润。因此，公有资本与私有资本之间在市场竞争中必然面临谁主导谁的问题。那么，如何才能做到既坚持社会主义制度和发展目标、坚持“以人民为中心”的发展理念，又不断解放和发展社会生产力，巩固社会主义国家的性质呢？对于这个问题，最首要的，是政府要深刻意识到必须不断扩大再生产出社会主义生产关系，让社会主义生产关系作为“普照的光”，引导非公有制生产关系的发展。而决不能相反，让非公有制生产关系在社会主义市场经济中发挥引领和主导作用，这不仅不符合生产社会化和资本社会化的发展规律、不符合人类自身的发展目标，也是对社会主义国家性质的挑战。

（二）坚持市场经济中的共享发展和共同富裕的方向

社会主义制度与资本主义制度是两种根本不同的社会制度，从本质上看，社会主义的根本目的是通过发展生产力，达到共同富裕，实现人的自由而全面发展，正如邓小平指出的：“社会主义的本质，是解放生产力，发展生产力，消灭剥削，消除两极分化，最终达到共同富裕”[①]。因此，坚持共同富裕的发展方向，也是我国政府的特殊经济职能。

实现共同富裕不可能一蹴而就，它是一个逐渐的过程。如何实现这个过程呢？以习近平同志为核心的党中央提出了“共享发展”理念。共享是中国特色社会主义的本质要求。中国共产党领导下的中国政府，坚持发展为了人民、发展依靠人民、发展成果由人民共享，做出更有效的制度安排，使全体人民在共建共享发展中有更多获得感，增强发展动力，增进人民团结，朝着共同富裕方向稳步前进（2015 年 11 月《中共中央关于制定国民经济和社会发展第十三个五年规划的建议》）。坚持共享发展理念走向共同富裕，这是我国社会主义市场经济中政府特殊经济

---

① 《邓小平文选》第 3 卷，人民出版社 1994 年版，第 373 页。

职能的重要体现之一。

（三）通过做强做优做大国有企业更好地驾驭市场经济

社会主义国家的国家性质决定了发展国有企业具有内生性。首先，在社会主义市场经济条件下，国有企业是生产资料公有制的主要实体形式，与公有制的制度形式一起，共同体现社会主义的生产关系、体现国家的社会主义属性、保障社会主义生产目的。其次，国有企业是国家暴力的替代形式，与暴力手段一起共同承担着阶级统治工具的作用，这一点对社会主义国家来说具有特别重要的意义。在资本主义国家，私人企业代表了资产阶级作为统治阶级的利益，因此私人企业与统治者的利益在根本上是一致的，国家暴力的主要对象是工人阶级和广大劳动者，而国有企业的主要作用是提供公共产品。社会主义国家的情况则大不相同，掌握政权的工人阶级和广大劳动者在私人企业内部却处于被支配的地位，而国家暴力又只能作为最后的手段和威慑力量存在，这种情况下，国有企业能够替代国家暴力机器利用市场机制对非公有制经济加以引导，以保证经济整体的社会主义方向。

我国实行社会主义市场经济，就是利用市场机制提高资源配置效率，更好推动生产力的发展。但市场经济包含复杂的利益关系，价值规律也是"双刃剑"，既有提高资源配置效率、实现人们之间物质利益关系的一面，也有浪费资源、造成贫富不均两极分化的一面。社会主义要利用市场经济好的方面，克服市场经济坏的方面，就不能任凭市场机制自发地发挥作用；相反，必须探索从"自发"的市场经济走向"自觉"的市场经济的规律。而这个过程，就是探索政府如何更好"驾驭"市场经济的过程。政府除了要提高宏观调控的能力和水平之外，必须做强做优做大国有企业。国有企业不仅是政府驾驭市场经济的经济基础，也是社会主义市场经济遵循共享发展理念，朝着共同富裕目标前进的重要保障。

因此，那种认为社会主义市场经济中国有企业改革的方向应该是退出竞争领域、让国有企业只提供公共产品和弥补经济周期的认识，是错误的。这种观点盲目参照西方资本主义国家国有企业的功能，来改革（实质是消灭）中国的国有企业，彻底混淆了资本主义市场经济与社会主义市场经济是建立在完全不同的国家性质基础上的市场经济。

二、新时代社会主义市场经济中政府的基本经济职能

我国实行社会主义市场经济，既要体现社会主义国家的阶级属性，又要体现国家的公共属性；既要体现社会主义国家性质的本质要求，也要遵循市场经济的一般规律。遵循市场经济的一般规律，就是要发挥市场机制对资源配置的决定性作用，提高资源配置效率，增加国民收入，“解决人民日益增长的美好生活需要和不平衡不充分的发展之间的矛盾”（习近平在党的十九大上的报告），这既是对国家公共属性的反映，也是对国家的社会主义根本性质的反映。

需要指出，我们必须辩证地看待遵循市场经济的一般规律这一职能要求，趋利避害。首先，要充分发挥市场机制对资源配置的决定性作用，包括完善产权制度、完善市场体系、促进要素流动等；其次，要避免或缓解私人竞争和生产的盲目性和贫富分化等问题，包括调控经济运行、调节经济结构，避免严重的贫富分化、保持经济稳定增长和维护市场经济秩序等；最后，弥补市场失灵的情况，包括公共产品、共有资源、外部效应、信息不对称等方面。

（一）发挥市场机制对资源配置的决定性作用

市场机制的基本含义是经济个体根据市场的规则和条件来做出预期和决策，市场机制的有效性要求市场的基本规则是稳定的和完善的。这些规则包括产权制度、价格形成机制、市场准入和竞争环境等，其中，最重要的规则是产权制度。

保护产权是国家一般意义上的基本职能，这个职能在不同的社会制度下有不同的意义。在资本主义制度下，保护产权意味着维护资本主义生产方式和资产阶级的根本利益；而在社会主义制度下，保护产权则主要意味着保障人民生活和生产条件，维护市场秩序。另外，保护产权，意味着保护私有财产，也为保护公有财产。正如马克思在《资本论》第一卷第一篇第二章分析交换过程时一开始就指出的：“为了使这些物作为商品彼此发生关系，商品监护人必须作为有自己的意志体现在这些物中的人彼此发生关系，……他们必须彼此承认对方是私有者。这种具有契约形式的法的关系，是一种反映着经济关系的意志关系。这种法的关系或意志关系的内容

是由这种经济关系本身决定的。”①

（二）避免或缓解私人竞争和生产的盲目性所带来的结构性矛盾和系统性风险

即使是有效的市场，也存在固有的缺陷，既不一定能够满足国家公共属性的要求，也不一定能够满足国家阶级属性的要求，因而需要政府矫正。私人资本主导的资本主义市场经济最主要的固有缺陷是私人生产在社会整体上的盲目性，导致周期性的总供求结构失调，产生经济波动和经济危机。为此，资本主义国家的政府虽然不能依靠集中计划来调节，但是可以通过货币政策和财政政策在宏观上调控企业投资方向、投资数量以及失业率，还可以通过社会保障等收入再分配制度和政策为无产者和低收入者提供基本保障。另外，政府可以通过市场监管和国有企业参与市场竞争来约束和引导私人生产和投资的盲目性。与资本主义国家以及改革开放之前相比，中国特色社会主义市场经济条件下，政府仍然可以保留并谨慎使用直接计划手段或行政手段。

（三）提供公共服务和公共产品

市场机制可能会失灵，需要政府弥补。按照经济学界的共识，市场失灵的领域和原因主要在公共产品、共有资源、外部效应、信息不对称等方面。相应地，政府在弥补市场失灵层次上的主要职能包括：完善市场监管机制，防止私人资本逐利所导致的社会成本和系统性风险；界定和完善共有资源领域和私人生产领域的具体产权规则，预防共有资源的滥用，降低私人生产的社会成本；承担市场交易中间人、仲裁者和调节者的角色，提供公共服务，降低市场交易各环节的不合理费用，建立共有资源产权交易市场，促进市场交易；建立和完善市场信息服务平台，提高市场透明度；等等。

三、从推进国家治理体系和治理能力现代化角度看政府和市场的有机结合

习近平在党的十九大报告中指出，“完善和发展中国特色社会主义制

① 《马克思恩格斯文集》第5卷，人民出版社2009年版，第103页。

度、推进国家治理体系和治理能力现代化”是全面深化改革的总目标。这是习近平新时代中国特色社会主义思想的重要内容。从国家治理体系和治理能力现代化的认识高度来看政府和市场的关系实践，核心要求之一就是“增强改革的系统性、整体性、协同性”。因此，我们必须从国家的性质出发，考虑市场的客观要求，辩证地看待政府和市场的关系和两者的有机结合。

（一）政府和市场的关系以及政府经济职能不应由市场来决定

市场经济并不完全是中性的：市场经济必然要与某种社会制度相结合从而具有社会属性；市场不仅是一种资源配置方式或手段，而且是各种经济主体之间交换行为和交换过程的总和及其背后的物质利益关系载体，市场经济体制中既包含公有制经济主导的部分，又包含私人资本主导的部分；市场机制的分散决策特征使得市场经济微观主体的个体利益目标不一定与社会整体利益目标一致。因此，市场经济与社会主义基本经济制度结合的过程中并非没有矛盾。因此，在中国特色社会主义市场经济体制中，政府必须对市场进行主动驾驭，而不是完全被动地跟着市场的要求走。“我国实行的是社会主义市场经济体制，我们仍然要坚持发挥我国社会主义制度的优越性、发挥党和政府的积极作用。市场在资源配置中起决定性作用，并不是起全部作用”①。

党的十九大报告强调，必须坚持“四个全面”战略布局，“坚持全面深化改革”。“全面”深化改革，意味着以国家的社会主义性质为根本标准，又不能忽略国家的公共属性，辩证统一地界定政府和市场的关系，“必须坚持和完善中国特色社会主义制度，不断推进国家治理体系和治理能力现代化，坚决破除一切不合时宜的思想观念和体制机制弊端，突破利益固化的藩篱，吸收人类文明有益成果，构建系统完备、科学规范、运行有效的制度体系，充分发挥我国社会主义制度优越性。”

（二）必须强调政府对市场进行主动驾驭

国家的二重属性和市场的手段性质及载体性质，要求政府必须根据国家性质的要求来决定政府对市场机制和市场经济体制的利用方式。我们国家的社会主义性质决定了政府必须利用市场机制在资源配置方面的效率优

① 《习近平谈治国理政》，外文出版社2014年版，第77页。

势为劳动者的根本利益服务。同时，市场机制优化资源配置作用的有效发挥需要一些客观条件，国家公共属性决定了政府一方面要完善市场规则、维护市场秩序和公平竞争；另一方面又必须对私人资本主导的市场竞争所带来的贫富分化、结构性矛盾和系统性风险进行监管和控制，保障公共利益，最终也为劳动人民的根本利益服务。

正如党的十九大报告所指出的：经济体制改革必须以完善产权制度和要素市场化配置为重点，实现产权有效激励、要素自由流动、价格反应灵活、竞争公平有序、企业优胜劣汰；清理废除妨碍统一市场和公平竞争的各种规定和做法，打破行政性垄断，防止市场垄断，加快要素价格市场化改革；要通过完善各类国有资产管理体制、改革国有资本授权经营体制、优化国有经济布局、深化国有企业改革，促进国有资产保值增值，推动国有资本做强做优做大；要完善市场监管体制，创新和完善宏观调控，发挥国家发展规划的战略导向作用，健全财政、货币、产业、区域等经济政策协调机制。

另外，我们需要特别澄清关于计划管理的作用问题。改革开放以来，计划管理的功能已经发生了明显的变化，从原来的直接管产量，转变为以管土地等国有自然要素的供应为主；从原来的以具体的生产计划、年度计划为主，转变为以中长期规划为主。党的十八届三中全会以来，中央对计划的态度是明确的，让市场在资源配置中起决定性作用，也就是说，计划手段在资源配置中不起决定性作用，或者说起非决定性作用。但是这并不意味着我们要完全放弃计划手段，当然，也不意味着不需要改变计划的使用范围和方式方法。基本的思路是明确的：尽量减少价格、产量、要素供应等市场经济核心环节的计划干预，保持对国民经济的战略性规划管理。

（三）必须坚持市场经济体制改革的社会主义性质和中国特色

中国的社会主义市场经济是具有中国特色的社会主义市场经济，是社会主义的国家性质与中国特色的结合体。中国特色社会主义市场经济，既是中国特色的市场经济，又是中国特色的社会主义，既区别于资本主义国家的市场经济，又区别于其他社会主义国家的市场经济，而且还是发展变化中的市场经济。因此，既不能照搬典型的资本主义市场经济实现形式，也不能拘泥于传统的社会主义实现形式。

中国特色源于中国当代的具体国情，源于中国改革开放的探索，源于中国革命和建设的实践，源于中国几千年的悠久传统。党的十八大以来，党中央多次强调要坚定中国特色社会主义的道路自信、理论自信、制度自信和文化自信。这些自信既是对社会主义道路、社会主义理论、社会主义制度、社会主义文化的自信，也是对中国特色道路、中国特色理论、中国特色制度、中国特色文化的自信。

（四）必须探索公有制与市场经济相结合的途径

“公有制和市场经济的关系”，跟“政府和市场的关系”，是讨论社会主义市场经济体制改革问题的两个角度。一方面，要正确处理政府和市场的关系，必须解决公有制与市场经济相结合的问题；另一方面，要解决公有制与市场经济相结合的问题，关键是要理顺政府和市场的关系、正确发挥政府的作用。

社会主义公有制与市场经济相结合的问题有两个层次：第一个层次是让市场正常运转起来，即如何满足市场交易的前提条件；第二个层次是让市场为社会主义国家性质或生产目的服务。经过近 40 多年的改革探索，我们已经基本解决了第一个层次的问题，或者至少可以说我们已经明确了解决第一个层次问题的基本途径，而我们现在面临的主要困难是解决第二个层次的问题。

从满足市场交易前提条件的角度来看，社会主义公有制与市场经济的结合并不因公有制所有权的存在而无法实现，或者说，公有制与市场经济的结合并不需要取消公有制的所有权，需要的只是明确产权归属，而界定、实施和保护产权是政府的主要职责之一。

从社会主义的国家性质和社会主义公有制经济的生产目的角度来看，单靠自发的市场机制是无法达到要求的，这样一来，驾驭市场就成为社会主义政府的另一项主要职责。一方面，在社会主义公有制经济中，虽然劳动力本质上不是商品，但是劳动者之间、企业之间以及劳动者与企业之间都仍然存在着明显的利益界限，互相之间必须以等量劳动来交换利益，进而表现为等价交换或者说市场交换。另一方面，社会主义公有制企业的生产具有直接社会性，必须以满足人民需要和实现共同富裕为目标，这决定了社会主义生产又不能完全建立在自发的市场基础上，国家不仅要调节收入再分配，而且要调节公有制企业内部的初次分配；劳动者有权利监督企业管理、分享劳动成果、保障人民共同利益。①

---

① 张宇：《论公有制与市场经济的有机结合》，载于《经济研究》2016 年第 6 期。

另外，社会主义市场经济不仅包括公有制经济，而且包括私有制经济，政府不仅要解决公有制经济的市场化问题，而且要解决私有制经济为社会主义生产目的服务的问题，要解决公有制经济与私有制经济相结合的问题。这些问题都属于坚持和完善社会主义公有制基本经济制度的基本任务。

（五）政府和市场既要相互结合，又要分工明确

在技术层面上来说，政府和市场是实现国家性质要求的两个基本手段，是社会主义市场经济的“两驾马车”。如果资源配置的决定性制度不是市场，就不是市场经济；如果政府只是保守地扮演“守夜人”角色而不努力实现国家阶级属性和公共属性的双重要求，就体现不出社会主义性质。因此，必须探索政府和市场这两个基本手段或“两驾马车”相互结合的方式，否则就不能称作社会主义市场经济。

同时，社会主义生产目的的实现有赖于市场机制来提高生产效率、促进经济增长，因此，尽管更好发挥政府的作用要以满足社会主义国家性质的本质要求为前提，但是绝不意味着要政府过分干预市场。只有分工明确，才能相互结合得好，否则，就既不能有效发挥市场机制的作用，也不能有效发挥政府手段的职能，结果是要么影响资源优化配置，要么影响收入分配，最终影响劳动者利益的保障和共同富裕的社会主义目标。结合是分工明确基础上的相互结合，分工是相互结合前提下的明确分工。

总的来说，具体操作层面上的政府职能范围界定，需要有一个探索和加深认识的过程。众所周知，政府的所有经济措施归根结底都会传导为某种收入分配效果，那么，是不是说政府经济职能的本质就是收入分配呢？如果是这样的，那就意味着市场和政府的分工关系应该是由市场主导资源配置、由政府主导收入分配。但是，同样众所周知的是，资源配置过程本身也是收入分配过程，因此，如果政府主导收入分配则势必与市场主导资源配置的职能界定相冲突。所以，政府的经济职能本质上不能说是收入分配，而合理的界定似乎应该是政府主导收入再分配。但是，只是简单地认为政府的职能是主导收入再分配，并没有进步的意义，全世界各国的政府都将收入再分配界定为自己的主要职能，新中国从传统计划经济时代到改革开放以后也一直都是如此，将政府的主要职能简单地界定为收入再分配等于说在政府职能方面不需要改革。

由此看来，党的十八届三中全会《关于全面深化改革若干重大问题的

决定》所说的“更好发挥政府作用”既不是要让政府主导初次收入分配，也不是让政府职能仅限于收入再分配，而是要让政府在主导收入再分配的同时在资源配置和初次分配方面有所作为。这意味着，政府职能范围的具体界定，需要在实践中不断探索。2013 年以来，中央政府以转变政府职能为关键环节，重点推进的“简政放权、放管结合、优化服务”（简称“放管服”）改革，为处理好政府和市场的关系这个经济体制改革的核心问题、使市场在资源配置中起决定性作用和更好发挥政府作用，积累了一定的经验。

四、加强党对经济体制改革以及政府和市场关系实践的领导

坚持党对一切工作的领导，是习近平新时代中国特色社会主义思想的首要内容，也是中国革命、建设和改革的首要经验。党的十九大报告明确指出：“中国特色社会主义最本质的特征是中国共产党领导，中国特色社会主义制度的最大优势是中国共产党领导”。实践证明，凡是党的领导被削弱的时期，国家的社会经济发展都会出现不同程度的动荡，这既不符合我们国家的社会主义性质要求，也不符合国家公共属性的要求。

党的十八届三中全会和十九大都明确强调“推进国家治理体系和治理能力现代化”，目的是增强“改革的系统性、整体性、协同性”。党的十八届三中全会以来党中央提出的新发展理念，其中一条理念也是协调。国家治理体系的每个环节都是由党领导的，国家现代化建设和全面深化改革整体框架是党提出的，因此，新时代经济体制改革以及政府和市场关系的实践不可能不由党来领导。在我国的经济制度、经济体制和社会主义初级阶段的基本国情条件下，公有制经济主体地位的巩固离不开党的领导，解决民生保障问题、解决人民日益增长的美好生活需要和不平衡不充分的发展之间的矛盾离不开党的领导，保持经济健康稳定发展也离不开党的领导，政权的稳定和社会的安定都离不开党的领导。

政治体制改革是全面深化改革的重要内容，以往改革的教训表明，政治体制改革需要“党政分工”，但绝不能推行“党政分开”，因为“党政分开”一定会削弱党的领导而不是增强党的领导。同时，为了加强党的领导，必须加强党的建设，提高党的领导能力。党的十九届三中全会通过的《关于深化党和国家机构改革的决定》以及《深化党和国家机构改革方案》，对于推进国家治理体系和治理能力现代化具有非常重要的意义，符合我国国家性质的需要。

第十章

社会主义共享发展中的政府作用

《中共中央关于制定国民经济和社会发展第十三个五年规划的建议》中（以下简称“十三五规划建议”）提出了“共享发展”理念，并且指出“共享是中国特色社会主义的本质要求，必须坚持发展为了人民、发展依靠人民、发展成果由人民共享”。同时，党的“十三五规划建议”还进一步提出“做出更有效的制度安排，使全体人民在共建共享发展中有更多获得感”，目标是“朝着共同富裕方向稳步前进”。共享理念始终是我们党制定各种政策的灵魂，尤其是改革开放以来，我们党从强调“共同富裕”到“科学发展观”再到“共享发展”理念，充分体现了对中国特色社会主义的发展目标、发展动力、享受发展成果的发展思路日益清晰。

第一节　共享发展的政治经济学解读

一、共享发展的内涵

习近平总书记在2015年11月23日中共中央政治局第二十八次集体学习时指出：“坚持新的发展理念，创新、协调、绿色、开放、共享的发展理念是对我们在推动经济发展中获得的感性认识的升华，是对我们推动经济发展实践的理论总结，要坚持用新的发展理念来引领和推动我国经济发展，不断破解经济发展难题，开创经济发展新局面。”党的“十三五规划建议”中提出的共享发展理念，与我国经济发展进入新常态时期密切相关。改革开放以来，我国经济飞速发展，取得了举世瞩目的成就。然而，还必须看到，随着改革开放的不断深化，我国经济社会也积累了很多问题，其中，收入差距过大、社会公共产品供给不足、劳动关系不和谐等，都是与百姓利益息息相关的突出问题。

习近平总书记在党的十八届中央政治局常委同中外记者见面时，曾用朴实无华而又掷地有声的语言指出："我们的人民热爱生活，期盼有更好的教育、更稳定的工作、更满意的收入、更可靠的社会保障、更高水平的医疗卫生服务、更舒适的居住条件、更优美的环境、期盼孩子成长得更好、工作得更好、生活得更好。人民对美好生活的向往，就是我们的奋斗目标。"① 习总书记的这段话，几乎从人民需要的各个方面，表达了"以人民为中心"的发展思想。"以人民为中心"的发展思想是党的十八届五中全会首次提出来的，坚持"以人民为中心"不仅是立场问题，也是构建中国特色社会主义政治经济学理论体系要贯穿的主线。"共享理念实质就是坚持以人民为中心的发展思想，体现的是逐步实现共同富裕的要求。"② 由此可见，我们深入系统研究共享发展问题，不仅是全面建成小康社会的需要，也是构建中国特色社会主义政治经济学的迫切要求。

关于党的十八届五中全会提出共享发展的内涵，习近平总书记明确指出包括四方面：一是共享是全民共享。这是就共享的覆盖面而言的。共享发展是人人享有、各得其所，不是少数人共享、一部分人共享。二是共享是全面共享。这是就共享的内容而言的。共享发展就要共享国家经济、政治、文化、社会、生态各方面建设成果，全面保障人民在各方面的合法权益。三是共享是共建共享。这是就共享的实现途径而言的。共建才能共享，共建的过程也是共享的过程。要充分发扬民主，广泛汇聚民智，最大激发民力，形成人人参与、人人尽力、人人都有成就感的生动局面。四是共享是渐进共享。这是就共享发展的推进进程而言的。俗话说一口吃不成胖子，共享发展必将有一个从低级到高级、从不均衡到均衡的过程，即使达到很高的水平也会有差别。③ 习总书记提出的共享发展内涵丰富而深刻，为我们从学理上深化研究这一问题提供了思想基础。

二、共享发展的政治经济学理解

第一，解读共享发展必须坚持唯物辩证法的根本方法。众所周知，马

① 《习近平谈治国理政》，外文出版社 2014 年版，第 4 页。

②③ 习近平：《在省部级主要领导干部学习贯彻党的十八届五中全会精神专题研讨班上的讲话》，载于《人民日报》2016 年 5 月 10 日第 2 版。

克思的唯物史观揭示了生产力与生产关系、经济基础和上层建筑的辩证统一关系。因此要想从政治经济学的学理角度来解读共享发展的内涵，也要从这一根本方法论出发。从生产力角度来说，一个社会的生产力发展水平的高低是共享发展的物质前提。因为只有在相对发达的物质生产力的前提下，劳动者的劳动才能在满足自己和家庭的生活资料之外还有剩余劳动，剩余劳动越多生产的剩余产品也就越多，因此用来满足不断增长的物质文化需要的产品越多，用来共享的物质基础就越雄厚。从生产关系角度来说，不同性质的生产关系，共享的内容和层次也是不同的。比如在资本主义私有制性质的企业中，由于劳资之间是根本对立关系，因此共享只能是管理层面的共享；而社会主义公有制性质的企业则不同，其内部劳动关系消除了生产资料与劳动者之间的根本对立关系，因此具备了真正意义上的共享基础。[①] 党的“十三五规划建议”中提出的共享发展理念是中国特色社会主义制度属性的内在要求，这句话本身已经表明，共享发展的制度基础是社会主义，从政治经济学角度说，共享发展是建立在公有制为主体这一坚实的经济制度基础上的。因此，坚持发展和壮大公有制，尤其是做强做优做大国有企业，是共享发展的制度保障和经济基础。正如中共中央在《关于深化国有企业改革指导意见》指出的：“国有企业属于全民所有，是推进国家现代化、保障人民共同利益的重要力量”。

第二，解读共享发展必须明确“共享发展”的主体是谁的问题。共享发展是以人民为中心的重要体现，显然共享发展的主体就是人民。从政治经济学角度看，以人民为中心实质就是“以劳动者为中心”。在马克思主义政治经济学中，人总是指处于一定社会经济关系中的人，也可以说政治经济学中的人不是孤立的、抽象的存在的人，总是处于一定经济关系中的人格化代表。在《资本论》中，马克思把资本家称作是“资本的人格化”，而雇用工人则是“人格化的劳动时间”。只有明确了中国特色社会主义制度中的共享发展是以劳动者为中心，我们的研究立场、理论的逻辑出发点和逻辑主线，才能体现中国特色社会主义政治经济学的本质属性。

我们之所以强调以人民为中心的本质是以劳动者为中心，主要是为了区别西方经济学中假设的“经济人”。众所周知，西方经济学中的“经济人”是精于算计、追求利益最大化、无所不能的理性人；经济人又是无所不包的抽象人，既包括资本家，也包括雇用工人；既包括生产者，也包括

---

① 刘凤义、李臻：《共享发展的政治经济学解读》，载于《中国特色社会主义研究》2016年第2期。

消费者；既包括富人，也包括穷人，如此等等。如果我们用抽象的经济人去理解“共享发展”，就会出现“共享悖论”：既然资本家和工人都是追求自身利益最大化的经济人，凭什么要工人分享资本家的剩余呢？因此，在市场经济 = 私有制 = 效率 = 个人利益最大化的西方经济学逻辑中，不可能存在“共享发展”的制度基础和理论空间。

第三，要在宏观与微观的有机结合中研究共享发展问题。共享发展既包含宏观社会领域，也包含微观企业层面。在“十三五规划建议”中第七个部分是“坚持共享发展，着力增进人民福祉”，阐述了共享发展的具体领域和内容，包括增加公共服务供给问题，包括教育、医疗健康、社会保障、收入差距、反贫困等多个方面。这些内容的确是从宏观社会领域来阐述共享发展的内容的，但不能因此认为共享发展就只是宏观社会领域的问题，是再分配的问题。

从马克思主义政治经济学的研究方法来看，微观领域与宏观领域是辩证统一的关系，脱离开微观，无法分析宏观问题。所以马克思的《资本论》体系没有使用微观和宏观这种划分方法，在每一卷研究中，都是微观和宏观的有机结合。共享发展作为中国特色社会主义政治经济学的逻辑主线，自然是贯穿微观和宏观各个领域。在微观领域，主要体现在企业内部的共享发展上；在宏观领域，主要体现在社会公共领域的共享发展上。党的“十三五规划建议”第七部分，明确提到“推行终身职业技能培训”“建立和谐劳动关系”“推行企业工资集体协商制度”“完善最低工资增长机制”“提高劳动生产率”等内容，显然都是微观企业领域的问题。我们强调共享是为了调动劳动者的积极性、创造性，解放和发展生产力，劳动者也是要通过进入企业或其他相关组织载体中，才能进行经济活动，这也是微观领域的问题。中国特色社会主义政治经济学，研究共享发展，既要研究企业层面的共享，也要研究社会公共领域的共享，连结这两个领域的中介就是劳动者这一共享的主体。西方经济学由于宏观和微观之间是割裂的体系，尤其是西方经济学是站在资本的立场，而不是劳动的立场研究经济问题，所以不可能在微观与宏观的有机结合中研究劳动者的共享发展问题。

第四，要从运动过程的角度来认识共享发展问题。共同富裕是社会主义的发展目标，而实现共同富裕是一个运动过程，在这个过程中如何既能始终沿着这个目标前进又不犯冒进错误呢？我们党提出“共享发展”理念，恰似一枚“引路神器”，把社会主义初级阶段发展之路与共同富裕的发展目标结合起来。共享发展更加强调在发展过程中增加人民福祉、促进人的全面发展，而不是只为了追求共同富裕的目标，而忽略达到目标的过程。有人认为在社会主义市场经济条件下，共享发展不符合现实，共享似乎是未来共产主义的事情。这种认识是不正确的，习近平总书记指出：共享是渐进共享，共享发展必将有一个从低级到高级、从不均衡到均衡的过程。习总书记这一思想表明，共享是动态的运动过程，中国特色社会主义政治经济学就是要研究这一过程的运动规律；共享具有层次性，社会主义市场经济中不同性质的企业其共享的性质和内容会有差别。

第五，要明确共享与发展之间的关系问题。关于共享发展，最常见的误解就是认为这个问题仅仅是分配领域的问题，这种认识有失偏颇。习近平总书记明确指出："以人民为中心的发展思想，不是一个抽象的、玄奥的概念，不能只停留在口头上、止步于思想环节，而要体现在经济社会发展的各个环节。"① 从政治经济学的角度看，共享发展体现在经济社会的各个环节，应包括生产、分配、交换和消费这些环节。那种把共享发展仅仅理解为分配或消费环节的问题的观点，显然是过于狭隘的。当然，我们说生产、分配、交换和消费这些关系的总和，也仅仅是指社会生产关系层面的内容。事实上，共享发展不仅是生产关系层面的问题，还包括生产力层面的问题，是生产力与生产关系的有机统一。

正如习近平总书记所说的，落实共享发展，归结起来就是两个层面的事情，一是不断做大"蛋糕"；二是分好"蛋糕"。要做大"蛋糕"，必须解放和发展生产力，通过深化改革和创新驱动，提高经济发展的质量和效益，生产出更多更好的物质产品和精神产品。分好"蛋糕"则是生产关系层面的问题，体现社会主义制度优越性，让人民有更多获得感。严格说来，生产力和生产关系的辩证统一关系并非是做"蛋糕"和分"蛋糕"这么简单的关系，这种说法只是更为形象一些。我们还可以从另外角度来理解，做"蛋糕"是生产环节，分"蛋糕"是分配环节，如何分配，是由生产资料所有制性质决定的，所以不能把做"蛋糕"和分"蛋糕"割裂开。构建中国特色社会主义政治经济学，就是要以"共享发展"为逻辑线索，使之贯穿生产、分配、交换和消费各个环节，贯穿于解放和发展生产力的过程中。正如习近平总书记指出的："中国特色社会主义道路，既要不断解放和发展社会生产力，又逐步实现全体人民共同富裕、促进人的

① 习近平：《在省部级主要领导干部学习贯彻党的十八届五中全会精神专题研讨班上的讲话》，载于《人民日报》2016 年 5 月 10 日第 2 版。

全面发展。”① 共享发展，作为中国特色社会主义道路的重要特征，是生产力和生产关系的有机统一。马克思主义政治经济学的共享发展观，与西方经济学不同，在西方经济学分析框架中，公平与效率之间存在对立性，强调公平会损害效率，按照这种逻辑，强调共享也会损害效率，因为共享的实质就是要解决公平问题。

以上从五个方面对共享发展的理解，进一步为中国特色社会主义政治经济学从学理层面深入研究这一问题奠定认识基础。那么，在已有的经济学思想体系中，共享发展研究是什么情况呢？下面我们将做一个总体勾勒。

第二节　经济学思想体系中关于共享问题的研究

“共享”理念作为人类的一种基本理想可谓源远流长，无论是我国古代，还是西方文明中都有很多关于人类共享的理念。只不过在不同社会制度下，由于受时代背景、阶级立场等因素的限制，思想家们对共享的理解不尽一致，限于篇幅在此不做赘述。下面仅从西方经济学和马克思主义经济学两大理论体系角度，梳理一下关于共享思想的研究。

一、西方经济学理论体系中关于共享思想的研究

在西方经济学思想体系中对“共享”的认识有不同的发展阶段。早期西方经济学家提出所谓的“共享”“和谐”观点，都带有强烈的辩护性。如萨伊在其“三位一体学说”理论体系中，认为“资本家得利润、工人得工资、地主得地租”是资本主义社会和谐的体现，其实质是市场经济中的一种共享关系。萨伊的这一思想后来被演变为“边际生产力理论”，形成了西方经济学的分配理论。这种分配理论带有强烈的为资本剥削工人进行辩护的目的性，同时也是一种“宿命论”，它把工人低工资的原因归结为边际贡献小。第一位试图改变萨伊学说体系的西方经济学家是德国的杜能，他在1826年出版的《孤立国同农业和国民经济的关系》一书中，对当时流行的“工资等于最低生活资料价值”的观点进行了批判，认为工资不仅要购买生活资料，而且在购买生活资料之后要有剩余，即“工人所得

① 《习近平谈治国理政》，外文出版社2014年版，第9页。

的剩余”。当然，由于杜能并不能正确区分劳动和劳动力两个范畴，所以认为工人既获得工资，又获得剩余这显然是不正确的，但在当时，这种认为工人应当分享剩余的思想有进步性。[①]

法国小资产阶级经济学家蒲鲁东在其 1840 年出版的《什么是所有权》一书中提出，一个正义、平等的社会应具备以下特点：“第一，一切积累起来的财产都是社会的财产，谁也不能把它当做他的专属财产；第二，一切交换的条件是‘产品的等值性’，所以利润是不可能的；第三，在交换的等值性上维持平等的‘自由联合’是唯一可能的、唯一合乎正义的和唯一真实的社会形式”。[②] 在蒲鲁东所描述的小资产阶级社会中，“一切积累起来的财产”都是“社会的财产”，也就是说，社会上积累的全部生产资料和消费资料均由全体劳动人民所共享，即要求每个劳动者平均享有社会上的一切财富。在小资产阶级所设想的社会主义中，人与人之间消灭了一切差别，在物质分配、政治待遇、生产条件、工作条件、文化素质、道德水平和个人需要等方面绝对平均。这种绝对平均分配方式的最大特点是保障符合资格者拥有相等的分配结果，也就是数量上的均摊。但这种分配方式不反映效率与收入之间的对应关系，而是把眼光直接投向分配结果。

到了 19 世纪 70 ~ 80 年代，德国资产阶级经济学家阿道夫·瓦格纳从财政学角度提出，随着经济发展，国家职能不断扩大，与之相适应的公共支出也应不断增加。瓦格纳提出的政府职能和财政支出不断扩大的思想，本质上是希望资产阶级国家从公共领域增加共享成分。这一思想与斯密提出的政府职能只是“守夜人”的思想相比，有了很大进步，对德国后来的“社会市场经济”模式产生了较大影响。[③]

20 世纪 20 年代，以庇古为首的经济学家建立了西方福利经济学。福利经济学看上去是研究人们如何追求个人福利和社会福利最大化问题，但其研究方法是运用马歇尔的“消费者剩余理论”和帕累托“最优理论”，因此其理论基础并不科学。[④] 福利经济学的政策建议也不是从劳动者共享角度给出的，而是从资本效率最大化角度给出的，他们研究福利问题，却否认收入分配不均会影响效率。因此，可以说福利经济学与研究社会劳动者如何参与共享问题毫不相干。

① 宋承先：《西方经济学名著提要》，江西人民出版社 1998 年版，第 179 ~ 192 页。
② ［法］蒲鲁东，孙署冰译：《什么是所有权》，商务印书馆 2009 年版，第 154 页、323 页。
③ 参见维基百科：https：//en. wikipedia. org/wiki/Adolf_Wagner。
④ 宋承宪：《西方经济学名著提要》，江西人民出版社 1998 年版，第 361 ~ 368 页。

真正试图把“共享”问题纳入西方经济学微观理论体系的西方经济学家，当属20世纪80年代初期的美国经济学家马丁·威茨曼，其代表作是《分享经济——用分享制代替工资制》①。威茨曼这本著作的历史背景是凯恩斯主义时代需求管理政策下资本主义经济出现的“滞胀”问题。威茨曼从“工资制度”入手来研究资本主义经济面临的问题，他认为问题的关键在于传统的固定工资制度既没有弹性，也不能调动劳动者的积极性，还不能激励雇主增加雇用工人数量。威茨曼提出的解决办法，就是他所谓的“分享经济”，其实质是将固定工资改为浮动工资，工人工资的一部分与企业的经济效益挂钩，企业效益好，工人工资高，企业效益不好，工人工资就低。这种工资制度既有利益“分享”的性质，也有“风险”共担的性质。相比于原来的劳资关系，这种分享制度更有利于工人与资本家形成利益共同体。威茨曼的学说一经提出就引起了很大反响和争论，支持者和反对者均有之。支持者认为威茨曼提出通过劳资关系协调解决充分就业问题，不失为一条新思路；批评者则认为威茨曼的理论强化了工会的地位和作用，无疑会影响资本的效率。

但是令人遗憾的是，威茨曼的“分享经济”只停留在市场运行层面，没有在所有制层面进行突破。应该说，威茨曼试图从微观的工资角度研究资本主义“滞胀”问题，这个思路是对的，尤其是“分享”的观点抓住了问题的要害。但是威茨曼的工资理论仍然没有跳出新古典主义经济学的框架，他试图在私有制框架内推进分享制度，但由于缺乏所有制层面的制度基础，他的理论只能是“乌托邦”。后来，威茨曼教授对自己的研究也深感失望，研究领域从“分享经济”转向了环境、气候经济学。

直接回应威茨曼教授分享经济的经济学家是英国的詹姆斯·爱德华·米德，在1986年伦敦 Allen & Unwin 出版社出版了他的英文著作《Alternative Systems of Business Organization and Workers' Remuneration》一书，该书可以看作是对威茨曼思想的补充。如果说威茨曼是在理论层面阐释了分享经济的必要性和可能性，米德则从企业微观组织层面阐述了分享经济的具体组织形式。米德从企业管理和企业产权两个维度，结合发达国家共享经济发展的实践，提出了共享经济的四种微观模式：（1）职工持股计划（ESOS）模式。工人拥有企业的部分普通股，从而分享共担企业的发展前途，但事实上不参与企业的经营管理。（2）劳动者管理的合作社（LMC）

① ［美］马丁·威茨曼，林青松等译：《分享经济——用分享制代替工资制》，中国经济出版社1986年版。

模式。工人拥有企业的大部分或者全部财产，并在控制企业生产经营中发挥重大作用。（3）利润分享或收入分享（PS/RS）模式。劳动收入全部或部分由分享企业的利润或纯收入组成，但不参与企业经营管理活动。（4）劳动资本合伙模式。工人不需要拥有投入企业的任何资本，但是工人和资本家分享企业的收入，并在企业经营管理中起作用。① 就米德本人来说，他提倡的是最后一种模式，即劳动资本合伙模式。但同时他也提出这一模式要解决的问题包括政府财税能否支持、工人是否愿意承担风险、工人是否愿意参加管理、工人参加管理后企业家决策是否受影响等。总体上看，米德归纳的四种企业组织模式，与发达资本主义国家实践相吻合，米德模式迄今在西欧和北欧似乎能看到一些影子。

与威茨曼的研究相比，米德的研究在制度和组织模式层面更为具体，他涉及的主要是企业制度层面的问题，更具有可操作性。但相比之下，威茨曼的研究更具理论一般性和深度，他触及了劳动者这个经济活动主体本身。继这两位代表性人物研究之后，关于分享经济学的学理研究在西方经济学的理论体系中，转向了新制度主义的产权经济学的研究方法。新制度学派产权理论认为只有私有产权是最有效率的，公有产权由于存在产权不清、"搭便车"等问题，因而是无效率的。德姆赛茨的观点较为有代表性，他认为企业生产就是一个团队，企业的"剩余控制权"归谁所有至关重要，从产权激励和约束功能角度，他认为工人与资本家实行分享经济是没有效率的，企业家或资本家拥有企业剩余索取权即利润是最有效率的。20世纪80年代以来，由于新自由主义的兴起，西方经济学关于分享经济的研究实际上处于停滞状态。而西方左派学者一向对资本主义制度持批判态度，所以对改良性质的分享经济并不抱什么希望，因而几乎很少有人做这方面的研究。

由此可见，西方经济学是以资本立场为出发点的经济学，其理论体系中不可能包括以劳动者为中心的共享发展思想，即使有西方经济学家潜意识里认识到这个问题的重要性，但仍然无法在西方经济学的理论体系中把共享发展作为逻辑主线。

① ［英］詹姆斯·爱德华·米德，冯举译：《分享经济的不同形式》，载于《经济体制改革》1989年第1~3期。

二、马克思主义政治经济学关于共享思想的研究

马克思是用科学理论阐述未来社会共享发展的第一人，他运用自己创立的唯物史观方法论，在生产力、生产关系和上层建筑有机结合的基础上，提出了未来社会是建立在生产资料公有制基础上的“自由人联合体”的共享社会，这种社会将彻底消除阶级之间、城乡之间、脑力和体力之间的对立和差别，是真正实现人人共享的社会。马克思关于未来社会共享发展是建立在对生产力、生产资料所有制和上层建筑有机统一基础上的，同时也是建立在对资本主义经济发展运动规律的科学分析基础上的，他的共享发展的主体是劳动者阶级，共享发展的目标是人的自由全面发展。马克思在对《资本论》的资本主义剩余价值生产和分配的分析中，就曾经提出，即使在资本主义生产关系中，资本家和工人也存在利益共享的物质基础，比如他在分析生产力提高和剩余价值关系时指出：劳动生产力的提高会增加社会剩余，“在其他条件不变的情况下，必要劳动将会扩大自己的范围。一方面，是因为工人的生活条件将会更加丰富，他们的生活要求将会增大。另一方面，是因为现在的剩余劳动的一部分将会列入必要劳动，即形成社会准备金和社会积累基金所必要的劳动。”① 马克思主义经济学的基本原理和方法，为我们研究共享发展问题提供了指导思想和方法论基础。

列宁作为第一个社会主义建设的探索者，他深刻认识到社会主义与共同富裕之间的内在联系，他指出“新的、更好的社会里不应该有穷有富，大家都应该做工，共同劳动的成果不应该为一小撮富人享受，应该归全体劳动者享受”，“只有社会主义才可能广泛推行和真正支配根据科学原则进行的产品的社会生产和分配，以便使所有劳动者过最美好、最幸福的生活。”斯大林继列宁之后，进行了苏联社会主义的全面建设时期，以他为首的苏维埃，在探索社会主义经济建设规律上，也做出了贡献，他主持编写的《苏联政治经济学教科书》中，把消灭贫穷作为社会主义生产的目的，使穷人的生活水平得到提高，保证最大限度地满足整个社会经济增长的物质文化需要。② 这些思想对我们今天探索共享发展和共同富裕的中国特色社会主义政治经济学理论体系有参考意义。

中华人民共和国成立初期，毛泽东就指出：现在我们实行这么一种制

① 马克思：《资本论》第1卷，人民出版社2004年版，第605页。

② 彭凌：《论列宁、斯大林的共同富裕思想》，载于《常州工学院学报》2008年第3期。

度，这么一种计划，是可以一年一年走向更富更强的，一年一年可以看到更富更强些。而这个富，是共同的富，这个强，是共同的强，大家都有份。改革开放历史新时期，邓小平多次强调共同富裕。1990 年 12 月，他在同几位中央负责同志谈话时指出：共同致富，我们从改革一开始就讲，将来总有一天要成为中心课题。社会主义不是少数人富起来、大多数人穷，不是那个样子。社会主义最大的优越性就是共同富裕，这是体现社会主义本质的一个东西。江泽民强调：实现共同富裕是社会主义的根本原则和本质特征，绝不能动摇。胡锦涛也要求使全体人民共享改革发展的成果，使全体人民朝着共同富裕的方向稳步前进。①

国内学者从学理角度对共享经济进行研究主要是改革开放以后展开的。李炳炎教授是国内最早对此主题进行研究的学者。早在 1981 年，李炳炎教授在《中山大学研究生学刊》发表了《社会主义成本范畴初探》一文，提出的“除本分成制”的公有制是分享经济的思想萌芽。之后，李炳炎教授在 1987 年出版了我国首部关于分享经济理论的著作《新成本论——一种新的社会主义经济理论及其实践形式》一书。此后，又陆续出版了《需要价值理论》（1990）、《公有制分享经济理论》（2004）、《利益分享经济学》（2009），基本上系统阐述了社会主义公有制分享经济学的思想。李炳炎教授研究分享经济的特点主要表现为：第一，其方法论以马克思主义经济学为指导，将分配范畴置于社会主义经济理论研究重要地位；第二，在劳动价值论基础上提出了社会主义公有制分享经济的系列范畴，包括新成本范畴、新劳动报酬范畴、需要价值理论等；第三，在此基础上，建立了公有制企业净产值的核算体系，等等。而且更为可贵的是，李教授的研究是结合中国改革开放的实践展开的，既是对中国改革开放进程中公有制企业改革的理论梳理，也为公有制企业改革提供了思路，这一研究具有很强的原创性。

然而，从马克思主义政治经济学研究方法和中国改革开放的实践来看，李炳炎教授的研究成果还有很大的拓展空间。其一，李炳炎教授研究的共享经济是严格限制在公有制范围内，而中国目前的现实是多种所有制经济共同发展，我们要发展的共享经济，也是在多种所有制共同发展的现实中实施的，这就要求理论本身要更具有包容性。其二，李炳炎教授研究的共享经济虽然也是以社会主义市场经济为前提，但他研究的公有制企业

① 习近平：《在省部级主要领导干部学习贯彻党的十八届五中全会精神专题研讨班上的讲话》，载于《人民日报》2016 年 5 月 10 日第 2 版。

的劳动力已经不是商品。而我国的基本事实则是无论在公有制还是私有制企业，劳动力都以商品的形式出现，这在李炳炎教授的研究框架中也是没有涉及的。其三，李炳炎教授强调分享是分配领域的问题，而我国社会主义市场经济发展实践面临的问题显然不仅在分配领域，也贯穿在生产、消费等各个领域，因此，分享的含义应该贯穿在整个社会生产总过程之中。

近几年，国内学者除了对西方主要学者的共享经济思想进行介绍之外，主要是从社会制度的利益分配关系角度研究共享问题。如洪远朋等指出：自科学社会主义理论诞生以来，社会主义经济学经历了三大发展阶段，采取了三种理论形态，即马克思主义创始人的经典社会主义经济学，斯大林模式为代表的传统社会主义经济学，邓小平理论为代表的现代社会主义经济学。与以往的社会主义经济学的利益观不同，现代社会主义经济学所倡导的是全体人民共享经济繁荣成果，“共享利益观”是现代社会主义经济学的核心。① 他们的研究从社会制度的深层关系上，澄清了共享经济的社会属性。彭仁贤和韩江波提出，共享理论演化的基本逻辑是探讨如何提高劳动者的分配收入，实现由利益独占到利益共享的过渡，并以此作为解决劳动所有者与资本所有者在经济利益分配方面产生的过度不合理、不公正及不平等问题的主要途径，进而起到合理缓和甚至解决劳资矛盾、促进生产力发展、维护社会稳定的作用。② 叶正茂教授运用马克思主义经济学的方法，针对国内企业将剩余索取权安排给物质资本或者人力资本的观点，提出应该由物质资本所有者和人力资本所有制者共同分享。③ 刘凤义教授认为在社会主义初级阶段，不同性质的企业都可以遵循共享发展的理念，但私有制企业只能是管理层面的共享，公有制企业才具备实现共享的制度基础。④ 这些研究都在不同层面对共享发展问题进行了探讨，但总体上，都没有解决我国共享发展的理论构建问题，更无法系统地为“十三五规划建议”中所提出的共享发展的理念提供理论指导和政策建议。

应该说在马克思主义政治经济学的思想体系中，“共享发展”的思想与其阶级立场是一致的。但马克思《资本论》建立的经典政治经济学体系

---

① 洪远朋、于金富、叶正茂：《利益共享观：现代社会主义经济学的核心》，载于《经济经纬》2002 年第 2 期。

② 彭仁贤、韩江波：《分享经济理论的演化：维度、路径与逻辑》，载于《江淮论坛》2013 年第 3 期。

③ 叶正茂：《共享利益与企业和谐劳动关系的构建原则》，载于《马克思主义研究》2009 年第 11 期。

④ 刘凤义、李臻：《共享发展的政治经济学解读》，载于《中国特色社会主义研究》2016 年第 2 期。

揭示的是资本主义经济运动规律和发展趋势。而资本主义经济运动规律是资本主导下的经济运动规律，因此，要揭示这一经济规律，其逻辑主线必然是劳资对立的剩余价值理论，而不是共享发展思想。因此我们应该建立研究共享发展的中国特色社会主义政治经济学分析框架。

第三节　政府参与下的社会主义共享发展

共享发展既是社会主义发展理念，也是走向共同富裕的途径。在这个过程中，政府不仅要起到引导作用，还要积极参与生产和再生产的活动。

一、政府参与劳动力市场政策维护共享发展

劳动力商品理论在马克思主义政治经济学中具有重要地位，但这一理论在我国社会主义市场经济中现实的指导意义还没有引起理论界的足够重视。早在20世纪80年代，我国提出发展商品经济后，理论界曾经对公有制企业的劳动力是不是商品有过争论，争论的焦点是公有制企业的工人工资形成机制问题：如果承认公有制企业工人的劳动力是商品，那么公有制企业工人的工资也要通过市场机制形成；如果否认公有制企业工人的劳动力是商品，就意味着在公有制企业中工人的工资不应该单纯由市场机制决定，还要考虑工人作为企业主人的利益分享问题。遗憾的是，随着我国进入市场经济体制改革阶段，这种争论销声匿迹了。在很多人看来，随着市场经济体制的建立，国有企业成为市场主体，国有企业工人的劳动力作为商品形式出现已经是不争的事实，因此市场机制决定工资水平也就成为必然。

本章认为，在社会主义市场经济中，虽然公有制企业和非公有制企业的劳动力都以商品的形式存在和配置，但是，如果因此就把社会主义市场经济中的工资形成机制仅仅归结为劳动力市场的供求关系，从而放弃马克思主义政治经济学关于工资的本质是劳动力价值的理论，这样一来就丢掉了社会主义工资理论的科学基础，进而也就失去了劳动力价值理论这个研究劳动者收入和劳动者共享等深层问题的理论依据。事实上，国内研究工资理论的学者对工资理论背后更深刻的思想，即马克思关于劳动力价值由生产劳动力所需要的生活资料的价值决定的理论，已经很少被提及了。

马克思认为，劳动力是一种不同于一般商品的特殊商品，具体表现在劳动力商品使用价值的特殊性和劳动力商品价值的特殊性上：劳动力商品使用价值的特殊性体现在，劳动力的使用过程不仅能创造价值，而且能创造比自身价值更大的价值；劳动力价值的特殊性在于它是用劳动者生活资料的价值体现的，而且劳动力价值受社会历史的、道德的因素影响。这是马克思主义政治经济学关于劳动力商品理论的基本原理。事实上，我们研读马克思的《资本论》就会发现，马克思关于劳动力商品的思想是非常丰富的，这个思想不仅为我们理解资本主义经济发展一般规律、资本主义发展的多样性规律提供了指南，也为我们理解社会主义市场经济的“共享发展”问题提供了指南。在经济学说史上，古典经济学家最先提出劳动力是商品这一观点，但是，古典经济学家不能科学区分劳动力和劳动，这在斯密那里表现为两种价值理论，即劳动价值论和要素价值论。马克思是科学区分劳动力和劳动两个范畴的第一人，从而将剩余价值理论建立在坚实的劳动力商品理论基础上。

要研究和拓展马克思的劳动力商品理论，必须从马克思的研究方法入手。既然劳动力市场的供求状况决定工资水平是资本主义市场经济的现象，那么马克思在研究资本主义剩余价值规律时，为什么不是从供求状况开始而是从劳动力商品开始呢？这个问题的答案在于，马克思认为剩余价值规律是资本主义经济的内在规律，这个规律不是交换领域的问题而是生产领域的问题，剩余价值能否产生的关键是资本家能否购买到劳动力这种特殊商品。因此，正如在研究劳动价值论时不是从价格开始而是从商品的二因素开始一样，马克思从劳动力商品的特殊性开始来研究资本主义剩余价值生产问题，揭示的恰恰是资本主义经济的内在规律。相反，如果以资本家与劳动力的交换关系作为研究对象，结果揭示的就不是资本主义经济的内在规律，而仅仅是市场的运行规律。

因此，要将马克思的研究方法运用到我国社会主义市场经济的工资问题上，就要先撇开市场运行层面的劳动力供求关系因素，而从劳动力商品的特殊性问题开始进行研究。我国建立社会主义市场经济体制的目的，是要发展生产力，创造更多的物质财富，满足人们日益增长的物质文化生活的需要。而在生产力要素中，最活跃、最能动的要素就是劳动者。于是，为了确定劳动者如何能有更强的劳动能力和更高的劳动积极性从而能够创造更多的社会财富，就要对一定经济社会条件下劳动者所提供的劳动力的使用价值和价值进行分析，研究哪些利益可以通过市场机制来满足，哪些利益通过市场机制得不到满足。比如一位农民工，月工资2000元，供求理论会认为这个工资水平反映了农民工的边际价值，但是如果我们从农民工的劳动力价值构成角度去分析会发现，2000元仅仅是农民工的必要生活资料的价值，农民工孩子受教育的费用、农民工自己接受培训的费用、农民工住房、医疗和社会保障，可能都没有包含在由市场决定的2000元工资中。马克思认为劳动力价值至少由三个组成部分：劳动力的生存资料、劳动力的发展资料以及劳动力家属所需要的生活资料。如果我们相信市场供求决定的工资价格反映了劳动力价值，那么请问，农民工如何共享发展成果呢？实际上，我们国家的政策是要在教育、医疗、社会保障等方面逐渐实现城乡统筹，而且以公共产品的方式进行供应，从而在宏观层面为农民工提供共享发展成果的机会，其依据不是市场供求理论，而是马克思的劳动力价值构成理论。

基于马克思关于劳动力生活资料的层次性思想所做的拓展具有重要的政策意义，这一点也得到了后凯恩斯主义者们的肯定，他们认为“政府应当控制和补贴生活必需品的价格来满足人们最根本的需求。这种干预政策也同样可以用于控制房租和公共房价。通过降低这些生活必需品的价格，更多的人可以追求更高的需求层次。”① 基于此，劳动力商品的使用价值和价值的拓展，是研究共享发展问题的切入点。

劳动力商品的二因素包括使用价值和价值，对劳动力使用价值的拓展及其与共享发展问题之间的关系，可以从劳动力的技能特征和劳动力的两权分离特征来考察。从劳动力的技能水平看，一般说来，劳动者技能水平越高，在企业中越容易获得共享的地位，反之则相反。从劳动力所有权与使用权的分离程度看，一般说来，劳动力所有权与使用权分离程度越低，劳动者与企业的共享程度越高。比如公有制企业，劳动者既是企业劳动力，又是所有者，劳动者既可以获得工资，又可以获得剩余分享。相反，私有制企业的劳动者由于劳动力所有权与使用权分离程度高，共享没有所有制的基础，只能通过斗争来争取。

劳动力价值是用生活资料价值体现的。我们将生活资料拓展为由“一篮子”消费品组成，这些消费品具有层次性：有些是“必要生活资料”，属于劳动者的生存之需，如衣、食、行等；有些是“发展资料”，属于劳动者自我发展之需，如教育、医疗保健、社会保障、住房等。劳动者获得

---

① ［加］马克·拉沃，王鹏译：《后凯恩斯主义经济学》，山东大学出版社2009年版，第43页。

这些资料是通过工资形式购买，还是一部分通过工资形式购买，另外一部分通过“社会工资”形式提供即政府提供，在现实中会形成不同的共享模式。共享成分究竟由哪些内容组成，与一个国家的社会性质、制度体系、发展目标等密切相关。由此可见，劳动力价值构成的层次性，为微观层次和宏观层次的共享制度和机制提供了理论基础。

关于劳动力再生产的性质，在西方经济学和马克思主义政治经济学的理论中有不同认识。在西方经济学理论中，劳动力再生产纯粹属于劳动者个人的事情，是用工资购买生活资料，补偿体力和脑力的消耗，因而，劳动者的消费只是“经济人”的孤立行为。而在马克思主义政治经济学看来，社会再生产是物质资料再生产和生产关系再生产的统一。劳动力的再生产同样具有双重属性，一方面是再生产出劳动者自己的劳动力；另一方面是再生产出一定社会生产关系的必要条件。因此，认识到劳动力再生产的社会属性，是马克思主义政治经济学的深刻性之所在。比如在资本雇用劳动的关系中，如果没有雇用劳动力，货币就不能转化为资本；从消费的角度看，工人消费是社会总资本再生产的重要条件，如果工人工资水平低、消费不足，就会造成生产的相对过剩。马克思主义政治经济学这一基本原理和方法，为我们研究劳动者在公共领域参与“共享”提供了依据。[①] 这个问题的落脚点就在于，政府要积极参与我国市场经济中劳动力市场政策的制定和实施。

二、政府参与社会生产关系四环节推动共享发展

如前所述，若将共享发展问题局限在分配领域，则范围过于狭窄，导致推论出的对策建议失于偏颇且不具有可持续性，也不符合“十三五规划建议”的精神。正确的分析方向，是既包括分配领域的共享问题，也包括生产和消费领域的共享问题（此处不赘述）。因此，我们要建立的社会主义市场经济共享发展问题的分析框架，必须是生产、分配、消费等各个环节的有机统一，这才符合马克思主义经济学的基本原理。

西方经济学，无论是凯恩斯经济学还是新古典经济学，本质上都是市场交换层面的理论。相应地，价格、需求、供给、总需求、总供给等概念都是市场经济运行层面的范畴。虽然西方经济学也有生产、消费、分配范

---

① 《关于劳动力商品理论的拓展问题》，参见刘凤义：《劳动力商品理论与资本主义多样性研究论纲》，载于《政治经济学评论》2016 年第 1 期。

畴和理论，但由于都不涉及马克思所说的社会生产关系，因而，这几个概念在西方经济学里都被表象化为某种平等交换。西方经济学的消费理论以效用价值论为基础：消费者的消费选择，都是孤立地以个人效用最大化为目标，不涉及生产关系问题，不涉及消费行为背后的社会意义。这种理论不理解劳动者的消费过程是维持一定社会生产关系的必要条件，这显然没有给研究劳动者参与生产成果“共享”问题留下空间。西方经济学的分配理论本质是要素边际贡献论，各种要素所有者的收入由市场价格度量的边际贡献决定。西方经济学者认为这种分配准则很客观、很公平，但是这种理论对劳动者来说其实就是一种宿命论——劳动者工资之所以低，就是因为边际贡献小，因而也不可能为劳动者共享经济成果提供理论基础。

西方经济学的生产函数，只是各种要素的投入产出关系，实质上反映的是一种技术上的平等替换。因而，在消费理论那里还能理性地追求个人效用最大化的劳动者，其主观能动性在生产函数这里却不被考虑，劳动力与资本、土地一样都只是没有主观能动性的生产要素，因而没有本质上的区别。在分析生产行为时，传统的新古典经济学不仅没有劳动过程理论，而且甚至没有企业理论。以科斯为代表的新制度经济学者，用产权、契约和交易费用理论打开了新古典经济学的企业“黑箱”，认为市场交换和企业内部交换都是产权的某种契约关系，两者的区别只在于市场交换是短期契约关系而企业内部交换是长期契约关系，两者的边界取决于交易费用的高低。但是显然，新制度经济学只不过是把市场交换关系移植到企业内部，没有具体分析劳动过程，没有将市场交换过程中横向水平的自由交换关系与企业内部纵向垂直的控制和被控制关系区别开来。因此，对新制度经济学来说，“分享”问题只跟作为“剩余索取权”的资本所有权相关，而跟劳动者无关。

马克思主义政治经济学则不同，其研究方法比西方经济学更为深刻和科学。马克思主义政治经济学的基本原理告诉我们，社会生产总过程包括生产、分配、交换、消费四个环节，这四个环节之间是相互作用、相互依赖的关系。其中，生产关系（狭义）起决定作用，其他三方面的关系对生产关系（狭义）有反作用。因此，脱离开生产关系和消费关系单独研究分配领域的共享关系，具有狭隘性和不可持续性。

马克思主义政治经济学从生产、分配和消费相结合角度的研究共享问题，是以劳动力商品理论为基础的。马克思是经济学说史上对资本主义生产过程和劳动过程进行科学研究的第一人。马克思早在《资本论》第一卷关于资本主义直接生产过程的研究中，就打开了西方经济学关于企业理论的“黑箱”，科学揭示了企业内部经济关系与市场关系的本质区别。在马克思看来，在出卖劳动力之前，劳动者与资本家的讨价还价是一种平等的、边沁的市场交换关系，交换双方都是按照“经济人”原则讨价还价。而劳动者一旦出卖了自己的劳动力，进入企业内部参与到劳动过程和生产过程中，劳动力的使用权就交给了资本家，劳动者和资本家之间的关系就转换为控制与被控制的关系，市场交换过程中平等的契约“权利”关系转化为企业内部不平等的“权力”关系。这样一来，工人和资本家之间的关系就具有了双重属性，即经济“权力”上的不平等性和法律“权利”上的可谈判性。经济权力的不平等性表现为工人必须服从资本家的生产目的，劳动成果必须归资本家所有。法律权利的可谈判性表现为工人出卖给资本家的仅仅是劳动力的使用权，而不是所有权，工人虽然没有不受雇用的自由，但却有选择哪个企业去受雇用的自由。因此，对于企业内部的劳动条件、劳动时间、劳动强度、劳动福利等，工人都有权利去谈判和争取。马克思关于资本主义生产过程和劳动过程的分析方法，为我们研究社会主义市场经济中各种所有制企业在生产领域如何共享提供了科学方法论。

马克思主义经济学关于消费的分析也不同于西方经济学。首先，从一般意义上说，马克思认为消费与生产密切相关，生产是消费的前提，消费是生产的目的。

其次，在资本主义生产关系中，消费是从属于生产的，因此，马克思把资本主义经济危机的性质归结为“生产相对过剩的危机”，而凯恩斯则把经济危机的性质归结为“有效需求不足”。有人看到了马克思和凯恩斯关于资本主义经济危机分析的表面联系，认为生产和需求是一个硬币的两个方面，马克思说的生产相对过剩，从另一个方面看，就是凯恩斯说的有效需求不足。但实质上，二者有本质区别。马克思之所以这样认识资本主义经济危机的性质，是因为在马克思看来，从生产和消费角度看，生产是矛盾的主要方面，消费从属于生产；在资本主义生产关系中，资本为了追求剩余价值，有无限的投资（资本积累）的内在冲动性，它主导着资本主义消费关系，也就是说生产是“主动轮”而消费是“从动轮”。更为重要的是，资本主义消费是有结构的，劳动者的消费跟不上资本家的扩大再生产的内在冲动，必然导致生产的相对过剩。因此，要解决资本主义经济危机，只能从生产关系入手，扩大消费仅仅是权宜之计。凯恩斯没有区分工人消费和资本家消费的不同性质，而是用“有效需求”这个笼统的概念分析市场层面的过剩问题，因此，他认为资本主义经济危机仅仅是市场运行中的小问题，只要政府增加有效需求就可以解决。然而在资本主义制度中，没有国有企业作为经济基础，政府增加需求往往导致财政赤字，这又会进一步引起通货膨胀等问题，因此在 20 世纪 70 年代经济陷入滞胀时给凯恩斯主义所带来的挑战也就成为必然。

最后，马克思主义经济学认为工人的消费不单纯是工人自己的事情，而是具有社会性质，劳动力的再生产是维系资本主义生产关系的必要条件。马克思通过社会资本再生产过程中的两大部类再生产原理，揭示了这个规律。马克思的这一思想非常深刻并具有启发意义。就研究共享发展问题而言，既然劳动力的消费具有社会属性，那么劳动力价值的组成部分，哪些由劳动者自己承担，哪些以“共享”的方式由社会提供，如住房、医疗、教育、社会保障等，在不同生产关系和社会发展目标下，就应该有不同的制度安排。

马克思主义经济学的分配关系与生产关系密切相连，生产关系决定分配关系。分配既有微观领域的企业内部分配，也有宏观领域的社会范围内的再分配，不同领域的分配对共享机制的要求是不同的。企业内部共享性质的分配，要求在劳动生产率提高的基础上，工资增长机制符合共享原则；同时，企业的所有权性质、企业内部经济民主等，都会影响共享制度的构建。在宏观领域，关于住房、教育、医疗、社会保障等产品，在何种范围、使用何种机制进行再分配，是共享程度的重要体现。再者，分配的前提是有更多剩余被创造出来。在中国特色社会主义经济中，要保证公共领域共享的可持续性，必须依靠做强、做优、做大国有企业，这是非常重要的经济基础。正如《中共中央国务院关于深化国有企业改革的指导意见》中所指出的，“国有企业是保障人民共同利益的重要力量。”

另外，互联网技术的兴起，对交换、消费带来了很大的影响，出现了“不为我所有，但为我所用”等分享经济模式，这种模式对深层的共享发展关系产生何种深刻影响，也应该作为研究内容。

综上，本章认为，对社会主义市场经济的共享发展问题的研究，不能仅仅局限在分配领域。必须运用马克思主义政治经济学的原理和方法，在生产、分配、消费等社会生产总过程的各个环节的有机结合中展开，唯其如此才能构建“稳定的、可持续发展的”共享制度、机制和模式。

三、政府参与下的微观与宏观有机结合实施共享发展

现有的关于共享问题的经济学理论研究基本停留在企业微观层面，本文依据马克思主义政治经济学的原理和方法认为：第一，经济活动的微观领域与宏观领域是辩证统一关系。当代西方经济学分为微观经济学和宏观经济学，而且二者是相对独立的关系，所以我们学习西方经济学，先学习微观经济学，还是先学习宏观经济学都不受影响。西方经济学微观和宏观的相对独立性，充分说明西方经济学的形而上学思维。然而现实中的经济活动不可能是微观活动与宏观活动截然分开的；同时，也不可能是微观活动的机械加总就构成了宏观活动，因为这两个领域的经济活动所反映的经济关系和经济性质都是不同的。马克思主义经济学对资本主义经济关系的解剖，始终是在微观和宏观有机统一中进行的，因此在方法论上克服了西方经济学的这种普遍的困境和局限性。最为经典和精彩的内容就是《资本论》第二卷关于个别资本运动和社会总资本运动的分析。这里面既涉及生产、交换、消费，也涉及微观与宏观之间的内在联系。马克思这种辩证法的运用，为我们提供了方法论指南。

第二，劳动力的价值构成即生活资料的组成具有层次性。这就决定了劳动力的共享内容可以在微观领域，也可以在宏观领域，或者部分在微观领域，部分在宏观领域，或者既在微观领域，又在宏观领域。马克思主义经济学的劳动力价值理论表明，劳动力的价值构成包括劳动者本人和家属的生存资料，如衣、食、行等日常生活资料，还包括劳动者本人和家属的发展资料，如住房、教育、医疗、社会保障等。这些内容是由企业工资直接包含，还是部分由企业工资包含，部分由政府社会提供，显然是不同的发展模式。从微观企业角度看，可以出现以下三种情况。第一种情况，是企业的工资仅仅能够维持劳动力和家属所需要的生存资料，而政府又没有把教育、医疗和社会保障当做公共产品来提供，那么劳动者没有共享可言。第二种情况，是企业的工资仅仅维持生活资料，而政府把教育、医疗和社会保障当做公共产品来提供，这种情况下劳动者在宏观公共领域有共享成分。第三种情况，是企业不仅用工资来维持劳动者的生活资料，而且还分享企业剩余，同时，政府把教育、医疗和社会保障当做公共产品来提供，这种情况下劳动者在企业微观领域和社会宏观领域都有共享成分。

为什么劳动者在现实中的共享可以在微观领域和宏观领域之间转化或者并存？其理论依据是什么？西方经济学的观点会认为这是工会的力量过于强大的原因，其后果必然是导致市场效率的损失，因而不赞成共享的理念。马克思主义政治经济学则不同。

首先，马克思主义经济学认为，人类社会的经济活动本来应该是为人自身服务的，是以人的自我发展为目标的，而以价值增值为目标的资本主义生产关系本身就是人类经济活动的一种异化。

其次，从生产力的角度看，劳动者是生产力中最活跃、最积极、最富有主观能动性的因素，因此，劳动成果由劳动者共享，更有利于调动劳动者的积极性、创造性，创造更多财富。

最后，从生产关系角度看，劳动力的再生产不仅仅是劳动者自己的事情，更是维持一定社会生产关系必要条件，因此，劳动力需要的教育、医疗、社会保障等由政府以公共产品的性质提供，相当于是给工人的“社会工资”，也意味着企业和社会共同来再生产劳动者的劳动力，这不仅是在生产社会生产关系的需要，也是生产和消费良性循环的必要条件。当然，在不同性质的生产关系中，人们对再生产劳动力的认识是不同的。在资本主义生产关系中，资本追求剩余价值最大化，再生产劳动力被限制在最低水平，劳动力获得一定程度共享权利的原因是劳动者阶级的斗争或者资本之间的竞争、国家之间的竞争迫使资本或者国家必须这样做。而在社会主义生产关系中，生产的目的是劳动者的自由全面发展，因此，国家和社会积极主动地在微观领域和宏观领域设计共享制度、机制和模式，使之协调发展。

要从微观与宏观的有机结合中研究社会主义市场经济共享发展的协调性问题，还需要进一步深入研究两个相关问题。一是国有企业的发展问题；二是社会主义市场经济中的政府和市场关系问题。我们的基本观点是，从共享发展的角度看，国有企业有两个方面的重要作用。其一，在国有企业内部建立和谐共享的经济关系，可以作为“普照的光”，引领其他性质企业朝着和谐共享的方向发展。其二，国有企业的发展壮大，是政府提供宏观社会领域的共享的重要物质基础。西方发达国家在宏观社会领域的共享成分之所以低，一个很重要的原因是资本主义生产关系不能容忍国有企业的发展壮大。在垄断资本所有者看来，资本主义国有企业的壮大，就意味着“与民争利”，其实质是与资本争利，这是私人垄断资本所有者不能忍受的，他们就会通过所谓的“民主”投票方式，迫使国家减少国有企业比例。因此，发达资本主义国家的社会范围内的共享，只能依靠国家税收，而一旦税收减少，就会导致政府负债或者削减百姓共享的内容。因此，没有强大的国有企业和国有经济支撑的共享发展，是不可持续的。

与社会主义市场经济直接相关的共享发展问题，除了上述微观和宏观的关系问题以外，还涉及政府在市场经济中的定位问题，也就是政府和市场的关系问题。这是一个世界性难题。西方发达资本主义发展了三百多年，无论是在理论上还是在实践上，都没有解决这个问题。从实践上看，发达资本主义国家在1929～1933年大危机以前，基本上信奉"看不见的手"原理，政府充当"守夜人"角色；在1929～1933年大危机以后，基本上承认了国家这只"看得见的手"的重要作用；从战后到20世纪80年代初期，发达资本主义国家强调"大政府小市场"的发展模式；80年代初期，英国的撒切尔夫人和美国的里根上台执政，出现了"小政府大市场"方向的改革；直至2008年以美国为首的发达国家爆发了金融危机，发达资本主义国家又开始向"大政府小市场"方向回归。当然，从实践上看，资本主义国家大政府与小政府之间的更替，并非是简单的轮回，而是在政府规模不断扩大基础上的螺旋式轮回过程。从理论上看，这些更替和轮回是在凯恩斯主义和自由主义之间的交替进行的。其实，无论是自由主义经济学还是凯恩斯主义经济学，表面看来在政府和市场的关系上是对立的，但实质上它们有相通之处：其一，它们都是以承认私有制市场经济是最有效率的经济为前提；其二，它们对市场和政府关系的认识都是形而上学思维，认为二者是非此即彼的关系，大市场必然是小政府，或者小市场必然是大政府。这种认识导致发达资本主义国家在宏观公共领域的劳动者共享成分充满不确定性，它们认为这种共享并非是基于人的全面发展，而是调节经济的需要。

马克思主义经济学认为，在现代市场经济中，政府和市场的关系不是非此即彼的对立关系，而是一种"共生关系"。这一点从马克思的价值理论可以得到启示。马克思的劳动价值论一方面揭示了市场经济条件下生产者必须遵循社会必要劳动时间的要求；另一方面，从更深层次上揭示了社会资源配置必须遵循客观比例关系的规律，这两个方面思想分别在马克思《资本论》第一卷分析劳动价值论和商品拜物教时有所揭示，同时在《资本论》第二卷分析社会资本再生产的两大部类交换关系时也有所体现。既然市场经济中资源配置必须遵循按比例分配劳动的规律，而市场的自发配置又使这种规律难以实现，那么政府的干预和提供相应的助力也就成为必然。因此，在市场经济中，政府和市场是“共生关系”，政府为劳动者提供共享内容也就存在必然性；而社会主义市场经济的共享发展，必然要求政府和市场、国有企业协调发展。